元住友銀行取締役
國重惇史

住友銀行秘史

講談社

住友銀行秘史

主要登場人物一覧

◉住友銀行

國重惇史《くにしげあつし》（業務渉外部部付部長）本書の著者。68年入行。東京大卒

磯田一郎《いそだいちろう》（会長）35年入行。京都大卒。77年に頭取、83年に会長就任。「住銀の天皇」と呼ばれる

巽外夫《たつみそとお》（頭取）47年入行。京都大卒。82年に副頭取、87年から頭取を務める

西貞三郎《にしていさぶろう》（副頭取）53年入行。和歌山商業から入行後に関西大学〈夜間〉卒業。87年から副頭取

玉井英二《たまいえいじ》（副頭取）54年入行。神戸大卒。82年に専務、89年から副頭取を務める

秋津裕哉《あきつゆうさい》（専務）56年入行。84年に常務、87年から専務。著者の直属の上司

花村邦昭《はなむらくにあき》（専務）57年入行。東京大卒。85年に常務、89年に専務。著者の元上司

臼井孝之《うすいたかゆき》（専務）56年入行。東京大卒。84年に常務、87年に専務。総務担当

沖野貞夫《おきのさだお》（専務）56年入行。京都大卒。84年に常務、87年に専務。広報担当

峯岡弘《みねおかひろし》（専務）55年入行。東京大卒。82年に常務、85年に専務。90年10月、副頭取に昇進

松下武義《まつしたたけよし》（常務）60年入行。学習院大卒。88年に常務。90年にニューヨーク駐在。91年に専務昇進

大上信之《おおうえのぶゆき》（常務）60年入行。名古屋支店長などを経て、89年に常務。伊藤寿永光氏と住銀のパイプ役と見られていた

塚田史城《つかだふみき》（常務）60年入行。神戸大卒。日本橋支店長、本店営業本部長を経て、88年に常務。91年に専務昇進

西川《にしかわ》善文《よしふみ》（常務）61年入行。大阪大卒。89年に常務、91年に専務。97年からは頭取に就任、全国銀行協会会長も務めた

中野《なかの》正健《まさたけ》（常務）59年入行。慶應大卒。87年に常務就任。91年退任、住銀ファイナンス顧問を経て同社長に

吉田《よしだ》博一《ひろいち》（常務）61年入行。89年に常務。90年にロンドン駐在。91年に専務昇進。のちに副頭取

加藤《かとう》重義《しげよし》（常務）62年入行。東京大卒。90年に常務、人事部長も務める。のちに専務、副頭取を歴任

◉チーム5人（住銀からイトマンに派遣された5人組）

十河《そごう》安義《やすよし》（常務）62年入行。神戸大卒。名古屋支店長兼務。イトマン出向後、住銀に戻り専務に

平尾《ひらお》智司《さとし》（営業審査部長）66年入行。融資審査担当

嶋津《しまづ》亨《すすむ》（国際調査室長）69年入行。京都大卒

前田《まえだ》孝一《こういち》（融資第三部副部長）71年入行。京都大卒

植田《うえだ》祐一郎《ゆういちろう》（事業調査部部長代理）79年入行。早稲田大卒

野一色《のいしき》靖夫《やすお》（総務部長）63年入行。東京大卒

阪尾《さかお》正一《まさかず》（東京広報部長）66年入行。京都大卒

伊東《いとう》敏夫《としお》（秘書室長）66年入行。東京大卒

吉田《よしだ》哲郎《てつろう》（融資第三部長）62年入行。京都大卒。不良債権処理担当

三和正明《みわまさあき》（本店営業第二部長）67年入行。神戸大卒。イトマンへの融資担当
内田賢介《うちだけんすけ》（証券部長）65年入行。京都大卒
永田武全《ながたたけはる》（事業調査部長）67年入行。東京大卒
足助明郎《あすけあきお》（情報開発部長）65年入行。京都大卒
山本邦克《やまもとくにかつ》（支店第二部長）65年入行。慶應大卒
西川真一郎《にしかわしんいちろう》（八重洲通支店長）新宿新都心支店長時代にコーリン産業の小谷光浩を住友銀行に紹介

◉68年入行の著者同期

佐久間博《さくまひろし》（総務部次長）のちに著者とともに取締役就任
奥正之《おくまさゆき》（シカゴ支店長）京都大卒。のちに著者とともに取締役就任。頭取、会長、全国銀行協会会長を歴任
Y（大塚支店長）のちに懲戒解雇。前青葉台支店長
馬場一也《ばばかずや》（大塚支店長）Yの後を受けて就任

◉著者の部下・後輩

國部毅《くにべたけし》 76年入行。東京大卒。企画部時代の後輩。愛称「ニクべえ」。現三井住友銀行頭取
横山邦男《よこやまくにお》 81年入行。東京大卒。企画部MOF担。西川善文常務の側近。現日本郵便社長

◉有力OB

佐合允之《さごうのぶゆき》（三重銀行頭取）元常務
鈴木《すずき》　雍《よう》（住友クレジットサービス社長）元専務
安藤太郎《あんどうたろう》（住友不動産会長）元副頭取
樋口廣太郎《ひぐちひろたろう》（アサヒビール社長）元副頭取
堀田庄三《ほったしょうぞう》（名誉会長）元会長・元頭取、「住銀の法皇」
伊部《いべ》恭之助《きょうのすけ》（最高顧問）元会長・元頭取

◉イトマン

河村良彦《かわむらよしひこ》（社長）元住友銀行常務。磯田の側近だった
伊藤寿永光《いとうすえみつ》（常務）理事・企画監理本部長を経て常務に就任。不動産のプロ
藤垣頼母《ふじがきたのも》（副社長）
高柿貞武《たかがきさだたけ》（副社長）
芳村昌一《よしむらしょういち》（副社長）
木下久男《きのしたひさお》（専務）

◉住銀からのイトマン出向組

足立文雄《あだちふみお》（専務）国際事業統轄本部長

加藤吉邦《かとうよしくに》（専務）名古屋支店長。事件の渦中に自殺

大野斌代《おおのよしのり》（企画監理本部副本部長）住銀栄町支店長時代に伊藤寿永光をイトマンに紹介

◉官界

土田正顕《つちだまさあき》（大蔵省銀行局長）

坂《さか》　篤郎《あつお》（橋本龍太郎蔵相秘書官）著者がＭＯＦ担時代のカウンターパート

溝田泰夫《みぞたやすお》（日本銀行考査局管理課長）

河合洸一《かわいこういち》（日本銀行考査局長）

田村達也《たむらたつや》（日本銀行営業局長）

佐渡賢一《さどけんいち》（東京地検検事）のちに証券取引等監視委員会トップになり「ＳＥＣの鬼検事」と呼ばれた

◉その他

佐藤《さとう》　茂《しげる》（元川崎定徳社長）フィクサーとして著者と協力

主要登場人物一覧

桑原芳樹《くわばらよしき》　佐藤氏側近。住宅信販社長
許《きょ》（野村《のむら》）永中《えいちゅう》（在日韓国人実業家）
岩田《いわた》　勝《まさる》（西武系列の高級宝飾品店「ピサ」社長）
福本玉樹《ふくもとたまき》（西武百貨店つかしん店外商担当課長）イトマン購入絵画の偽装鑑定書を作成
小谷光浩《こたにみつひろ》（仕手集団「コーリン産業」トップ）
加藤《かとう》　暠《あきら》（仕手集団「誠備グループ」トップ）
佐藤正忠《さとうせいちゅう》（業界誌『経済界』主幹）
南野《みなみの》　洋《ひろし》（大阪府民信用組合理事長）
池田保次《いけだやすじ》（コスモポリタングループ会長）
熊取谷稔《いすたにみのる》（コスモワールドグループ代表）

◉磯田会長の親族

磯田梅子《いそだうめこ》（夫人）占いに凝り、ときに行内人事にも意見
黒川園子《くろかわそのこ》（長女）ピサ嘱託社員。同社がイトマンと絵画など取引
黒川《くろかわ》　洋《ひろし》（園子の夫）アパレル会社ジャパンスコープ社長。絵画取引などを仲介

（敬称略。肩書は主に本書登場時のもの）

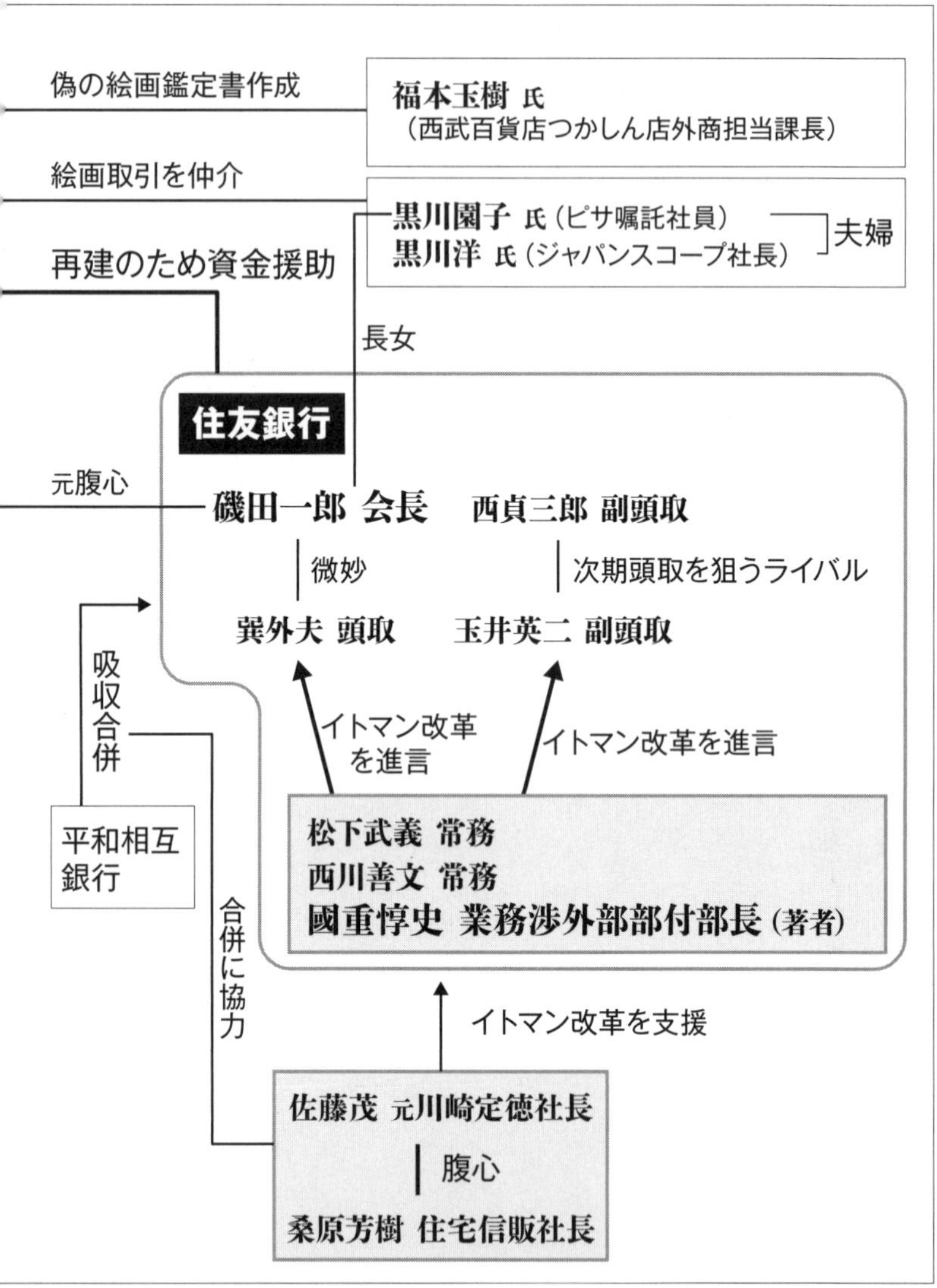
偽の絵画鑑定書作成
福本玉樹 氏
（西武百貨店つかしん店外商担当課長）
絵画取引を仲介
黒川園子 氏（ピサ嘱託社員）
黒川洋 氏（ジャパンスコープ社長）
夫婦
再建のため資金援助
長女
住友銀行
元腹心
磯田一郎 会長
西貞三郎 副頭取
微妙
次期頭取を狙うライバル
巽外夫 頭取
玉井英二 副頭取
吸収合併
イトマン改革を進言
イトマン改革を進言
平和相互銀行
松下武義 常務
西川善文 常務
國重惇史 業務渉外部部付部長（著者）
合併に協力
イトマン改革を支援
佐藤茂 元川崎定徳社長
腹心
桑原芳樹 住宅信販社長

イトマン事件関係略図

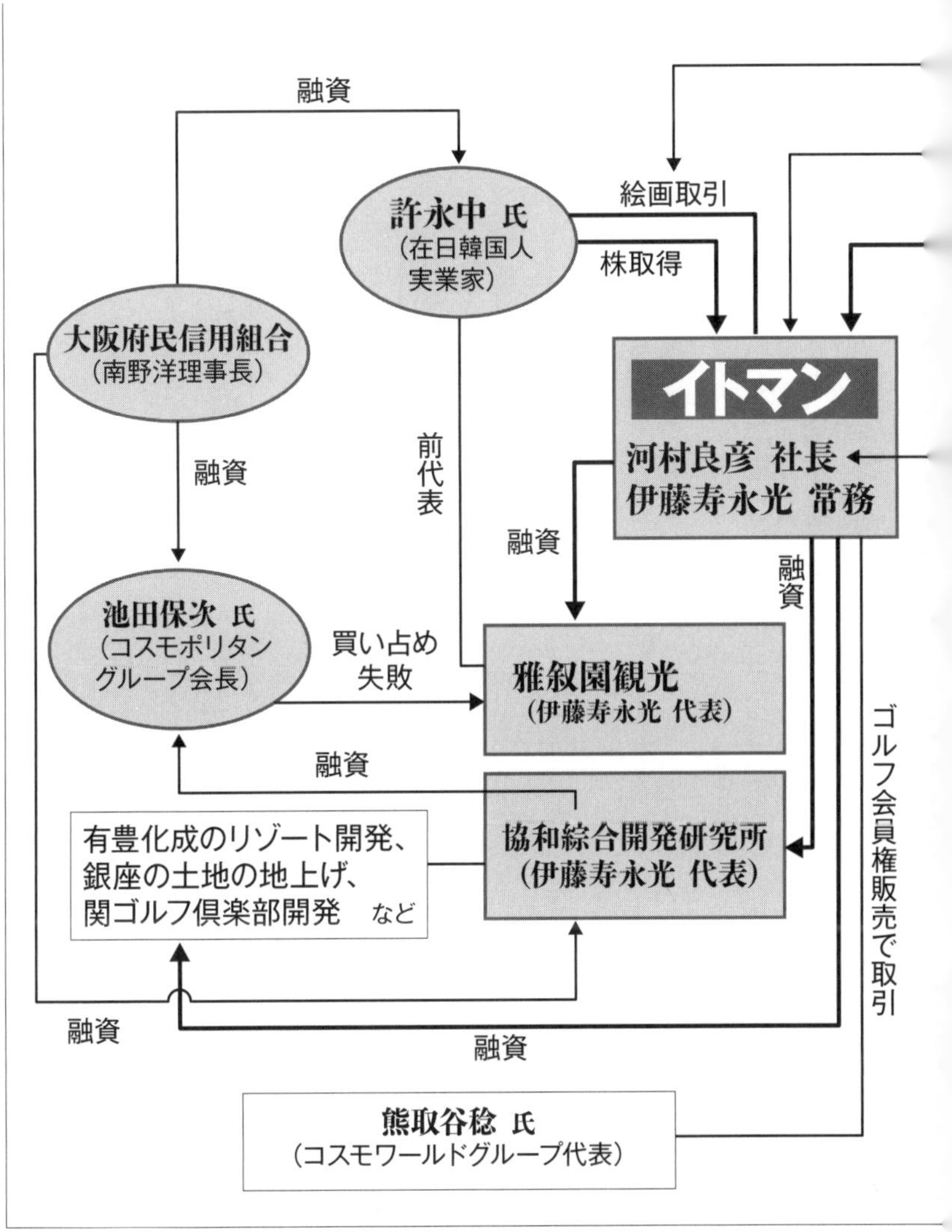
融資
許永中 氏
（在日韓国人
実業家）
絵画取引
株取得
大阪府民信用組合
（南野洋理事長）
融資
前代表
イトマン
河村良彦 社長
伊藤寿永光 常務
融資
融資
池田保次 氏
（コスモポリタン
グループ会長）
買い占め
失敗
雅叙園観光
（伊藤寿永光 代表）
融資
協和綜合開発研究所
（伊藤寿永光 代表）
有豊化成のリゾート開発、
銀座の土地の地上げ、
関ゴルフ倶楽部開発 など
ゴルフ会員権販売で取引
融資
融資
熊取谷稔 氏
（コスモワールドグループ代表）

住友銀行秘史｜目次

目次

目次

装幀　岡　孝治
写真　講談社写真資料室

プロローグ　前史

MOF担

私が大学を卒業して住友銀行に入行したのは、1968年。4年前に東京五輪が開催され、まさに日本が高度経済成長を謳歌《おうか》している真っ盛りの時代だった。

正直に言って、住友銀行を選んだことに何か積極的な理由があったわけではない。

大学は経済学部だったので民間企業に勤めようと思っていたが、一流企業を適当に受けていた。

銀行は、メーカーと違って自分のやりたいことを最初から特定しなくても済む。なんとなく幅広くいろんな業種の人と会えそう……あえて言えばそのくらいの志望動機だった。

最初の配属は丸の内支店。2年半の支店時代には営業などをやったが、目立った業績があったわけではない。その後、本社の東京業務第二部、2年間の米国大学院留学、業務企画部などを経て、企画部に配属されたのが1975年のことだった。以降、10年をこの企画部で過ごすことになる。

私は企画部で大蔵省担当、いわゆるMOF《モフ》担を長く務めた。自分で言うのもなんだが、MOF

担として、「國重の前に國重なし、國重の後に國重なし」と言われ、名をはせた。

MOF担というのは、端的に言えば、情報を取ってくる仕事である。大蔵省のキャリア官僚、ノンキャリ、さらには、政治家、日本銀行の役人などに深く喰い込み、銀行にとっての重要情報を逃さずに入手する。一般的にバンカーの仕事と考えられているイメージとは違うものではあるが、私には水が合った。

企画部では、時にトップ幹部から降りてくる特命的な仕事も任される。要するに、最も経営に近い中枢であり、若いころからここで仕事ができたことは自分の財産になったと思う。その力(スキル)はイトマン事件の際に非常に役立つことになるのだが、その話は後でじっくり述べていくことにする。

私の銀行生活の転機となったのは、この企画部時代に住友銀行と平和相互銀行との合併案件に取り組んだことだ。

まずはその話をしよう。

あれは1985年の春だった。当時の上司、花村邦昭企画本部長から呼ばれた。

「平和相互銀行の株式の3分の1がイトマンの手に入った。イトマンの河村良彦社長からうちの磯田会長に連絡があった。これから株券のコピーをとりたいんだけど、イトマンに行って、手伝ってくれないか」

このとき住友銀行執行部の念頭にあったのは、平和相銀との合併だった。どこか手ごろな地方銀行と合併して首都圏に店舗網を広げたいというのが、当時「住友銀行の天皇」と呼ばれていた実力者、磯田一郎会長の悲願だったからである。

実際、磯田会長は頭取時代にも関西相互銀行を合併しようと画策したことがある。結局、支店長、従業員、さらには顧客の猛反発にあい断念するのだが、このときも、私は企画部で合併担当だった。

当時は住銀、関西相銀両サイドの幹部が内々に合併話を進めていて、私はその準備作業に携わっていた。このままいけば合併という直前のところまで話は進んだが、合併話がメディアで明るみに出ると状況が一変。関西相銀の支店長や従業員らが、「大蔵省の仕掛けだ」、「大が小を呑み込む吸収合併で、自分たちは切り捨てられる」と、猛烈な反対運動を始めた。

今でも覚えているが、大阪・池田市の市民会館で合併に反対する関西相銀従業員の集会が開かれた。見に行くと、その場に掲げられたのぼりに、磯田頭取（当時）のほか、当時の関西相互銀行社長で元住銀常務だった河田龍介氏、同じく大蔵省銀行局長だった徳田博美氏について、こう書かれていた。

「磯田一郎＝急いだ一郎」

「河田龍介＝変わった（変節）龍介」

「徳田博美＝損した博美」

うまいこと言うなと、感心したものだった。

私は、関西相銀の支店長や従業員を個別に説得していく工作担当を任された。当時は大阪に3ヵ月ほど出ずっぱり。一人、また一人と説得していき、あと1ヵ月もあれば、反対運動を鎮められるという感触を摑むまでもっていった。

が、最終的にはこの合併案件は大蔵省のストップで断念に至る。その秋に予定していた自民党の総裁選挙を控え、少しでも国会を無事に乗り切りたい福田赳夫首相の意を受けた大蔵省の徳田博美銀行局長が、これまでと一変して合併中止を強く主張したからである。

大阪全日空ホテル・シェラトン最上階の部屋に担当行員たちを集めて、合併断念を伝えた磯田頭取の屈辱に震える顔は、今も鮮明に覚えている。「とにかくもう動かなくていい」「理由は聞かないでくれ」と、集まった行員たちを前に声を絞り出していた。

それ以来、磯田会長は業容拡大のための合併に強く執念を燃やしていた。そこに降ってわいたのが、平和相互銀行の案件だったのだ。

1985年当時、同行は株の3分の1を保有する創業家一族の小宮山家と経営陣が対立し、創業者の小宮山英蔵氏の長男で、常務だった英一氏が経営陣から解任されるクーデター騒動が勃発《ぼっぱつ》していた。

小宮山家は銀行以外にもゴルフ場の太平洋クラブなど幅広くビジネスを展開しており、平和相銀はそのファミリー企業へ多額を融資していた。経営陣は創業家一族を追い詰めるべく、この融資を返済できないなら株を差し出すようにも要求していた。

反発した創業家一族が稲波山《いばやま》実業という業者に相談したところ、この業者が出入りしていたイトマンに聞いてみるということになった。イトマンは、住友銀行がメーンバンクを務めていた中堅商社である。経営不振に陥ったところに、磯田会長が腹心の住友銀行常務・河村良彦氏を社長として送り込み、経営再建をさせていた。

イトマンがカネを出せば平和相銀の株が手に入り、平和相銀を傘下に入れられるかもしれない。ノンキャリ入行組ながら磯田会長の寵愛《ちょうあい》を受けて出世してきた河村社長からすれば、ここで磯田会長に恩返しができると考えて、この話に乗った。

創業家一族の持っていた株式の評価額は約400億円。ただし、バブル当時、儲け話には必ずと言っていいほど跋扈《ばっこ》していた闇の勢力が手を伸ばそうとしていたこともあり、カネはイトマン系列の金融子会社イトマンファイナンスが出すが、保有は稲波山実業旧知の佐藤茂氏という人物に依頼することになった。

佐藤氏は旧川崎財閥の資産管理会社・川崎定徳の社長を長く務め、政界、財界、そして闇の世界に豊富な人脈を持つ「フィクサー」として高名だった。

もちろん佐藤氏に対しては、行内でも本当に信頼に足る人物なのか、途中で気が変わって株を他行などに売ってしまうことはないのかとの不安があった。株価によっては彼は大儲けすることだってできたからだが、結論から言えば、佐藤氏は住友銀行を裏切ることはなかった。佐藤氏はのちのイトマン事件でも大いに暗躍してくれることになる。

合併工作

私は花村企画本部長から命じられ、株券の実物が本当にあるのかを確かめるために、青山のイトマン東京本社に行くことになった。

そのとき、念のために國重ではなく、「イトマンファイナンスの松本」という名前で出かけていった。先方の担当役員とも打ち合わせてのことだった。

なぜ偽名など使う必要があるのか、と疑問に思われるかもしれない。

しかし、突然住友銀行の企画部次長が来たとなれば、それだけで住銀が平和相銀との合併を狙っているとの臆測を呼ぶのは目に見えていた。そうなれば、せっかくの合併のチャンスを逃すリスクが出てくる。関西相銀の失敗があるだけに、それは避けたかった。

平和相銀側の関係者は住友銀行企画部次長の私の顔なぞ知るわけもない。結局その日は担当役員から、「こちら、イトマンファイナンスの松本さん」と紹介してもらい、まったく気付かれることなく、株券をコピーして住銀に持ち帰ることができた。以来、私が中心になってこの案件を動かすことになった。

当時のイトマンの顧問弁護士を務めていたのは河合・竹内・西村・井上法律事務所（現・さくら共同法律事務所）で、弁護士との打ち合わせも私自身がやった。河合弘之弁護士は、ダグラス・グラマン事件やリッカーの会社更生法申し立てなどを手掛けた著名な弁護士で、最近では脱原発弁護団全国連絡会を発足させ、原発運転差し止め訴訟などに力を入れていることで有名だ。

その弁護団を交えて打ち合わせをする際も私は偽名を使っていたが、そこでは早々に気付かれていた。あるとき、打ち合わせをした帰りに東京・紀尾井町のホテルニューオータニの近くを通ると、高級料亭「福田家」の前で、河合弁護士が「こういう高級料亭に一度行ってみたいものですね。松本さんが頭取になったらつれてってくださいよ」と話しかけてきたのだ。「頭取」という言葉を出して、あなたが住友銀行の人間だとわかっていると示唆してきたわけだ。

話を戻そう。

平和相銀からの融資を存続してもらいたい創業家一族と、もはやそれはできないという経営陣。両者の対立は深まる一方だった。

このとき私は、平和相銀を信用不安に陥れて、住友銀行がこれを救済するというシナリオを考えていた。そこで弁護団の中で最も若いけれど優秀だと思っていた井上智治弁護士に相談し、ある作戦を行うことにした。それは、太平洋クラブに会社更生法を申し立てるというものである。

当時、平和相銀から太平洋クラブへの融資は約1000億円。これが会社更生法となれば、平和相銀には取り付け騒ぎが起きるかもしれないほどのインパクトになる。ましてや、平和相銀の経営陣側は太平洋クラブの大株主でもある創業家側が自ら会社更生法を申請するなど思ってもいない。その間隙をついて一気に合併話を進めたいとの狙いがあった。

1985年7月、東京・西新橋にあった太平洋クラブの本社に株主による会社更生法の申し立てを行った。井上弁護士が創業家一族を説得したうえでのことである。

この結果、太平洋クラブの大口債権者である平和相銀が危ないという噂は一気に世間に広まり、急速な預金の引き揚げが始まった。太平洋クラブに退会を申し出る会員も相次ぐことになり、まさに私たちの狙いどおりになった。

当時は大蔵省も内紛がおさまらない平和相銀を住銀と合併させて安定させたいと思っていた。

ただ、大蔵省は大きく表だっては活動できない。むしろ、こうした信用不安があったほうが都合がいい。私と井上弁護士の間には、これで大蔵省を動かせるという狙いもあった。

　事はそのとおりに進み、9月には平和相銀に大蔵省の検査が入り、結局、その年の12月に、大蔵省から清二彦《きよしつぎひこ》氏、日本銀行から上林《かんばやし》裕《ゆたか》氏という顧問が派遣されることになった。私は同月24日に二人とホテルニューオータニの部屋で会った。なぜ日にちまで覚えているかというと、そのとき私が「今日はきよしこの夜ですね」と言ったからだ。

　以降、両顧問と住銀の我々は、連絡をとりながら合併の道を歩む。当時は、大蔵省の吉田正輝銀行局長が、マスコミをまくためにゴルフに行くスタイルで家を出て、銀行課の補佐だった坂篤《さかあつ》郎《お》氏（のちに日本郵政社長）の兄がやっていた事務所で打ち合わせをしたこともあった。

　途中、三和銀行が合併に名乗りを上げたり、シティバンクや日本興業銀行も興味を示したが、何と言っても株の3分の1を押さえているというのが大きかった。合併には3分の2の株主の同意が必要だからだ。

　私にとって収穫だったのは、このときに、イトマンに情報源をつくることができたことである。そして、社内事情も知るところとなり、やがてはイトマンがバブルの後始末に苦悶する様子が克明に私のところに入ってくるようになる。

金屏風事件の内幕

　ちなみに当時の平和相銀をめぐっては、きな臭い事件が世間を騒がせたことを記憶されている方も多いだろう。

経営陣の中心だった伊坂重昭氏という元検事の監査役が、時価5億円と言われていた『金蒔絵《きんまきえ》時代行列』という屛風を有名画商の八重洲画廊の真部俊生氏から40億円で買えば、佐藤茂氏から株を買い戻せると持ちかけられた。どうしても平和相銀の株を手中にしたかった伊坂氏は、悩んだ挙げ句購入を決断したが、結局は株の買い戻しはかなわなかった。世に言う『金屛風事件』である。

この事件では、伊坂氏が支払った40億円がどこへ消えたのか、その一部は竹下登元首相へのヤミ献金として政界に流れたという話が報じられ、竹下氏が国会の証人喚問で質される騒動にまで発展した。が、真相はうやむやのままに事件は終結した。

その裏話を一つ披露しよう。


私がカネの行き先を調べようと動いていたところ、40億円はある信用金庫の八重洲画廊の口座に入金されたとわかった。そこで大蔵省関東財務局の金融課長と話をして、信用金庫の預金の出入りを調べてもらっていた。もちろんそんなことは簡単にできるわけもなく、私のＭＯＦ担としての経験と人脈があったからこそではある。

口座の出入りはどうなっていたか。

なんてことはない。実は40億円はすべて、借り入れの返済と大口定期の運用に使われていた。要するに、真部氏は40億円を単に自分の金繰りのために使っていたのだ。当時はこれが政界に渡ったと言われ、東京地検が捜査までしたが、結局は尻尾を摑めなかったのも当然である。最終的に1993年3月末、八重洲画廊は100億円の負債を抱えて倒産する。事件のころにはすでに金繰りが大変だったのかもしれない。

当時、私を重用してくれていた上司の一人、松下武義氏が秘書室長にいた。

松下室長にはよく言われていたものだ。昭和10年代の安藤太郎、20年代の樋口廣太郎、30年代の松下武義、そして40年代はお前だと。これらは、住友銀行の「政治部長」の系譜だ。10年に一人の逸材だというわけだ。

安藤太郎氏は、正確には昭和9年入行で、住友銀行で副頭取に登り詰めた後、住友不動産に転じて社長・会長を長く務めた。樋口氏は住銀で副頭取まで務めた後にアサヒビールに転じると、スーパードライなどのヒット商品を生み出し、アサヒビールを立て直す中興の祖となった。

松下室長も私も広尾の同じマンションに住んでいたから、よく彼の家に呼び出されて会ったりもしていた。

そのころの直接の上司である花村企画本部長は、必ずしも平和相銀との合併に積極的ではなかった。

行内では、磯田会長の引っ張る平和相銀の合併のほかに、もう一つ大きなプロジェクトが進みつつあった。それは小松康頭取の主導するゴールドマン・サックス（ＧＳ）への出資だった。

花村本部長はこのＧＳへの出資のほうにのっており、大蔵省の中小企業課長と平和相銀との合併話をしたときには、いろいろと条件をつけてくる大蔵省に対して、

「だったらうちは合併なんてしなくていいんだ」

と言い放ったこともあった。

この一言に、合併に向けていろいろと骨を折っているつもりだった大蔵省は逆上。怒り狂って、MOF担だった私は夜中にたたき起こされて呼び出された。そして、

「俺たちは合併に向けて苦労しているのに、合併しなくてもいいとは何だ」

と、こってりしぼられた。こちらはもう平謝りだ。

それをどこかで聞きつけた松下室長に、「誰がそんなことを言ったんだ」と詰め寄られた。

「実はうちの企画本部長です」

「國重、それは磯田会長に言うべきだよ」

「いや、それを言ったら花村本部長は飛ばされます。だから言いたくありません」

「お前、何を言っているんだ。銀行の仕事が大事なのか、それとも上司との関係が大事なのか」

私はそれ以上何も言えなかった。その後、松下室長はこの一件について磯田会長に伝えたようだ。当然、花村本部長にはバツが一つついた。そして、花村本部長の名前を松下室長に漏らしたのは私だということも、どこからか聞きつけていたらしい。

平和相銀の合併が決まった後の打ち上げの席。私は調子よく、上司みんなに酒を注いで回っていた。そして花村本部長のところに来たときである。

「本部長、おつかれさまでございました。ささ、一杯」

すると彼は杯を取ろうともせず、私のことをぎろりとにらんで言った。

「お前、俺はお前のことを絶対許さないからな」

目が据わっていた。

花村本部長の怒りはもっともだ。信頼している部下に裏切られたのだから。しかも、GSへ出資した約８００億円は、のちに何倍にもなり、住友銀行に大きな貢献をしたが、平和相銀との合併は功罪相半ばし、評価の分かれるところになった。結局、花村本部長はそれで飛ばされることもなく、専務まで行ったのだから人間万事塞翁が馬である。

敏腕支店長

こうして、１９８６年10月、住友銀行は平和相銀と合併した。

磯田会長は最後まで私のことを、「あの坊や」と呼んでいたらしい。松下室長によれば、磯田会長は「あの坊やを取締役にする」と言っていたようだ。私からすると笑止千万であり、磯田会長の取り立てがなくても、実力で取締役になれると思っていた。

その後、私は87年4月に初めての支店長として渋谷東口支店に赴任する。元は平和相銀の支店だったところだ。自分で希望して、平和相銀だった店に行った。支店のメンバーも平和相銀職員だったし、がんばってやれば、住銀の外回りよりも実績が上がるということを見せたいと思ったからだ。

結果から言うと、預金額をひと桁伸ばした。50億円から５００億円にしたのだ。

預金量を増やすためにどうしたか。

ひとつには営業部隊に、一日１００件、お客さんのところを回ろうと提案した。朝9時に支店を出て行って夕方5時に戻ってくる。昼休みの1時間を除くと、正味7時間。そのなかで１００件回ろうとすれば、1時間に14〜15件回らなければならない。どうしたらいいか全員で議論した。

1時間に14〜15件回ろうとすれば、一件あたりにかけられる時間は3〜4分だ。だから、相手が不在の場合に名刺だけ置いて帰るというのもありにした。これを「刺敬《しけい》」という。当時、営業マンとして勇名をはせた人から、ノウハウを教えてもらい、支店のみんなに紹介もした。

その人のやり方は、外回りのときはとにかく営業に専念して、日誌を書くのを後回しにするというものだった。営業マンはその日どこを回ってどんなことがあったかを必ず記録して、後で日誌につけなければならない。それが代々引き継がれていく。

そのためには、一件ごとにメモをとっておく必要があるわけだが、その時間がもったいないから、後回しにするのだ。一件回ると、次の場所に向かいながらテープレコーダーに必要事項を吹き込んでおく。たとえば「○○さん、○月○日定期預金継続」などと。

そのカリスマ営業マンのやり方は、帰宅した後、そのテープレコーダーを奥さんに渡す。自分が風呂に入っている間に奥さんがテープ起こしをしてくれる。風呂を出てさっぱりしてから、それを見て一日を振り返り、明日の行動計画を立てる。夜ご飯はその後だ。先に食事をすると、面倒になって行動計画を立てるところまでいかないのだ。

こうすれば、一日を効率的・能率的に使うことができる。いわば隙間時間有効活用法だが、当時は画期的だった。

それからローラー作戦。一つのビルにある部屋を全部回る。下から行くと途中で嫌になって、もういいやとなりかねないので、まず最初に上に行って、そこから回り始める。そうすると、そのビルだけで30件くらいになる。

自分も率先して回った。その際、何か話題の種になるようなことも用意した。

そのころ、伊丹十三監督の映画『マルサの女』が公開されていた。私も見たのだが、それを見て、「これだ！」と思ったことがあった。

携帯電話だ。査察官がこれから踏み込む、というときに携帯電話で連絡をしていたのだ。ＮＴＴに問い合わせると、10万円の保証金を入れると手に入るという。そこで早速入手して、持ち歩いた。１９８７年のことである。

すると狙いどおり、必ず「それ、何ですか？」と聞かれた。

今度の支店長はハイカラで、時代の最先端を行っているとお客さんに印象づけたのだ。

登記所も回った。支店は宮益坂《みやますざか》の下にあったのだが、登記所に行って、その周辺のビルや物件について片っ端から調べて回った。すると、どの物件が何％のローンでいくら借りている、ということまでわかる。

それをひっくり返した。つまり、金利をもう少し安くしますから借り換えませんか、と。もうローンを半分返していたら、金利を安くしますから同じ返済額で7割まで貸すことができます。

そうすると、2割分のおカネを余計に使えますよ、と勧めた。そうやってすべてこちらのものに変えていった。

これは住友銀行の住宅ローンのセクションが編《あ》み出《だ》した方法だった。えげつないと言えばえげつないのだが、そんなことをしていたら、当時あった住専（住宅ローン専用のノンバンク）のトップに、雑誌のコラムで「亡国の銀行、住友銀行は許さない」などと書かれたこともあった。住専は銀行よりも貸出金利が高かったからだ。この結果、住専はノンバンクローンにのめり込んでいき、バブル助長の大きな役割を果たすのである。

しかし、一番効果があったのは、支店長自らの営業だった。私が外回りをするのにあたり、前もって、部下に「今度の支店長は本社の企画畑を歩いてきたエースで、将来の頭取候補ナンバーワン」と言わせて回った。まあ、実際そういう評価もあったわけだが……。

そうすると、営業先の見る目も変わって、じゃあ預金をこっちにしてみようか、ということにもなる。

こうして実績をどんどん上げていったのだが、部下に対しては気さくに接していた。すると、ある打ち上げの席で部下から言われたことがある。

「いや、支店長は本当にいいですね、気さくで。前の支店長と全然違います」

というのも、以前の支店長は、今日は支店で飲み会をやるぞと言って、どこかの中華料理屋の個室でも予約するとする。その際、支店長が来る前には全員集合しておくのはもちろんのこと、部屋に入って待っていることすら許されなかった。部屋の外でずらっと並んで待っていなくてはならなかったのだという。

そして支店長が到着すると、みんなで頭を下げて、

「今日はごちそうになります！」

おう、と支店長が答えると、その後をみんなで従って入っていく。そんなふうだったという。

支店長というのは一国一城の主、少し大げさに言うと、その支店では神様みたいなものだ。その支店が何をやっているか、支店長がどう振る舞っているかは本店からはまったく見えない。だから当時よく言ったものだ。「乞食と支店長は3日やったらやめられない」と。

そんなふうに実績を上げて、1年後の88年に本社に戻った。凱旋帰国と言ってもいいかもしれない。

銀行員の人生というのは、まず一番の目標は支店長になること。支店長になった次は、取締役になること。それから、経営会議メンバーである常務から上になること。そして最後は頭取になることだ。

だから、支店長になるというのはとても重要なことなのだ。

ちなみに私はどこまで行ったかというと、取締役までだ。取締役には、同期で一番最初になった。一番、といっても3人同時で、残りは一人が佐久間博、そしてもう一人がのちに頭取となる奥正之（現・三井住友フィナンシャルグループ会長）だ。

さて、1988年4月に本社に戻った私は業務渉外部の部付部長となる。日銀や、大蔵省以外の省庁の窓口となっていた部の部付部長だ。それなりに楽しく仕事をする日々を送っていた。

世はバブル絶頂。１９８９年12月29日、東京証券取引所の大納会は平均株価３万８９１５円と史上最高値を記録。しかしそれは、ひたひたとバブル崩壊が近づいてくる予兆でもあった。そのころ、のちに戦後最大の経済事件と呼ばれることになるイトマン事件がまさに火を噴き、私を、住友銀行を、大きく巻き込もうとしていた。

そして翌１９９０年春、私の行動は始まるのだ。

第1章 問題のスタート

§

イトマン事件

◉1990年　3月20日

問題のスタート。

13時30分～14時10分　佐藤茂氏、桑原芳樹氏が磯田会長のところへ。3人

14時10分　磯田会長が巽《たつみ》（外夫《そとお》）頭取を呼ぶ。巽頭取は銀行協会の集まりで外出

14時10分　磯田会長が西（貞三郎）副頭取を呼ぶ

14時20分　巽頭取帰着。西副頭取は席を外す。磯田－巽会談

14時50分～15時30分　磯田会長、巽頭取が西副頭取を呼ぶ。3者会談

15時30分～17時20分　経営会議

17時20分～17時50分　再び磯田－巽会談

―17時50分～18時00分　磯田‐西会談

§

私の手帳は、この記述で始まっている。

住友銀行が危機に陥っている。闇の勢力に喰い物にされようとしている。

私にはそのことへの危機感が強烈にあった。当時、業務渉外部の部付部長として中央官庁などとの折衝窓口役が仕事だった。だが、それとは別に何かしなくてはいけないという思いにかられていた。

伊藤寿《す》永《え》光《みつ》氏、許《きょ》永《えい》中《ちゅう》氏。普段であれば銀行と付き合いもなく、裏の世界に生息している人物が跋扈し、好き放題に暴れまわっていた。だが私はまだ、二人の名前も、ましてや彼らが何をしているかも知る由がなかった。

ただ、何かが起きている、このバブルを謳歌している日常の裏で、恐ろしい出来事が起きているという直感はあった。

行動を始めなければならない。何かしなければならない。

私にはできる。いや、私にしかできない。

本社に戻って約2年、当時の私は自信に満ち溢れていた。

住友銀行に入り、自分で言うのもなんだが一選抜中の一選抜。常に光の当たる道を歩いてきており、ＭＯＦ担や渋谷東口支店長として実績も着実に挙げていた。

40代半ば。気力も体力もみなぎっていた。

行動を起こそう。

この手帳をつけ始めたのも、いわばその決意の表れだった。私は日々自分が何をし、人々が自分に何を言ったかを記録し始めることにした。そして、できるだけ情報を集めて回り、それも克明に記録して残すことにした。

これは住友銀行史、いや、日本の金融史、経済史に残る大きな事件になると思ったからだった。

そしてこの1990年3月20日から記述を始めることにしたのだ。

それから2年あまり、スーツの内ポケットに入る、はがき半分ほどの大きさの縦長の手帳にメモを取り続けた。小さな字で記したメモは、最終的に手帳8冊分にもなった。ここから始まる話も、この手帳に残るメモの記述がもとになっている。

当時の私の心境を表すと、こんなふうになる。

「ローマ法王に仕えるにあらず、神に仕える」

メモにある「磯田会長」というのは磯田一郎氏。頭取を経て1983年から住友銀行の会長を務めていたが、当時「住銀の天皇」と言われたほどに行内で強大な権力を握っていた。京都大学ラグビー部出身で、「向こう傷を恐れるな」を合い言葉に、積極的な経営をモットーとした。平和相互銀行の合併もその一環だ。

しかし私は、この磯田体制こそが住友銀行に生じたひずみの原因だと思っていた。権力必腐。すでにあちこちにその悪弊《あくへい》が表れていた。

その象徴がイトマンだった。

イトマンは、もともと伊藤萬株式会社と言われ、すでに説明したように、住友銀行がメーンバンクを務めていた中堅商社である。

住友銀行から送り込まれた河村社長は経営再建を成功させると、磯田会長の忠実な部下として、住友銀行の不良債権案件をイトマンでいくつも引き受けるなど汚れ仕事を請け負い、住銀の「別働隊」としてイトマンの存在感を高めていった。

さらに、先述したように河村社長はイトマンを使って住銀に平和相互銀行合併という大きな果実をもたらし、磯田会長からの絶対的な信頼を得るようになっていた。「天皇」である磯田会長の庇護《ひご》を受ける河村社長に意見をできる人間はだんだんと減り、メーンバンクの住友銀行でも口を出しづらい河村ワンマン体制が構築されていた。しかし、それは同時に、人知れずイトマン内部に問題が吹きだまっていく過程でもあった。

当時、イトマンが抱えていた最大の問題は、河村社長が多角化という名目で手を広げた事業の数々が頓挫《とんざ》し始めていたことにあった。特に、河村社長がのめり込んでいた不動産事業が暗礁に乗り上げ、多額の借金が経営を圧迫していた。

なかでも問題なのは、河村社長がそうした河村商法の限界を糊塗《こと》しようと、闇の勢力の接近を招くようになっていたことだった。それが伊藤寿永光氏であり、許永中氏であった。

伊藤寿永光氏は結婚式場チェーン平安閣の総帥を名乗っていたが、実体は協和綜合開発研究所なる自らの会社を中心にして地上げなどを手掛ける不動産のプロ。しかし、このころには資金繰りに窮しており、新たな金主を必要としていた。そこで、不動産事業を立て直したいと頭を抱えていた河村社長に「プロ」を自任して巧みに近づき、イトマンを喰い物にしようとしていた。

許永中氏は在日韓国人の実業家。大阪政界のフィクサーとして知られた野村周史に師事したことから、野村永中と名乗ることもあった。関西財界ではすでに株の仕手戦などに名前が浮上する有名人ながら、その実体がうかがえない怪人物として知られていたという。そんな許氏も河村社長の弱みに付け込み、同じくイトマンに喰い込もうとしていた。

のちに「イトマン事件」と呼ばれるようになる一連の出来事はイトマンのみならず、メーンバンクである住友銀行をも大きく呑み込んでいく。

住銀権力闘争

さて、磯田会長をはじめとする住友銀行のトップたちは、私が手帳をつけ始めたこの日、激しく動いた。私は秘書室などから情報を集めて回って、誰が誰とどのように会っていたかを摑み、一つ一つ記録していった。

佐藤茂氏というのは、前述したように、旧財閥の川崎家の資産管理会社である川崎定徳の社長を務め、フィクサーと言われた人物である。平和相互銀行を住友銀行が合併する際には、キーパーソンの一人だった。桑原芳樹氏は佐藤氏の番頭格の人物である。二人とも、私とは平和相銀合併交渉以来の旧知の仲であった。

実はこの前日、3月19日に佐藤氏は巽頭取と会談をして、

「イトマンがおかしくなっている」

「河村社長が伊藤寿永光氏という不可解な人物を重用しだしている」

と警告をしていた。磯田会長にもこの日、同じような話をしたのだろう。住友銀行のトップたちは何かを察知し、このころから慌ただしく動き出すことになる。

私はそれより以前、平和相銀合併時に知り合ったイトマン社内のある人物から、イトマン内部の問題を耳にしていた。いわく、巨額の所有不動産投資が固定化しており、将来にわたっても開発が難しくなっている箇所が多数ある、と。

たとえば、イトマンが東京・南青山の土地を不動産会社の慶屋《よしや》に頼んで地上げしてみたものの、その土地には老舗の蕎麦屋や大蔵省の共済組合の寮があり、立ち退かない。だから、虫食い状態で将来にわたっても開発は見込めない。その間にイトマンの債務はふくれ上がりつつあるというのだ。

当時、私が頻繁に接触していた新聞記者がいた。日本経済新聞の大塚将司記者。私がMOF担をしていたときに、彼が大蔵省記者クラブである財政研究会、通称・財研に籍を置いていたことから知り合った。

大塚記者は特ダネ記者として名をはせていて、私は大塚記者に、1988年の秋ごろから「イトマンがおかしくなる。これは住友銀行にも重大な影響を与える。取材をしてくれないか」と持ちかけていた。この問題はマスコミという外部圧力を利用しなければ動かないと思っていたからだが、そのときは世の中の景気もよかった時代で、大塚記者の反応は鈍かった。

大塚記者は、当時の私とのやり取りを『スクープ　記者と企業の攻防戦』（文春新書）のなかでこう綴っている。

〈私は、説明を聞いて、少し考えた。それから、「問題はよくわかったけど、無理だよ。株も上昇を続けているし、地価だって高騰している。今、記事にしてもイトマンはびくともしないよ」と答えた。彼（編注＝著者のこと）は「そうかな。でも、今、手をつけないとイトマンは大変なことになるような気がするけどなあ。無理か」とがっかりしたような顔つきをした。

「その見通しは当たっていると思う。でも、新聞に記事を載せても動かない。時期尚早なんだ。地価と株価が下がり始めないと駄目だよ。今、やるんなら、磯田一郎会長あたりが河村社長の暴走を止めるしかないよ」。私はそう言うしかなかった〉

そんな大塚記者も、それから1年半ほど経ったこのころまでにはさまざまな情報を独自に入手していたようで、ついに動き始める。私の手帳にも早速、彼が登場する。

――§――

◉3月20日夜　大塚記者が磯田会長を夜討ち

大塚記者が一通り、（イトマンについて）一気に話をすると、磯田会長はほとんど知っていた。以下、磯田会長の反応。

磯田「今日一日、それでかかりきりだった。玉井から巽に話があった。巽に調査を一任した。

西、大上《おおうえ》にはやらせない。先日も河村に話をしたら、悲しそうな顔をしていた。西に聞いたら『河村はああいう人間だから、自分は知らない』と。でも、巽は西の言葉を信用していないようだ」

大塚記者は自分の電話番号を磯田会長に教えて退出。大塚記者の印象では、大上常務は飛ばされるかもしれない。磯田会長は河村社長、西副頭取には愛情が残っている感じだった。

——§——

このあたりに出てくる人物をざっと紹介しておこう。

西というのは西貞三郎副頭取。1953年に高卒で住友銀行に入行した、いわゆるノンキャリアだ。大阪・高麗橋支店時代に磯田氏の部下として仕えて以降最側近の一人となり、営業の手腕を買われて副頭取まで駆け上った。

玉井というのは玉井英二副頭取。1954年に神戸大学から住友銀行に入行し、若いうちから将来の頭取候補と目されたエース人材。企画第一総本部長、資本市場総本部長などを経て、1989年から副頭取に就いていた。

大上というのは大上信之常務で、当時、本店営業本部長を兼ねていた。京福電鉄社長を務めていた大上信雄氏の長男で、1960年入行。名古屋支店長時代に伊藤寿永光氏と出会い、伊藤氏とイトマンの窓口役になったと言われていた人物である。本店営業本部はイトマンの担当セクションでもあった。

磯田会長は当時、絶大な権力を誇っていた。事実上、頭取の指名権も持っていた。巽外夫頭取の前の頭取は小松康氏だったが、頭取の任期である２期４年を全うするわずか約２ヵ月前に辞任した。磯田会長の手によるものだと言われている。その後任として１９８７年に頭取となったのが巽氏だった。
このときのトップの陣容の人間関係を一言で言えば、西副頭取、大上常務が磯田派。巽頭取、玉井副頭取が改革派だった。

磯田メモ

私は、ありとあらゆる手段を駆使して磯田会長やそれを取り巻く人たちがどのように動き、誰と何を話していたかについて情報を得ようとしていた。私がどうやって知ったのか、いまもなお明らかにできないものもある。

——§——

◉同日　行内で情報収集
佐藤茂氏、桑原氏との会談の前に、磯田会長は「巽が人事でなかなか言うことを聞かなくてねえ」と言っていた。

◉3月22日　松下常務と
磯田会長から「大塚記者が来た。詳しすぎる。内部告発のようだ」と言われた。わからないようにうまくやれ。

松下常務は、秘書室長、総務部長を経て、このとき東京営業本部長になっていた。

—— § ——

3月22日に松下常務が磯田会長と会った際、磯田会長は大塚記者の夜回りについて話し、大塚記者が事情に詳しすぎるので内部告発を警戒していたというのだ。そこで松下常務が私に、「うまくやれよ」とアドバイスしてくれた。

私は、大塚記者と会っていることをいちいち松下常務に報告していたわけでもないし、自分がこれから独自に動こうと思っていることを相談していたわけでもない。

ただ、私が大塚記者と親しいということを松下常務は知っていたし、誰か彼に入れ知恵する人がいたら國重に違いないと思っていたようだ。

—— § ——

◉同日　磯田会長周辺の動き

9時30分　河村社長から磯田会長へ電話。「仕掛けているのは誰だ」。電話がガチャンと切れた。

昼　巽頭取が磯田会長に電話。1時間くらい。

午後　河村社長から磯田会長に電話。20分くらい。詳細は「磯田メモ」参照。

—— § ——

以下が、私が極秘裏に入手した「磯田メモ」だ。ここには磯田会長と河村社長の電話の内容が書かれてあった。

河村　伊藤寿永光のことは信じきっている。むしろ佐藤（茂）のほうが悪い。絶交したい。1年間やってきたが、伊藤寿永光にそんなことはない。

磯田　騙されていないか。

河村　騙されていない。

磯田　やり手なら、社外で協力したらどうか。

河村　イトマンに（不動産取引を）やれる人がいない。この1年間見ていた結果だ。栄町（支店）の大野から平安閣の取引を進めた。注Ⅰ　いろいろ調べた。具体的事実なし。野村永中も真面目にやっている。昔はともかく。

アイチ親しい。立川の時、伊藤寿永光がアイチに話をして持ち株引き受けた。注Ⅱ　具体的に悪いことなし。

不動産関係はイトマンに人なし。（伊藤氏に）不動産関係を任すより仕方ない。佐藤はけしからん。平和相互のときも、実際何もしていない。断絶。

具体的に何かあれば考え直す。

銀座の土地、伊藤寿永光との合弁で新会社で引き取る。注Ⅲ　ゴルフ場肩代わり、250億円長期で出した。岐阜、関。注Ⅳ

雅叙園観光の土地は難しい。ホテルが立っている。間に一人入っている。これは関心が薄い。

――§――

（伊藤氏の）バックにヤクザはなし。あれば社内に置けぬ。
磯田　伊藤寿永光が社外にいれば問題ないのでは。
河村　不動産関連、人がいない。
磯田　西が背後に怖いものがついていると言っている。
河村　そんなことなし。不動産関連のプロパーの動揺は了承した。
磯田　騙されていないか。
河村　ＮＯ。やる場合、協和綜合開発研究所にカネは貸さぬ。イトマンでカネは離さぬ。アイチ、日本一の闇金融。絵を買う。野村永中（仕手筋）と親しいのは間違いない。
　検察が河村を調べている。捜査四課に聞いたら、松下が延命工作として河村、西をおろすのに佐藤を使っている。
　整理に伊藤寿永光を使うために中に入れた。具体的に何かあるかを銀行でも調べる。コスモポリタングループの変な奴を切るのに苦労している。カネはイトマンの仕事に使っている。

――§――

今となっては、このメモの中で何を意味しているのかわからない箇所もある。このころ、事件の全体像をわかっている人は誰もいなかった。おそらく、問題意識をもって探っていた私が一番よく把握していたのではないかと思う。
　磯田会長は河村社長に対して、伊藤寿永光氏らに騙されていないかと問いかけている。河村社長はこれに対して、

「佐藤はけしからん」

「松下が延命工作として河村、西をおろすのに佐藤を使っている」

と言う。

佐藤茂氏や松下常務が、イトマンが危ないと言って、自分（河村社長）を追い落とそうとしている。すなわち、住銀の反河村勢力が、自分を社長から引き摺りおろすために、でっちあげの情報を流しているだけと突っぱねているのだ。

同時期に磯田会長を夜回り取材していた日経記者とのやり取りが、『ドキュメント　イトマン・住銀事件』（日本経済新聞社）に書かれている。

それによれば、「イトマンは放置すれば大変な事になるような気がする」と問いかけた記者に対して、磯田会長は「今日はそれでかかりきりだった。巽君（頭取）と二人で相談した。時々、西君を呼んで、事情も聞いた」と語ったようだ。

借入金で大変では、と畳み掛ける記者に磯田会長は「もっと困ったことがある」と、ヤクザが絡んでいることも認めたという。

私の入手した3月20日の磯田会長の日程や磯田メモとも符合する内容だった。

注
Ⅰ　伊藤寿永光氏を最初にイトマンにつないだのは住友銀行栄町支店長だった大野斌代《よしのり》氏と見られていた。栄町支店はもともと伊藤氏の会社である協和綜合開発研究所と取引があったところ、伊藤氏が大野氏にゴルフ場開発プロジェクトなどを持ち込んだ。大野氏がこれを住友銀行ＯＢでイトマン名古屋支店長だった加藤吉邦氏に紹介したことで、伊藤氏とイトマンの接点ができたという。伊藤氏と河村社長の初顔合わせは89年8月ごろとされる。ちなみに大野氏は90年2月からは自らもイトマンに移っている。

Ⅱ　イトマン系列の繊維商社である立川の株が、89年9月ごろから金融業者のアイチに買い占められる騒動が勃発。この際、アイチの森下安道会長と面識のあった伊藤寿永光氏が交渉することで事を収め、河村社長は伊藤氏への信頼を深めることになる。このとき、河村社長はアイチに立川株を譲渡する「密約」を示し、その代わりに10億円を受け取った（のちに返却）として、のちに起訴されることになる。

Ⅲ　銀座の土地は伊藤寿永光氏が地上げをしていた銀座1丁目の土地のこと。複雑な権利関係から開発がうまく進まない一方で、伊藤氏は地上げの際に芙蓉総合リース（旧富士銀行系ノンバンク）から借りた200億円ほどの借金の返済を迫られ、資金繰りが逼迫《ひっぱく》。このカネを捻出することが、伊藤氏がイトマンに接近した一つの動機だったとされる。

Ⅳ　伊藤寿永光氏はゴルフ場開発を中心としたさまざまな案件を河村社長に儲け話として提示、これらの「伊藤プロジェクト」をもとにイトマンからカネを引っ張り出していた。当時すでに、伊藤氏が持つ岐阜県関市のゴルフ場案件への開発資金名目などで、イトマンは融資を実行。それ以外にも、東京・八王子市のゴルフ場の株式買い取り資金も融資していた。以降、架空の開発プロジェクト名目でもカネを引き出し、こうしたカネが伊藤氏の借金返済などへと流用されていくことになる。

伊藤寿永光と雅叙園観光問題

この少し前、T弁護士から私に電話がかかってきた。

「ねえねえ、伊藤寿永光って知っている?」

私は「誰、それ?」と答えた。この時点では私もまだ彼のことを知らなかったのだ。

Ｔ弁護士は、

「あなたみたいな人だよ」

「え？」

「一見さわやかなんだけど……」

Ｔ弁護士とは、かつて東京地検特捜部に在籍していた弁護士。ひょんなことから知り合い、時々情報交換をしていた。

彼は伊藤寿永光氏の顧問弁護士を依頼されているため、どういう人か知りたいということだった。伊藤氏は当時すでにイトマンの理事・企画監理本部長をしていたので、イトマンと関係が深い住友銀行の私に電話をかけてきたのだった。

これが私が初めて伊藤寿永光氏の名前を聞いたときだった。

あなたみたいな人……。

この言葉が、伊藤氏の名前を私の脳裏に深く刻み込んだのだった。

調べてみると、伊藤寿永光氏は千葉県・習志野の土地の払い下げにからんだ脱税事件で東京国税局から聴取されているという。その背後には、野村永中（許永中）氏という実業家や、政治家、さらには闇の勢力もからんでいるらしいということもわかってきた。

そもそも、伊藤寿永光氏がイトマンに接近したきっかけは雅叙園観光問題にあった。

雅叙園観光問題とは、目黒の結婚式場「目黒雅叙園」の隣にあった雅叙園観光ホテルを所有する上場企業の雅叙園観光をめぐる話だ。

1984年に創業者が死亡すると創業家一族と経営陣の内紛が勃発。その間に当時高名だった仕手筋の一人、コスモポリタングループの池田保次会長が実質的な支配権を握ったところから悲劇が幕を開ける。

わずかな土地にホテルを所有しているだけの企業としては異例の事態だったが、池田氏が雅叙園観光を金づる化し、そこに許永中氏、伊藤寿永光氏など事件の主役たちが次々と関与する中心舞台となる。

池田氏は雅叙園観光振り出しの手形を乱発するなど資金繰りに逼迫。88年8月、新大阪駅で「東京に行く」と運転手に言い残して車を降りたきり、失踪した。

当然、池田氏へ多額を貸し付けていた債権者たちは債権回収に奔走し、それと並行するように雅叙園観光の経営権は池田氏から、許永中氏、そして伊藤寿永光氏に移っていく。

しかし、伊藤寿永光氏もまた乱発手形の処理に手こずり、資金繰りが追い詰められていく。そこで伊藤寿永光氏が接近したのがイトマンだった。雅叙園観光を舞台にした再開発計画をイトマン側に提示し、今度はイトマンが金づるとして利用されるようになっていくのだ。

その根拠となっているのは、ホテルが隣接する土地を買収して再開発し、新たな結婚式場やホテルなどの一大施設をつくるという計画だった。

ところが、後でわかったことだが、ホテルの建っている土地は、もともと目黒雅叙園を所有していた一族と大蔵省が所有しており、まったく売却の可能性はなかった。つまり、架空の計画に巨額の投資マネーが動いていたのだ。目黒雅叙園と雅叙園観光はまったく別の会社なのに、名前が似ているというだけで信用したのがあだになったようだ。何ともお粗末だが。

今になって冷静に考えてみれば、計画の実現性を精査するのは当たり前のように思えるが、バブルの真っ盛りだった当時は、カネになりそうな話なら一流企業からヤクザまで、誰でもすぐにとびついて、儲けようと虎視眈々《こしたんたん》となっていた。そんな時代だった。

この雅叙園問題がすべての問題の始まりだった。この損をいかにして誰に押し付けるかという壮大なババ抜きが始まっていたのだった。

再びメモに戻る。


――§――

◉3月26日　T弁護士と
伊藤寿永光がからんだ脱税事件の明細を聞いたが、当然教えてくれない。だが、野村永中と政治家がからんでいるらしいことがわかってきた。東京国税の査察調査二課長、「4月にはイトマンをやる」。銀座の土地の明細入手。
◉同日　大塚記者と
イトマンのPL（損益計算書）、BS（貸借対照表）手交。大塚記者が、「今夜磯田会長に会いに行く」と。
◉3月27日　T弁護士と　東京會舘にて

伊藤寿永光と会った。習志野の土地払下げ事件、松葉会の幹部がからんでいる案件などを聞いたが、教えてくれない。伊藤寿永光は1月に国税のガサ入れを受けている。富永弁護士が担当だが、自分はその背景説明を受け持つことになりそう。

——§——

この日、大蔵省はこれ以上の地価高騰を防ぐために、「総量規制」を4月から実施することに決めて、各金融機関に通達した。総量規制とは、金融機関の不動産業向け融資残高の前年同期比の伸び率を総貸出残高の伸び率以下にすること。まさに、バブルが終焉《しゅうえん》を迎えようとしていた。だが、この総量規制には盲点があり、イトマンのような商社は規制の対象外になっていたのだ。

そして、伊藤寿永光氏はこのときすでに、１９８６年に千葉県から分譲を受けた習志野市の転売禁止の土地を偽装転売した疑惑があった。最終的に１９９１年1月に強制捜査されている。

そんな人物を、イトマンは１９９０年2月に理事・企画監理本部長として迎え入れ、さらに、6月には常務に昇進させるのである。今から考えれば正気の沙汰ではない。が、そんなことが堂々と行われようとしていた。

——§——

「指の2～3本は折られるかも」

——◉3月29日　大塚記者が磯田会長を夜討ち

磯田会長、苦悩の色濃い。

磯田　おかしいことはわかっている。ヤクザがからんでいる。どうしていいかわからない。「変なことをすると河村が殺される」という感じ。

巽は伊藤寿永光に会ったのではないか。（伊藤氏を）辞めさせようとしたが、ダメだった。しゃぶりつくさないと出て行かないのではないか。内容もわからない。本店営業部（本営）が調べている。１ヵ月くらいかかるだろう。

イトマンにカネがないことは明白だ。これまでは銀行がイトマンに行っていたのに、向こうから銀行に来るようになってきた。

私がやるしかない。イトマンはまだ赤字ではないが、近いうちに赤字になることはわかっている。だが問題はそれではない。どのくらいくれてやって別れられるかがポイント。巽ではダメだ。自分でないとできない。みんなびびってしまっている。自分もやられるかもしれない。

中身が悪いことはわかっている。自分はプロだ。大塚からそんなことを聞く筋合いはない。もっと、ちゃんとした情報を持ってこい。

今まで、河村は寄り付かなかった。住銀も河村に世話になった。たとえば、杉山商事。その分は仕方なかった。調査をするといっても、急に手のひらを返したようにあれ持ってこい、これ持ってこいというわけにはいかない。本営では玉井と西にやらせる。

大塚　法律を使ったらどうか（和議など）。

磯田　そんな刑事的なことができるわけがない。みんなびびっているようだ。西に会うのが一番良い。内部告発をすごく恐れていた。神戸に土地、何万坪かある（苦楽園のこと）。それを売れば何とかなると河村は言っている。

大塚　1年くらいかかるか。

磯田　1年くらいでは満足しないだろう。いくら摑ませるかという問題だ。河村にも世話になっている。河村は伊藤寿永光を不動産に使えば何とかなると思っているが、自分は損を深めるだけだと思う。

---

§

杉山商事は、もともと経営不振に陥っていたところを、取引行だった住友銀行がイトマンに経営再建を押し付けた経緯がある。イトマン社内では反対があったものの、磯田会長の番頭を自任する河村社長が受け入れを決定した案件で、まさにイトマンが「住銀の別働隊」とされる象徴的な事案だった[注V]。また杉山商事の受け入れを機に、河村社長は不動産事業への傾斜を強めていくことになるわけで、これがイトマン転落のきっかけを作ったという意味合いもあった。

この日の様子は、前掲書『ドキュメント　イトマン・住銀事件』にも記されている。以下、日経記者の大塚氏と磯田会長の会話だ。私のメモともほぼ合致している。

〈「（巽）頭取は河村さんに会ったのですか」

「巽君は会った。おとなしくなってしまった。みんながびびるのは仕方無いよ。度胸のあるのは西君くらいだ」

「会長が動けばいいでしょう」

「どっちにしても、みんな俺がやったことになる。最後は俺がやる。その度胸はある。でも、今はやれない。頭取以下でやる体制だから、会長が動くわけにはいかない」

「二十日は何があったのですか」

「河村君は裸の王様だ。情報が入っていない。住友銀行にだってもう随分長いこと、顔を出したことがない。それを急に来いと言ったり、調査に乗り込んだりできない。本店営業部で少しずつ調べている。一カ月くらいかかる。四月末だ」

（中略）

「闇の世界とヤクザはどの程度、絡んでいるんですか」

磯田氏は両腕で羽交い締めする身振りをした。そして、「河村君は伊藤（寿永光氏）に押さえられて身動きできないのか、どうか」と睨みつけた。

それから、ほとほと困ったという顔つきで、「河村は伊藤を使えば不動産が上手くいくと思っているようだが、きっと失敗するような気がする。河村は関西に土地があり、その含みが大きいと言っているが、本当なのかどうか。俺はここ何年かあいつに相当迷惑している。でも、何も言わん。それにしても、雅叙園観光だけは余計だった。どうしてこんなことになったのか……。河村が伊藤を副社長にするなど、素っ頓狂なことをやらんでくれればいいが……」と続けた。

（中略）

「とにかく早く縁を切ればいいじゃないですか」

「連中は甘い汁を吸い尽くす。そう簡単にはいかない。カネがいる」

「百億円くらいですか」

「そんなわけにはいかん」

「五百億円以上ですか」

「千億円くらいやれば、縁をきるだろうが、それと金繰りの見合いだ」〉

メモに戻る。

§

◉同日　西副頭取と河村社長のやり取り
河村「佐藤は抑えた。佐藤のパイプ役が松下。松下はヤクザに、指の2～3本は折られるかもしれない」

§

今となってはなぜ、西副頭取と河村社長の会話の様子を私が入手できたのかは思い出せない。しかし何らかの手を使って入手したのだ。

当時の私は、とにかく、幹部がこのイトマン問題について交わしたあらゆる会話について手に入れ、全容を把握することに精力を傾けていた。これもその成果の一つだ。

この会話は、伊藤寿永光氏の背後にいると言われたヤクザがすでに佐藤氏のことを抑えている、だから これ以上、松下常務が四の五の言って動くようだと指の２～３本は折られるかもしれないと牽制しているのである。

ここで注意してほしいのは、河村社長と磯田会長の３月22日の会話だ（44ページ参照）。河村社長はそこではっきりと「（伊藤氏の）バックにヤクザはなし」と語っているのだ。しかし、その裏ではこんな脅しまがいのことも平気で口にしていたのだった。河村社長は伊藤寿永光氏が闇の勢力と結びついていることを知りながら、それでも伊藤氏をそばに置いていたことになる。

――§――

◉４月４日　桑原氏と吉田融資三部長のやり取り

伊藤寿永光は帝国ホテルの８××号室に住んでいる。Ｏ社が現金６億円を伊藤寿永光に届けた。[注VI]

イトマンが河合事務所に平和相互関係の資料を取りに来た。河合弁護士は断った。

いよいよ佐藤氏、桑原への総攻撃が始まるか。やるとしたら岩間。

――§――

融資第三部というのは不良債権処理をする部署で、さまざまな案件が持ち込まれていた。平和相銀の不良債権処理もしていたから、私がその中身についてレクチャーすることも多く、吉田哲郎取締役融資第三部長とは親しく付き合っていた。

当時、伊藤寿永光氏は内実はともかく、非常に派手な生活を謳歌していた。超高級ホテルを事務所や住まいに使い、そのうえ、プライベートジェットを乗り回していた。このメモにあるように、帝国ホテルもその一つで、そこに宝塚の元スターを住まわせていたとも言われている。

イトマンもこのとき、情報収集に必死になっていたようだ。イトマンの使者が平和相銀合併の担当だった河合弘之弁護士の事務所に、平和相銀の資料を取りに来たというのだ。これは佐藤茂氏の身辺を洗い出す意味も大きかった。それで、佐藤、桑原攻撃が始まるか、とあるのだ。

岩間というのは、茨城県内のゴルフ場・岩間カントリークラブのことだ。もともと平和相互銀行系の太平洋クラブが開発していたが、住友銀行が平和相銀と合併した86年、住銀によって経営母体である岩間開発が東京佐川急便に売却された。さらに89年3月、稲川会の石井進会長の関連会社が岩間開発の大株主となる。それに先立つ89年1月、佐藤茂氏が岩間開発の社長に就任していた。要は、闇の勢力との結節点の一つだったわけだ。

こうしてイトマン問題は住友銀行内の権力闘争ともからんで、多くの人たちがうごめき、そして巻き込まれ、大きくふくらんでいくのだった。

注

V　88年7月にイトマンは杉山商事の株式を取得して経営参画、社名をイトマントータルハウジングに変更したうえ、役員を派遣するなどして再建を進めた。90年3月当時、同社の業績は経常黒字を確保するなど好転しているようにも見えたが、過大な借金を背負う状況に変わりはなく、抜本的な再建にはほど遠い状況にあった。

VI　O社は、イトマンの大口融資先の一つである不動産業者。伊藤寿永光氏がイトマンに入社した90年2月以降、イトマンからO社への融資が急増。伊藤寿永光氏の関連するペーパーカンパニー「レイ」「ピュア」を通じた迂回融資が実行されるようになっていた。

第2章 なすすべもなく

§

支店長会議にて

◉1990年4月6日　太田と　支店長会議後の打ち合わせ

3月末のイトマンから住銀への600億円の貸金の申し出。最初、600億円丸々貸そうとして、玉井副頭取がストップ。2ヵ月間もめにもめた。結局、「300億円＝住銀、250億円＝イトマンが他で調達、50億円＝住銀が第一生命の子会社斡旋」でケリ。当初はイトマン銀座ビルに直接貸す方式の申し出だったが、断り、イトマン経由ということにした。

大上常務が「住銀は河村社長に冷たい。杉山（商事）とかいろいろ世話になっているのに」とぶつぶつ言っている。

三和部長は玉井副頭取に叱られた。今は大上常務からはずされている。イトマン関連は大上常務と田中次長がやっている。三和部長は悩んでいるらしい。

西副頭取と伊藤寿永光氏は何回か麻雀をやっている。今年に入ってからもやった。
支店長会議の後、例によって「ビストロ備前」。途中で、磯田会長、西副頭取、秋津専務、塚田常務が麻雀、「花谷」にて。西副頭取が、秋津専務、塚田常務を陣営に入れようと工作している。秋津は対玉井。塚田は対松下。

§

太田は企画部で私の部下だった。このとき、本店営業部にいて、支店長会議の担当だった。そこで彼が得た情報を私が仕入れたのだった。

イトマンから住銀に、「3月末に600億円」の融資の申し出があり、最初は丸々貸すつもりだったが、玉井副頭取がストップをかけていた。

イトマン銀座ビルは、伊藤寿永光氏が銀座1丁目で地上げした土地にイトマンがビルを建設する予定があったため、そのビルの管理会社として作られた会社である。イトマンからの融資依頼はこのビルの開発資金名目だったのだろうが、玉井副頭取は「伊藤プロジェクト」であることに大きな臭さを感じ取っていた。そこで、住銀内部で2ヵ月間もめにもめて、結局は300億円を住銀が出し、250億円をイトマンが他から、そして残りは第一生命の子会社を住銀が斡旋するという形で妥協したわけだ。

大上常務は本店営業本部長だったから、融資担当。しかも伊藤寿永光氏とは名古屋支店長時代から親交があったため、丸々600億円を融資したがっていた。住銀が河村社長に冷たいと文句を言っていたというのだから、彼の態度は明らかに河村・伊藤側に傾斜していた。

その大上常務の部下で、イトマンへの融資を担当していたのが三和正明本店営業第二部長である。三和部長は玉井副頭取から、「この案件を怪しいとは思わないのか」などと叱られていた。つまり、三和部長は大上常務と玉井副頭取の間にはさまれて苦しんでいた。この構図は、おおまかに言えば、当時の住銀を二分する権力争いの一つの象徴と言えた。

河村・伊藤寿永光両氏に近い側と、そうではない勢力で、猛烈な綱引きが行われていた。そこに住銀内の人事もからんで、すさまじい権力争いの様相を呈していたのだ。

大上常務が前者に属していたのは一目瞭然。そして、伊藤寿永光氏と麻雀をしていたという西副頭取も。

支店長会議の後は、いつものメンバーで、東京・御茶ノ水にある行きつけのレストラン「ビストロ備前」で打ち上げだったのだが、磯田会長、西副頭取、秋津裕哉専務、塚田史城常務の4人は途中から浅草の料亭「花谷」へ麻雀に行ってしまった。

これは、西副頭取が秋津専務をアンチ玉井として、そして塚田常務をアンチ松下として引き入れようとしていた動きの一環だった。懸命に陣取り合戦が行われていたのだ。

私がどちらについていたかと言えば、答えは「真実は一つしかない」だ。

私は住友銀行を守りたいと思っていた。磯田会長ではなく。私がこの後起こすすべての行動の原点はここにある。私が信じた正義、己の使命感で私は動いていた。

格好をつけているようだが、私は、とにかく真実を解明したかった。そして住友銀行を救いたかった。だから、闇の勢力に寄り添うのではなくて、真実に近づいていく勢力の味方だった。誰についていく、ということではなく。

§

◉4月9日　秋津専務と

秋津　だいたいわかってきたぞ。4月6日の支店長会議の後、ビストロに行くとき玉井副頭取と一緒に車に乗った。その前、4月5日に珍しく松下がやってきた。両方からいろいろと話を聞いたが、本当にややこしい。自分はどちらにも属せず、離れていようと思う。

國重　しかし、イトマンは本当に中身が悪いと思いますよ。

秋津　自分もそう思う。長い目で見て、大変なことになるな。

§

秋津専務は当時、私の直属の上司。巽頭取の次の頭取候補の一人に名が挙がっていた。そんな秋津氏だからこそ、猛烈な綱引きの中心に巻き込まれ、磯田派の西副頭取と、改革派の玉井副頭取、松下常務の双方から自陣に引っ張りこまれようとしていた。

彼は、どちらにも与《くみ》さないで様子を見ていようと冷静だ。が、これ以降より一層激化する行内のパワーゲームに翻弄されていくことになる。

§

大蔵省情報

◉同日　桑原氏と

イトマンへのカネの流れを止めることが大切。大塚記者を使って、各行にイトマンの現状を伝える。住友銀行もカネを止め出したと言う。追い詰めていかないとダメだ。栄町支店に警察の調査が入ったらしい。ピュアなどの口座を調べてほしい。「L」はまだ早い。

§

佐藤茂氏の番頭格だった桑原氏とはひんぱんに情報交換をしていた。

私はこのころ、何よりもまずはイトマンへのカネの流入を防がなければならないと思っていた。そのため、日経の大塚記者の口から、各銀行にイトマンの現状を――相当危ないということを――、伝えて回ってもらうことにしたのだ。

ピュアというのは、伊藤寿永光氏のペーパーカンパニー。同じものに、レイやイブキという名前の会社もあった。

「L」というのは「Ｌｅｔｔｅｒ」の略だが、「まだ早い」という意味については後で詳しく述べる。

翌4月10日、早朝にT弁護士と電話をしていると、ある程度のことがわかってきたという。そこで私は、午後に事務所へ出向いて話を聞くことにした。

T弁護士の解説は、明快だった。

いわく、雅叙園観光案件で伊藤寿永光氏があけた穴は推定５００億円で、伊藤氏はそれをすべてイトマンに押し付けようとしている。要するに、コスモポリタングループの池田保次会長が雅叙園絡みで作った不良債権５００億円はまず伊藤寿永光氏に、さらに伊藤寿永光氏がそれをイトマンに押し付け、イトマンは雅叙園観光案件の最後のババをひかされようとしているというわけだ。

実際この年の2月、イトマンは雅叙園観光の増資を引き受ける形で、雅叙園観光の経営に足を突っ込んでしまっていた。もちろん、伊藤寿永光氏に導かれるがままに。

伊藤氏はこうして巧みに誘い込み、イトマンを喰い物にし始めていた。しかし、それはまだほんの序の口に過ぎなかった。

§

◉4月11日　大蔵省のH氏と

雅叙園の土地の払い下げの話。土地は、株式会社雅叙園のもの。雅叙園観光は、それを借りて使っているだけ。現在、目黒雅叙園のほうが増改築中。増改築料をもらうとき、買ったらどうかと言ったが、その気なしとして断ってきた。今は、株式会社雅叙園と雅叙園観光の間でがたがたしているので様子を見ている。ただ観光は、借地権を持っていないので絶対に売らない。もし観光に信用供与しようとするなら、やめたほうがよい。

§

大蔵省のH氏は当時、理財局で国有財産を担当していた。私は長くMOF担をしていたから、大蔵省の人脈はキャリアからノンキャリに至るまで豊富だった。H氏もそのネットワークの一人で、内情を教えてもらったのだ。ちなみに彼はいま、政治家に転身している。

先述したように、雅叙園観光ホテルが建っている土地は、大蔵省の土地で、それを結婚式場を経営する株式会社雅叙園が借りていた。もともとは株式会社雅叙園を経営している一族が所有していたのだが、相続税が払えずに物納。そこで、大蔵省の土地となっていたわけだ。つまり、借地権は株式会社雅叙園が持っており、雅叙園観光はそこに上物を建てているだけだったのだ。

結婚式場の雅叙園がいま増改築をしているために、地主である大蔵省に増改築料を支払わねばならないのだが、そのとき、大蔵省が「この際だから土地を買いませんか」――正確に言えば買い戻しませんかだが――と雅叙園に持ちかけたのだという。ところが、雅叙園は断ってきた。H氏が言うには、大蔵省は借地権を持っていない雅叙園観光には絶対に売る気はない。だから、雅叙園観光には融資をしないほうがいいというのだ。

ところが、先述したように伊藤寿永光氏はコスモポリタンの池田氏から、雅叙園観光が借地権を持っているから大蔵省から分譲を受けることができると説明されていた。伊藤氏はだまされていたわけで、そのツケがイトマンに押し付けられたのだ。

この問題をややこしくしているのが、雅叙園の持っている土地に、雅叙園観光ホテルが建っていること。だから、誰もが雅叙園と雅叙園観光を混同していた。本当に簡単な、あっけないほどの単純な違いなのだが、そこにみんながころっとだまされた、というか勘違いをしていたのだった。

§

◉同日　大塚記者と

4月6日（金）に大塚記者が磯田会長に電話。

磯田　調査部に粉飾の有無を調べさせている。
大塚　安宅《あたか》産業並みになるのでは。注I
磯田　そんなことはありえない。
大塚　財界クラブで磯田会長はとんでもない悪い奴だという話が出た。エコノミストの佐高信氏の記事。朝日の編集委員も磯田会長を叩くと。

——§——

私のメモの「そんなことはありえない」の箇所には、傍線が引かれて強調されている。大塚記者に対する磯田会長の対応が明らかに変化していると感じたからだ。当初は相当深刻であることを隠そうともしなかった磯田会長だが、軌道修正しているのが見て取れる。

磯田会長はどこかの時点で、イトマン問題処理のために河村社長にあくまでも辞任を厳しく迫るのか、そうではなくて同じ船に乗ってしまうのかという選択を迫られたのではなかろうか。結論から言えば、磯田会長は後者を選んでしまうことになる。

なぜか。

それは後述するが、磯田会長の娘が大きくかかわっていた。そして、結局、イトマン事件は安宅産業を上回る汚点を住銀に残すことになる。また、磯田会長自身も、住銀を去っていくことになる。

このときの選択を、磯田会長はその後どう思っただろうか。もし別のほうを選択していれば、住銀の、いや磯田会長の運命も大きく変わっていたと後悔したのだろうか。

磯田会長は「天皇」と呼ばれるほどの権勢をふるっていたが、その磯田会長の「恐怖政治」ぶりを佐高信氏が雑誌『エコノミスト』のコラムで叩いて話題になっていた。当時はだれも磯田会長の批判をできない空気がある中で、コラムでは磯田会長が住銀での先輩にあたる安藤太郎氏を「君呼ばわりした」などとその実情を明かしていた。もちろん行内はこの記事をめぐって大騒ぎになり、広報担当者は役員からさんざん怒られた。[注II]

このころから、磯田会長の機嫌が悪いという話が私の耳に入るようになっていた。

注

I　1975年当時、10大商社の一角を占めていた安宅産業が、事業多角化で乗り出した北米石油事業で大失敗をすると、これが経営危機に直結。安宅産業の主力行であった住友銀行は倒産阻止のための特別チームを編成して問題処理に乗り出し、最終的には同じ総合商社だった伊藤忠商事に吸収合併させることで事態を収束させた。仮に処理を誤れば戦後最大の倒産劇になりかねなかった一大騒動として、今も産業史に語り継がれる大事件。

II　『エコノミスト』89年12月19日号。「青年の過失よりも老人の跋扈」と題したコラム。

§

取材する側とされる側

◉同日　吉田融資三部長と

平尾と話をした。彼はわかっている。おかしいと。イトマンに「350億円＋250億円＝600億円」出ている。ほかに、伊藤寿永光に250億円出ている。今のところ、90年上半期

——に1500億円くらい出るのではないか。

§

平尾智司氏は当時の営業審査部長で、融資の審査を担当していた。先だってもイトマンへの600億円の融資の話があったが、これはまた別の融資の話のようだった。注Ⅲ

こちらの600億円は、イトマン本体へ350億円。それに加えて関連会社の名寄せをしたら250億円出して、計600億円。そして、伊藤寿永光氏の関係会社などにも250億円。先の600億円も合わせると、総額1500億円くらい、伊藤寿永光氏とイトマン側に出しているということだった。

イトマンへのカネの流れを止めなければいけないのに、現実は逆に住銀から歯止めなく注ぎ込まれていた。私は吉田部長と、これは大変なことになる、と額を突き合わせた。

§

◉4月12日　松下常務より電話

松下　大塚記者が磯田会長のところに行ったか。

國重　4月6日に電話をしている。

松下　大塚記者が「西副頭取が警察に呼ばれるかも」と言ったらしい。磯田会長はそんなことはない、とかんかんだった。とにかく、大塚記者が何を言ってもすべて自分（松下）の差し金という目で見ている。逆効果になってしまう。あまり動かないようにさせてくれ。

國重　わかった。が、事態は私の手を離れつつある。

私はまたも、余計なことをするなと言われた。松下常務が大塚記者に入れ知恵をしてやらせていると思われているので、逆効果だから大塚記者を抑えてほしいと。

私は、自分の手を離れている、だからもう如何ともしがたい、と答えた。

だが、私の覚悟はまったく逆だった。

この事態を打開するには自分がやるしかない。そう決めていた。

だからこそ、こんなふうにまったく逆に答えたのだった。

§

◉同日　大塚記者と電話
國重　磯田会長に対して、「西副頭取が警察に呼ばれるかも」と言ったのか。
大塚　そんなことは言っていない。磯田会長が「西に調べさせている」と言ったので、「伊藤寿永光氏は西副頭取がイトマンに紹介したとも言われている。そんな人に調べさせていいのか」と言っただけ。興銀には手を打ちつつある。西村常務に。興銀は必ず動くと思う。その状況を見ながら記事にしたい。磯田会長のところには、当分行かない。

§

日本興業銀行もまたイトマンに融資をしていた。のちに興銀の頭取となる西村正雄氏は、当時はまだ常務。「手を打ちつつある」というのは、イトマンの債務がふくらんでおり、深刻な状況になっていることを伝えたということだ。

桑原氏と相談したように、大塚記者を通じてイトマンが大変だと伝えてもらっていたのだ。大塚記者には、私たちに使われているという意識はなかったであろうが。

大手マスコミと私たちというのは、取材する側とされる側という間を越えて、時に共犯者のような関係になることがある。どちらもそれをわかりながら、まるでお約束の劇を演じているかのように振る舞う。私はもともとジャーナリストにもなりたかった。だから、こうした記者たちとのいわく言いがたい関係に刺激を受けつつ、利用させてもらっていた。

——§——

◉4月13日　大塚記者と電話

國重　興銀にはまず問題提起をして、興銀自身に調べさせてくれ。

大塚　今日か4月16日に興銀の西村常務と会う。大蔵省の平沢氏とも会う。5月中旬をめどに、次のようなトーンで書く準備をしたい。

——ここに来て、イトマンの内容の悪さに各行が警戒の色を強めている。興銀などは新規融資ストップの動き。メインバンクの住銀も調査を開始。成り行きによっては、第二の安宅産業になるかも——

この記事はインパクトが大きくなる。各紙が一斉に追いかける。そうでもしなければ事態は動かないよ。

國重　わかった。

——§——

大蔵省の平沢氏とは、当時次官を務めていた平沢貞昭氏のことである。

――§――

◉同日　川尻と

レイ、ピュア、イブキの口座はすべて栄町支店にあった。普通、当座、貸付……。

――§――

川尻は企画部時代の後輩だ。彼に伊藤寿永光氏のペーパーカンパニーの口座について調べてもらったのだ。

イトマン本体だけではなく、伊藤氏のペーパーカンパニーにも住銀からカネが出ていることがわかったのは収穫だった。イトマン本体にカネを貸す場合は、本店営業部や名古屋支店など大きい部署が担当するが、そのグループや関係会社であれば、支店レベルでも担当できる。もちろん行員たちはみな業績を上げようと必死だから、貸せるところにはどんどん貸したい。栄町支店もその一つだったわけだ。「天性の詐欺師」とも呼ばれた伊藤寿永光氏からすれば、住銀のひ弱なエリートたちのそんな下心を見透かしてカネを引き出すことなど、いとも簡単なことだったのである。

――§――

◉4月17日　行内から幹部周辺の動きを情報収集

4月14日、西副頭取の機嫌が悪い。住友クレジットサービスの鈴木雍《よう》社長が来たが、帰った後も、相変わらず暗かった。

4月16日夕方、西副頭取が磯田会長のところに入った。磯田会長の機嫌が悪い。伊藤寿永光氏や稲川会の石井進会長が、西武ピサで大量に絵を買っていく、と二人で話していたようだ。磯田会長はこの面からもがんじがらめなのではないか。

——§——

これはイトマン事件の深層に迫る重要情報だった。

というのも、ピサは西武百貨店系列の高級宝飾品店で、磯田会長の長女、黒川園子氏が嘱託社員として勤めていたからだ。そこで伊藤寿永光氏や稲川会の石井進会長が大量に絵を買っているというのは結論から言うとまさにこのとおりで、磯田会長のトーンが和らいでしまったのにはこの娘の事情があったわけだ。

当時はまだ私も気付いていなかったが、これに先立つこと89年11月ごろには、園子氏が河村社長に「ピサが買い付ける予定のロートレックコレクションを、イトマンで購入してくれないか」と依頼。絵画取引にはまったくの素人である河村社長だったが、磯田会長の娘の言うことを反故《ほご》にできるわけもない。この案件を伊藤寿永光氏に任せたのをきっかけに、イトマンは絵画事業をスタートさせていた。そして、そこに目をつけた許永中氏がイトマンに急接近し、このときすでに許氏とイトマンの間で不可解な絵画取引が始まっていたのである。

こうしてイトマンはまた深く、闇の勢力に喰い物にされていくわけだが、その接点の一つが自分の娘にあったと知った磯田会長の胸中は推してはかれる。そして、磯田会長はだんだんと、河村－伊藤体制側へと身をなびかせてしまうことになるのだ。

注

Ⅲ　先だっての「600億円」については、前出の4月6日付のメモ「太田と　支店長会議後の打ち合わせ」参照。

「磯田会長はダメだ」

◉4月18日　大塚記者と電話

興銀の西村常務と会った。金曜までに調査して、とりあえずの感触を教えるとのこと。西村常務は、4年前にも「イトマンファイナンスは大丈夫なのか」と問題提起をしていた、と。

§

興銀もイトマンのおかしさに気付いているようだった。

4年前というのは、住銀が平和相銀と合併したときのことを指している。このとき、興銀もリテール網がほしいと平和相銀との合併を画策していた。だから、興銀もイトマンやイトマンファイナンスの内情について調べていたのだろう。そして、住銀はイトマンファイナンスに数百億円融資しているが、「それで大丈夫なのか」という話が出たというのだ。

§

◉同日　桑原氏と

今日、伊藤寿永光と会った。今回の事件は佐藤氏、桑原ではない。住銀の内部争い。河村おろし（と、伊藤寿永光が言っていた）。

◉4月19日　吉田融資三部長と

昨日初めて（総務担当の）臼井孝之専務から桑原氏の名前が出た。臼井氏は巽頭取から聞いているようだ。事態を正確に知っていた。磯田会長は佐藤茂氏の悪口を言っているらしい。佐藤氏はカンカン。

——§——

伊藤寿永光氏はある意味さすがといえよう。本質を見抜いていた。だからこそ住友銀行は喰い物にされたのである。

さらに、4月18日の手帳によれば、この日、5月に浅草で行われる三社祭に磯田会長が河村社長と一緒に行くという重要情報が私の耳に入ってきている。

また、「磯田会長の西副頭取、河村社長に対する信頼はまったく変わっていない」「磯田会長の機嫌が良くなってきた」との情報も。

まずい、磯田会長は河村社長や伊藤寿永光氏の側に完全に切り崩されかけているのではないか。私は焦りを感じ始めていた。

——§——

◉4月20日　松下常務から電話

大塚を一切動かすな。何をやっても私（松下）のせいということになっている。どうして西副頭取に調査させることを知っているのか（國重……自分で言っているくせに）。國重はしばらく、本件を忘れろ。磯田会長はダメだ。相変わらず西副頭取と河村社長の言うことを信じている。何とかなると思いたがっている。磯田会長が佐藤氏の悪口をさんざん言っている。あれだけ、平和相銀のときに世話になっていることを知りながらこんなことをするなんて、とんでもないことだ。

§

自分で言っているくせに、というのは私が思ったことだ。磯田会長は、大塚記者が電話をかけてきたときに自分で、西副頭取に調査させていると言っているのだ。それで大塚記者は、「そんな人に調べさせていいのか」と答えている。注Ⅳ

実はこのとき、玉井副頭取&松下常務一派と、磯田・河村・伊藤寿永光一派の闘争はすさまじいものになっており、玉井、松下両氏が辞める辞めないの騒動にまで発展していた。二人一緒に辞表を磯田会長に出せば、一気に問題が表に噴出して、事態が大きく展開するに違いない。そう思い詰めるところまで来ていた。

そんな捨て身の作戦まで考えていたところに、大塚記者の動きは目障りな障害として松下常務には映ったのであろう。それほどまでに彼らは追い詰められていた。

§

◉4月23日　大塚記者から電話

興銀の西村常務と連絡を取った。5月1日夕方に審査部から報告を受けると。5月2日夕方に西村常務から大塚が話を聞く。すでに（イトマンは）要注意先として（貸付）残高を減らしてきているという。長銀にも、いつでも話を聞きに行ける態勢になっている。

◉同日　マスコミ情報

さきごろ雅叙園観光の決算発表があったが、河村社長が会長に、伊藤寿永光氏が副会長に就任する人事を内定した。

◉4月24日　川尻と

レイ、ピュア、イブキの出入明細入手。

◉同日　幹部の近況動向

「西副頭取が『松下がこれ以上動いたら、松下を殺すと河村が言っている』と」。これを松下常務は、「ひどい話だ。磯田会長に言っても全然信用してくれない」と。一方、西副頭取は今日、峯岡弘専務と2時間くらい話をした。夕方、峯岡専務が磯田会長のところに入った。西副頭取の多数派工作か。

◉4月26日　吉田融資三部長と

事態がストップしてしまった。河村社長が、「1年見てくれ。それまでに伊藤寿永光のこれまでのごちゃごちゃをきれいにする」と言っている。磯田会長はそれを受けて、「動くな」という指示を出した。

◉同日　秋津専務と

秋津　松下のことをどう思うか。君のコメントを聞かせてほしい。巽頭取が玉井副頭取を次の頭取に指名しようとしている。それを画策しているのが松下。自分を閉め出そうとしている。

國重　その情報はおかしい。松下常務は、行儀は悪いが、根は単純でまとも。そのまともな部分が行儀の悪さで曇らされている。それよりも問題なのはイトマン。このままでは住友銀行は百年の計を誤る。

秋津　自分は何を信用したらいいのか。巽頭取は自分を評価していないらしい。

國重　それもおかしい。そんなことを頭取が言うわけがない。磯田会長の話だとして、西副頭取が言っていることは嘘ですよ。

秋津　そうかもしれない。

國重　当行百年の計を誤らないようにすることが大切。

秋津　そうかもしれない。それはその通りだ。

——§——

イトマン問題が待ったなしの状況だというのに、幹部たちは磯田会長らの顔色をうかがって、どう動くべきかを判断しようとしていた。私にはそれが歯がゆかった。このころの私にはまだ純粋さがあった。自信に満ち溢れていたこともあるが、きれいごとではなく、本当に自分のことよりも、とにかく住友銀行のことが心配だった。ただ、自分も取締役の立場なら何よりもまず自分のこと、近視眼的な自分の次のポストのことばかりが気になったのかもしれない。

でも、少なくとも当時の私は違った。磯田会長の目を覚まさせなければ、そして社内人事のことばかりに目を奪われている幹部たちにイトマンへの危機感を持ってもらわなければ。そう思ってはいたのだが、状況をこちら側へ手繰《たぐ》り寄せることができずにいた。むしろ、なすすべもなく相手側に主導権を持っていかれそうになっていた。

——§——

◉5月1日　野口さんと

4月27日、西副頭取は上機嫌だった。一日で3度も「これでスッキリした」と言った。珍しいこと。経営会議のメンバーは3人減るのでは。住友不動産、明光証券の名前が出ている。

——§——

野口さんは西副頭取の運転手だった。住友銀行の地下に、幹部が使う社の車が駐めてあり、運転手さんたちの控え室があった。大蔵省に行くときなど、ちょっと車を使いたい用件があり、車が空いていたら乗せてもらえることがあった。

車中では運転手さんたちといろいろな話をした。経営陣はいつも車で移動するから、実は運転手さんたちは事情通だ。もちろん口は基本的にかたいが、私は毎年、大晦日の仕事納めの日に、一升瓶を抱えて控え室に行き、「今年も一年お世話になりました」と酌をして回っていた。そんなことは私しかしていなかったと思う。それで、「國重さんは毎年一升瓶を持ってきてくれる」と結構仲良くなっていたのだ。

経営会議のメンバーが3人減る、というのは、誰かが3人辞めるということで、その転出先として住友不動産と明光証券の名前が出ていたということだ。ここで想定されていたのは、玉井副頭取や松下常務であろう。

——§——

◉同日　内田証券部長と

國重から立川の話を説明。

國重　これが証券取引上、何らかのルール違反かどうか教えてほしい。

内田　わかった。「ローマ法王に仕えるにあらず、神に仕える」という気持ちで、自分も協力する。西川善文常務、白賀洋平部長は信用できる。古瀬洋一郎部長はダメだ。だが、玉井副頭取も白賀部長も「古瀬は良い」と言っている。わかっていない。

——§——

内田部長は当時証券部長だった内田賢介氏のこと。「ローマ法王に……」は、実は私のオリジナルではなく、副頭取から日本高速通信社長になった花岡信平氏が言っていた言葉だ。

だが内田部長もそんなことを言いながら、結局は銀行内の人物評定から逃れられておらず、権力闘争の一端にいたのだった。

Ⅳ　4月12日付メモ「大塚記者と電話」参照。「磯田会長が『西に調べさせている』と言った」とある。

第3章 行内の暗闘

松下常務が行内の猛烈な権力闘争のなかで、弾き飛ばされようとしていた。

――§――

次の頭取争い

◉1990年5月10日　桑原氏と

5月8日に松下常務が磯田会長に呼ばれた。「関西相互銀行に頭取で行け。合併したら住銀に戻す」と言われたが、松下常務は断った。松下常務は「住銀を辞める」と言っているが、昨夜、佐藤氏と3人で話して、絶対に辞めるなと言った。任期はあと1年残っている。それまでにカタがつく。どんな処遇になっても辞めるな、と言った。

松下常務が玉井副頭取に報告したら、玉井副頭取は「松下が辞めるなら、自分も辞める」と言ったらしい。

巽頭取は磯田会長と6時間話をしたらしい。巽頭取は松下常務に「合併して戻ってこい」と言ったらしいが……空虚。

磯田会長は松下常務に頭取の肩書を与えて、体よく銀行本体から追い出そうとしていたのだ。合併などと言って、そんなことが予定されているはずもない。

当時、取締役の任期は2年が普通だったから、松下常務の任期もまだ1年残っていた。だから、桑原氏と、その上司にあたる佐藤茂氏は二人して松下常務を励ましていた。

松下常務は玉井副頭取に報告した。1954年入行の玉井副頭取と、1960年入行の松下常務。二人は決して腹心の友というわけではなかったが、イトマン問題をこのまま放置すれば住友銀行が大変なことになると結び合った反磯田連合だった。

――§――

「空虚」というのは私の感想だ。合併して戻ってこい、だなんて、よくもそんな絵空事を言えたものだ。これまで一緒に仕事をしてきた仲間に。

磯田会長が松下常務をとてつもなくかわいがっていた時期だってある。平和相互銀行との合併の際には、磯田会長にとっては、松下がいないと夜も日も明けないというほどに信頼していた。それなのに。会社員なんてこんなものなのか……。

そんな気持ちだった。

――§――

◉同日　行内で情報収集

5月6日、イトマンの伊藤寛会長の通夜で、磯田会長と巽頭取はこっそり会っている（6時間？）。

５月７日（月）夕方、磯田会長は松下常務を大阪に呼んだ。大上常務も磯田会長に呼ばれた。

５月８日（火）松下常務が大阪に行って磯田会長と会う。その後、内緒だと言って巽頭取に電話していた。

玉井副頭取が明日、内緒で磯田会長に１時間会いたいと言っている。同時に、成田秘書に自分の女性秘書を替えてくれと言っている。

§

玉井副頭取が「秘書を替えてくれ」と言っているというのだが、おかしな話だった。

「松下が辞めるなら、自分も辞める」

玉井副頭取は松下常務にそう言ったはずではなかったか。

本当に銀行を辞めるつもりなら、このタイミングで秘書を替えてくれなどと言うだろうか。玉井副頭取は、辞める辞めると言いながら実はまったく辞める気はなく、松下常務と調子を合わせているだけで、ひょっとすると磯田会長から次の頭取はお前だと言われているのではないか――。

私の頭の隅には、そんな疑念があった。後からそれは誤解だとわかるのだが。

いろいろな情報が飛び交い、常に誰かと誰かが秘密裏に接触していた。誰もが自分のこと、自分の処遇とポストしか考えていないように見えることがあった。

自分だけは、そうならないようにしよう、この銀行を救うことを一番に考え、使命と大局観を見失わないようにしよう。私は自分にそう言い聞かせていた。

磯田会長の涙

私はこのころから、日経だけでなく他の新聞記者にも接触を始めた。

§

◉同日午後　読売新聞の山口記者と
山口記者にイトマンと伊藤寿永光氏の件を一通り説明。

§

もちろん、日経の大塚記者との接触も続けていた。
というより、大塚記者によるイトマン問題の記事化はいよいよ大詰めを迎えていた。

§

◉同日深夜　日経の大塚記者から電話
大塚　来週から動くためには今夜から根回ししたい。本当に國重はやる気があるのか。
國重　ある。やってくれ。
大塚　その際、頼みがある。他の新聞社にイトマンから内部告発をさせてくれ。日経単独で行ったら潰されてしまうかも。
國重　わかった。やらせる。でも日経は日和見《ひよりみ》するかもしれない。
大塚　そのときは、俺も腹をくくる。他の新聞社にネタを売って書かせる。國重と心中してもよい。
國重　わかった。言われたとおりにする。

――§――


彼が危惧していたのはこういうことだった。

日経だけ突出してイトマンの記事を書くと、いわゆる特ダネではあるのだが、みんなから寄ってたかってお前が言っているだけなんじゃないのかなどと言われて誤報扱いされ、潰される可能性がある。だから、私から他のマスコミにも手を回してほしいというのだ。

通常、記者は自分だけの特ダネを狙うものなのだが、今回の場合はすでにその次元を超えていた。報じることによって銀行を、そして社会を動かそうとしていたのだ。そのためには一大キャンペーンを張らなくてはならず、他のマスコミも動員する必要があった。だから、私も読売新聞などとも接触を始めていたのだ。

私と心中してもよい――。重い言葉だった。大塚記者も本気だった。一世一代の大勝負だった。

しかし、このころには社内の目が厳しく光り始めていた。


――§――

●5月11日　松下常務と電話
國重　松下さんは絶対に辞めてはいけない。
松下　昨日の桑原氏の話、誰かにしたか？

國重　していない。
松下　特に玉井副頭取に関するところは何か話したか。
國重　絶対にしていない。何かあったのか。
松下　うん。昨夜から様子がおかしい。攻め込まれようとしている。シナリオに大きな狂いが生じてしまうかもしれない。とにかく、動かないでくれ。大塚記者のしこりも大きく残っている。いずれ、國重の出番を頼まねばならないときも来るだろう。
國重　でも、松下さんは水くさいですよ。
松下　わかっている。辞表を懐に協力したいという奴もいる。しかし、自分は若い連中を巻き込みたくない。昨夜、竹下から福本氏の紹介で、伊藤寿永光と会った。雑談したのみ。どういうことのない若い奴。後ろに野村永中がいる。これは本物の悪。

——§——

大塚記者をたきつけている人間が、社内にいると思われている。しかも松下常務の側にいる人間だと思われている。だから私は動かないようにと言われたわけだ。

ここに出てくる竹下とは竹下登元首相の弟の竹下亘氏だ。最近では第二次安倍内閣で復興大臣を務めた氏だが、このときはまだ国会議員でもなく、竹下登元首相の秘書をしていた。

その竹下氏が付き合いを持っていたのが福本邦雄氏。椎名悦三郎官房長官の秘書官を務めたことをきっかけに政界に足場を築き、政界最後のフィクサーとも呼ばれるまでになる人物である。表の顔は銀座での画廊経営だが、歴代首相と懇意に付き合うなど政財界に広く人脈を持ち、特に

政治団体「登会」を主宰するなど竹下登元首相の側近として知られていた。[注I]

伊藤寿永光氏、許永中氏だけではない。イトマンをめぐってさまざまな人物が交錯し、もつれた糸のように絡み合い出していた。立ち止まっている暇はなかった。状況は日増しに悪化していく。慎重に慎重を重ねながら、同時に、素早く巧妙に動く必要があった。

§

◉同日　桑原氏と電話

國重　今朝、松下常務に電話をした。誰にも話をするなと言われた。もちろんしない。だが、何があったのか。

桑原　昨日、玉井副頭取が磯田会長に呼ばれた。「松下を説得して、関西相銀に行かせてくれ」ということだった。玉井副頭取は断った。そして西副頭取批判をぶちあげたらしい。深夜の3時ごろまで話をしたと。

國重　松下常務は自分のシナリオが崩れると言っているが、どんなシナリオか。

桑原　辞めろと言われても辞めずにがんばるということだろう。

國重　いろいろと相談したいことがある。後で連絡する。

桑原　玉井副頭取は、「西副頭取が辞めるまでは自分は辞めない」と突っ張ったらしい。

§

メモによれば、この日、磯田会長は10時出勤の予定が12時に遅れた。出勤後に玉井副頭取と話し、その後、磯田会長は松下常務を呼んだ。そして、松下常務を待っている間、泣いていたという。

磯田会長は何を思っていたのだろう。

後でわかるのだが、このとき、裏では磯田会長の家族とイトマン、伊藤寿永光氏との間でいろいろな動きがあった。それがやがて、磯田会長の身動きを取れなくし、「天皇」と言われて住友銀行に君臨した磯田会長が去っていくことにつながるのである。

住銀での50年にわたる生活、部下たち、自分・家族のこれから、住銀のこれから。涙の裏に何があったのかは、今では知る由もない。

§

◉同日　大塚記者と　湯島にて

今後の段取りについて打ち合わせ。大塚記者も「何としてもやる」。もし日経が書かないようなら、他紙に書かせることも辞さずと。以下打ち合わせ内容。

①日経社長、大蔵省銀行局長に内部告発（速達、親展）5月15日までに。

②大塚記者以下が次の対象を取材。

イ　他の取引銀行……埼玉銀行、東京銀行、日本長期信用銀行

ロ　河村社長

ハ　大蔵省銀行局長……ラインシートを見せてもらう

ニ　イトマンの大阪支店

③次の段階で巽頭取と玉井副頭取に取材

④タイミングを見て、朝日新聞、読売新聞、毎日新聞や週刊誌にも内部告発をする。

◉同日深夜　大塚記者から電話

長銀の副会長に話をした。木曜か金曜に話を聞く。来週中に富士銀行に話をする。大蔵省の土田正顕銀行局長のところに毎日夜、記者が来ている。月曜か火曜に会う。

日経の経済部がびびっている。内部告発が大切な意味を持ってくる。住銀から経済部にチェックが入ったかも。「派閥闘争の片方に加担していないな」だと。5月15日の夕方、全員に話すことになっている。水曜から頭取、副頭取海外出張。火曜までに内部告発をしてくれ。

――§――

私は、ある決意をしていた。ここまで来たら、世論を動かすために工作が必要だ。関係者の背中を押すような決定的なことが。

それには、あれしかない。

もちろん、危険が伴うことはわかっている。それは私が今回のイトマン事件で、単なる一傍観者でなく、自らの手を下す当事者となることを意味していた。しかも、陰の当事者に。

でも、やらねばならない。私は覚悟を決めていた。そのくらいしなければもう事態は動かない。状況はそこまで切迫していた。

――§――

◉同日　桑原氏と

桑原　今日、磯田会長は松下常務にニューヨークに行けと言ったらしい。松下常務は断ったと。大蔵省対策をやるのも一策だ。
國重　まかせてくれ。それから玉井副頭取はよく花村専務のところに入っているらしいが、花村専務は西副頭取の手先。信用するなと玉井副頭取に伝えてくれ。
桑原　わかった。

§

このとき、松下常務はニューヨーク行きの人事を断ったとあるが、最終的に受け入れた。というよりも、受け入れざるを得なかったといったほうが正しいだろう。ニューヨーク駐在といっても、支店長ではない。語学留学生のような扱いだった。20代のヒラ行員ではあるまいし、異例の人事だった。

さすがにこのころ、松下常務も疲れ切っていたようだ。

かつては腹心だった松下常務を切り捨てる決断を迫られた磯田会長も機嫌が冴えないようで、磯田会長の様子が変だという情報が耳に入ってくるようになっていた。東京にいる住友銀行系の人たちの集まりである東泉会のゴルフの後のパーティに10分間だけ出て帰ったらしいとか、行員による運動会のときも副会長とばかり話をしていたとか……。

一方で、住銀幹部たちは相変わらずだった。この運動会の際に、松下常務が当時同じマンションに住んでいた野一色靖夫取締役を「一緒に帰ろう」と誘ったら、野一色氏が躊躇《ちゅうちょ》して逃げたという。松下常務がもはや行内で実権がないと見て、断ったわけだ。一事が万事、この調子だった。

もう、私の決意は固まっていた。私は磯田会長の生きる道は松下常務も西副頭取も両方辞めさせ、ケンカ両成敗にするしかないと思っていた。そして――。

5月14日「Ｌｅｔｔｅｒ」ＮＯ．１を投函

――§――

◉5月14日深夜　大塚記者と電話

國重「Ｌｅｔｔｅｒ」を出したよ。

大塚　自分も銀行局長に会った。すべて話をした。真剣にメモを取っていた。2週間前に、イトマンがおかしいという話を聞いたらしい。ものを売り始めているらしいと。大蔵省が調査に乗り出したら、そのこと自体を記事にできる。

――§――

私が出した「Ｌｅｔｔｅｒ」とは、内部告発文書だ。

宛先は大蔵省の土田銀行局長。差出人名は、イトマン従業員一同。

イトマンが抱える不動産案件の多くが固定化し、すでに金繰りが急速に悪化しており、このまいけばイトマンの経営のみならず、メーンバンクである住友銀行への影響も避けられない……。そんな実態を具体的に記して、大蔵省に内通したのである。

文面はこうだ。

〈拝啓、新緑の候　時下益々ご清栄のこととお喜び申し上げます。

私共は伊藤萬の従業員であります。

住友銀行から現在の河村社長が、当社〝再建〟の為に派遣されてから早や10年が経ちました。表面上は100億円を越える利益を上げて極めて順調に見えますが、その内情は今や最悪の状態になっています。当社の資産は、関連会社を含めたグループ合算で約1兆3000億円ありますが、このうち約6000億円は不動産や株への投資が固定化してしまったものであり、何の利益も生まないものです。逆にその分の銀行借入れの金利負担だけがのしかかっています。

その内訳は、次の通りになっています。

慶屋	（南青山土地、伊勢志摩）	約1000億円
杉山商事	（高値づかみ物件）	約1000億円
大平産業	（不動産の固定化）	約1000億円
雅叙園観光	（仕手株と不動産投資）	約2000億円
大和地所他	（海外も含めた不動産投資）	約1000億円

合計　約6000億円

これらの固定化された資産は、それぞれグループ内で転がすことにより表面上は利益をだしていますが、実際は、利息の追い貸しをして辻褄を合わせているのであり、本当の利益はプラス１００億円ではなくマイナス３００億円位の赤字決算であります。

このため当社の金繰りは急速に悪化してきており、このままでは当社は大変な地獄に陥ってしまうことでしょう。

このことは、ひいては当社の取引銀行にも多大な影響を及ぼすことになるでしょう。

そこで、なにとぞ御当局の力で当社の実態を調査分析し、これ以上事態が悪化しないよう歯止めをかけてください。よろしくお願い申し上げます。

敬具

伊藤萬従業員一同

土田正顕様

第１号〉

のちにイトマン事件が明るみに出ると、この内部告発文書はさまざまに出回ることになる。しかし、これを誰が出したのか、誰が書いたのか、当時もいまも「犯人」はずっと特定されずにきた。気付いていた人もいたのかもしれないが、それは私であった。

「Ｌｅｔｔｅｒ」を出していること自体は、大塚記者も知っていた。が、それを私が自ら書いていたことは知らせていない。大塚記者は、私がイトマン内部の誰かに書かせていると思っていただろう。

私の狙いは明確だった。大塚記者が5月14日深夜の電話で言っているように、大蔵省が調査に動き出せばメディアも記事にしやすい。大蔵省をいち早く動かしたかった。そして、イトマンを、住銀を救いたかった。

§

◉5月15日　内田証券部長と

イトマンのコマーシャルペーパーの発行残高が公社債情報に出ていた。3月末対比4月末は300億円増えている。

§

イトマンはこのときすでに、取得した不動産の処分を始めていた。金策に困った挙げ句のことだから、もちろん利益など出るべくもない。さらに、短期の銀行借り入れももう増やすことができなくなり、短期資金調達のためコマーシャルペーパーまで増やしていた。

普通の経営者であれば万事休す、である。

それでも河村－伊藤連合は、イトマンには何ら問題はないという空々しい態度を取り続けていた。

というより、こちらに攻め込む隙を与えないように、前にも増して猛烈な抵抗を仕掛けてくるのだった。

◉同日　安川と

安川　今日イトマンの決算説明があった。河村社長と玉井副頭取が出席して、激しい火花を散らしたらしい。河村社長は「直接の担当役員じゃないと、わからないでしょうが」などと言っている。銀座1丁目の土地と、青山の長寿庵を交換しようとする動きがある。もしそうなると、青山の土地はイトマンと伊藤寿永光の権利がからんでまずいことになる。

――§――

安川というのは当時、調査部に所属していた後輩だ。

先述したように、銀座1丁目とは伊藤寿永光氏が地上げした土地で、青山はイトマンが不動産業者の慶屋に地上げしてもらった土地。もしこれを一部交換して、イトマン所有の部分と伊藤寿永光氏所有の部分が混ざると処理が非常にややこしくなる。そしてまた伊藤寿永光氏のイトマンへの影響力が強くなるわけだ。

伊藤寿永光氏の猛烈な抵抗――。こちら側とあちら側、水面下での攻防が火花を散らし始めていた。

注

I　福本氏と伊藤寿永光氏、許永中氏をつなぐ接点は近畿放送（KBS京都）という会社にあった。許永中氏が実権を握っていたKBSに許氏人脈である福本氏、伊藤氏がそれぞれ社長、取締役として就任したのが89年6月のこと。ほぼ同時期に、近畿放送の本社ビルなどの資産が伊藤寿永光氏関連会社の借金の担保に入れられ、のちにこの返済をめぐってイトマンが巻き込まれることになる。

——§——

三社祭に集った面々

●同日　行内で情報収集

5月18日にある浅草の三社祭には、磯田会長のほか、西副頭取、河村社長、鈴木雍氏、臼井専務（秋津専務の代わり）、花村専務、塚田常務が参加する。

今日夕方、河村社長から西副頭取に緊急の電話が入っていた。決算説明の件についてではないか。西副頭取は磯田会長のところに入るが、10分くらいで出てきた。

●5月16日　桑原氏と電話

今朝、松下常務と臼井専務が会った。臼井専務によれば、「磯田会長が西副頭取に、『松下とケンカをするな。ケンカをしても松下に負けるだけだ』と言っているらしい」とのことだった。私は、磯田会長は西副頭取も松下常務も両方残すと思う。臼井専務は吉田融資三部長に、「平和相銀が終わっても、今度はイトマンをやらねばならない」と言ったらしい。

——§——

磯田会長は浅草の三社祭が大好きで、見物しにいくのが恒例だった。ここに集まる予定の同行者たちは、磯田会長のお気に入りのメンバーと言っていいだろう。三社祭はさながら、磯田派の総決起集会になるわけだ。

三社祭に限らず、取締役たちの中には常日頃から磯田会長のご機嫌を取ろうと涙ぐましい気遣いをする人物もいた。こんなおもしろい話がある。

磯田会長の娘が西武百貨店系列の高級宝飾品店ピサに勤めていたことは先述したが、その夫――磯田会長からすれば娘婿――がブティックを出したことがあった。そのときにある取締役はお祝いの花を贈った。自分の上司の娘婿の開店祝い、しかも、知り合いというほどの関係でもないであろう。ずいぶんとまた遠い気がするが、それがサラリーマンの心得というものかもしれないと思ったことをよく覚えている。私はその方面は不得手だったが。

それはともかく、臼井専務はこのとき、どちらにつこうとしていたのだろうか。三社祭のメンバーには入っているが、改革派の前では正論を語る。どちらにもいい顔をしておいて、二股をかけながら形勢を見て動こうとしていたのだろう。

§

◉同日　読売新聞の山口記者、I記者と　読売新聞本社にて

今後の段取りについて打ち合わせ。立川の件についてはアイチの監査役から裏を取っていつでも書ける状態にしておく。[注II] 記事としては「過剰融資」問題が突破口か、など。

◉5月17日　大塚記者と　湯島にて

大塚　いま、日銀クラブの小孫記者と産業部の記者を使ってやっている。産業部の記者は、こ

れまでも河村社長や西副頭取に会っているようだ。西副頭取は以前、産業部の記者に伊藤寿永光を河村社長に紹介したのは名古屋支店長だと言っていたらしい。南青山と銀座1丁目の土地を交換する話が進んでいるので大丈夫だと西副頭取が言っていたらしい。大丈夫か。

國重　交換しても、取得価額が上がるだけで処分できない。同じことだ。

大塚　長銀ともやった。長銀は比較的楽観的だった。来週の火曜あたりに住銀の巽頭取にも会わねばなるまい。

§

私は読売の記者との接触頻度を上げていた。大塚記者とも話していたように、全マスコミを巻き込んだ大々的なキャンペーンが必要だと思っていたからだ。

ここに出てくる小孫記者というのは、いま日本経済新聞社の取締役になっている小孫茂氏である。当時はスクープ記者の大塚氏の下で、現場を駆けずり回っていた。

私は大塚記者と会うのによく湯島の喫茶店を使っていた。湯島であれば大手町から近く、しかも、関係者に目撃される可能性が低いからだ。

§

◉5月18日　三社祭の日　佐藤茂氏、桑原氏、松下常務、吉田融資三部長と

松下　玉井副頭取とはシナリオを十分相談しながらやっている。二人が退任し、次のポストがないとなれば、磯田会長は困るはず。磯田会長は西副頭取と河村社長がどんなことをしているか知っているはず。それでも切れないのは弱みを握られているから。三社祭に磯田会長以下が

集まるという國重からの情報だが、今そんなことをしている場合ではないのになあ。

一昨日、臼井専務と会った。臼井専務はわかっている。なぜ自分に教えてくれないのかと言っていた。玉井、松下が辞表を書くなら自分も書くと。

西副頭取は今月初め、自分が頭取になるシナリオを考えたようだ。磯田……会長、巽……副会長、西……頭取。

自分は5月20日ごろニューヨーク行きを命ぜられるだろう。行くつもり。それから後は國重の出番だ。何をしてもいいよ。

今日イトマンの藤垣副社長が決算説明に来た。自信満々で、青山の土地も年内には決着する、と。レジデンシャルホテルを建てて、年間120億円の賃貸収入を受け取ると言っていた。また、イトマンの金融不安説を流している奴がいる、とも。どうせ自分のせいだと思われているに違いない。

§

イトマンはコマーシャルペーパーで資金調達するほどの状態になっているにもかかわらず、藤垣頼母《たのも》副社長はなにを悠長なことを言っているのか。いまだ虫食い状態の南青山の土地に、どうしてレジデンシャルホテルなど建てられようか……。藤垣副社長はイトマンプロパーで、「ポスト河村」と言われた中核人物だった。そんな藤垣副社長も河村社長、伊藤寿永光氏から正確な情報を伝えられず、コロッと騙されていたのである。

この日は佐藤氏、桑原氏、吉田融資第三部長、私で松下常務を激励した。

◉同日夕方　大塚記者と電話

大塚　銀行局長に会った。内部告発を見せてくれた。だが住友以外の銀行を呼び出してヒアリングをすることは難しいと。また、埼玉、東京銀行のラインシートではわからないと。銀行局長にイトマン経営不安説を言った筋の話を確認してみる。

長銀はデータを見せてくれた。3月末に、イトマンファイナンスの貸金を各行いずれも回収に走ったらしい。それは不動産融資規制のため、メインでないところからは削減すると。長銀も返してもらったとのこと。

——§——

内部告発というのは、例の「Ｌｅｔｔｅｒ」のことだが、ちゃんと土田局長の手元に届いているようだった。その「Ｌｅｔｔｅｒ」とは別に、銀行局長にイトマンの経営不安を吹き込んだ人間がいるらしく、大塚記者はそれが誰かを確認するとのことだった。[注Ⅲ]

——§——

◉同日午後　中野常務と

中野　5月初め、西副頭取に「最近、磯田会長のところに顔を出しているか。専務になるためには、元気な姿を見せておけ」と言われた。その際、松下常務の話が出た。先日、磯田会長が臼井専務に「松下はどうだ」と聞いたらしい。臼井専務は「よくやっている」と答えたらしい。みな、磯田会長の前では本当のことを言わない。西副頭取はこの間、花村専務から磯田会長に松下常務のことを散々言わせた。「お前も言え」とのことだった。自分（中野常務）は言わなかった（なんて汚い奴だ）。

§

中野正健常務が言うには、つまり、西副頭取は花村専務を使って、松下常務の悪口を磯田会長にさんざん吹き込んだというのだ。汚い奴だ、というのは当時の私の怒りの気持ちだ。

こんなことまでするとは、汚いというか、小さいというか。それだけ必死だったとも言えるだろうけれども。

しかし、何のために？　自分が少しでも取り立ててもらうために、上のステップに行くために必死で立ち回る。そんなことをしている間にも、その足元の城はまるで砂が風で吹《ふ》き零《こぼ》れていくように、少しずつ、しかし、確実にさらさらと崩れていっているというのに。

§

◉同日　行内で情報収集

今夜の三社祭には、峯岡専務も誘われて、急遽、大阪から帰ってきている。

§

峯岡専務は大阪駐在だった。磯田会長から三社祭見学に声をかけられて、急いで飛行機で上京したというのだ。峯岡専務も磯田派についたようだった。

注

Ⅱ　立川の件については、第1章の注Ⅱ参照。

5月14日付メモ「大塚記者と電話」参照。土田局長が「2週間前に、イトマンがおかしいという話を聞いたらしい」とある。

内部告発したのは誰だ

私は「Letter」第1号に続けて、間を置かずに第2号を土田銀行局長に送っていた。ここでは、総量規制の対象から商社が漏れていることを批判し、伊藤寿永光氏の実名を挙げて、そのやり口がいかにひどいかを訴えた。

〈前略、取り急ぎ第2号を出させて頂きます。

大蔵省ご当局は本年3月に不動産融資の総量規制とやらを実施したとのことですが、全くの尻抜け規制と言わざるを得ません。

建設・不動産・ノンバンク向けの融資を抑制しても、今や資金は様々なルートを通じて不動産（投機）に向かっています。

その代表が商社であり、特に当社の実状はひどいものです。第1号でもご紹介したように当社グループの総資産の大半が不動産もしくは仕手株投資であります。以下その典型例をご紹介申し上げます。

銀座1丁目を中央通りから昭和通り側に入っていった中央競馬会の場外馬券所の近くに、約400坪の更地があります。これはもともと地元の中小商人の集まりである銀一商業協同組合が保有していたものですが、2年程前に今回雅叙園観光について当社と提携した協和総合開発研究所の伊藤社長が、この商業協同組合の出資権を買収し支配権を確立致しました。この取得費用が約300億円です。

東京都宅建取引業協会の調べによる時価は大体坪当り6000万円、総額にして約240億円位になるでしょう。

ところが伊藤社長はこの土地を担保にして、昨年秋までに総額470億の借入れをファーストクレジット等から行いました。更に、昨年11月には当社がこれを肩代わることになりました。

伊藤社長は本年2月、当社の企画監理本部長に就任し、当社の不動産を一切取り仕切ることになりましたが、銀座の土地にも当社をフルに利用する腹でいます。伊藤社長の持論は、土地には担保価値、処分価値、開発価値があるというものですが、当社は銀座の土地の開発価値を考慮して、今や実に600億円の資金を融資するに至っています。この資金の調達先は、半分が住友銀行、半分が東京銀行、一部に第一生命のファイナンスカンパニーが入っています。

このように、不動産の担保価値、処分価値を400億円も上回る額を開発価値という屁理屈で〝過剰融資〟し、その分は他の不動産や株に流れていっている図式は、当社の随所に見られます。

私共は、当社を愛するものとして、このような資金が当社からザァザァ音をたてて流れていることに、猛烈な不安を覚えています。

大蔵省ご当局におかれては、どうかこのような過剰融資の実態をよくお調べの上、厳しい姿勢で臨まれることを切に希望して止みません。
末筆ながら、皆様のご健康をお祈り申し上げます。

敬具

土田正顕様

伊藤萬株式会社従業員一同〉

「Ｌｅｔｔｅｒ」の存在は住銀、イトマンの社内でも徐々に広がり始め、犯人捜しが行われるようになっていた。慎重に動かなければならないが、躊躇している時間はなかった。

——§——

◉5月20日　大塚記者と　キャピトル東急にて
國重から青山の土地の資料を見せ、事態を説明。
大塚　月曜から部隊を動かす。大阪の記者が河村社長のところにも別件で顔を出している。伊藤寿永光は副社長にするつもりだったが、住銀のチェックで当面非常勤取締役。河村は会長になるつもりはないとのこと。
巽頭取のところに大阪の女性記者が夜討ちをしたが、けんもほろろに返された。「イトマンは問題なし」と。土田局長は住銀を呼ぶにしても、記事になってからのほうがやりやすいと。
國重　皆、引き金をひきたくないということか。

大塚　そういうこと。

誰も引き金をひきたくない。一度ひいたら、明るみに出始めたらもう元には戻れない。誰にもそんな勇気はなかった。

──§──

大塚記者も社内で戦っていたが、抵抗は猛烈だったようだ。彼は当初「イトマンが経営不安」とクリアに書くことを狙っていた。しかしそれだと、住友銀行に正面からケンカを売ることになる。日経にとってそれは、ものすごいリスクになる。

数日後に、それがどうなったかは明らかになる。

──§──

◉5月21日　読売新聞の山口記者と

ジャパンスコープの調査報告書入手。磯田会長を狂わせた娘婿の正体、という記事を書かせるようにしよう。

──§──

ジャパンスコープとは、磯田会長の娘婿である黒川洋氏が経営するアパレル会社だ。[注IV] イトマンが絵画取引に参入するきっかけとなったのは、先述したとおり、ピサという会社に勤めていた磯田会長の娘・黒川園子氏から河村社長がロートレックコレクションの購入を依頼されたことに始まる。実はこの絵画取引をめぐっては、イトマン側からジャパンスコープに5000万円が、「仲介手数料」として支払われたことがのちに表面化し、問題視されることになる（ジャパンスコープ側はのちに返還)。

私はありとあらゆる情報と材料を使って、攻め込もうと必死だった。

——§——

◉同日　大塚記者から電話

今日、河村社長から日経の大阪に電話あり。「青山の開発プランがまとまった。建坪1万1000坪、11階建て、帝国ホテルのインペリアルタワーを凌ぐもの」ということを記事にして流してくれと。着工は来年9月、総工費300億円。

——§——

気になって翌日、私は南青山の土地を実地で見に行ったが、いまだ虫食い状態だった。河村社長は相変わらず、まったくのでっちあげ話をぶち上げていたわけだ。こちらが動けば、それをどこかで覗いているかのように、すぐに猛烈な反撃が返ってくる。不気味な闘いだった。

——§——

◉5月22日　T弁護士と

伊藤寿永光の顧問弁護士を引き受けることにした。あまり辞退するとかえっておかしいということで。

◉同日　大塚記者と電話

今夜、磯田会長、巽頭取、玉井副頭取、西副頭取の4人のところに一斉に夜討ちをかける。

住友銀行が一斉に否定すると記事にしにくいが。そのときはまた相談しよう。

◉同日　大塚記者と再び電話

河村社長が日経（大阪）のD記者に電話してきた。伊藤寿永光を常務にすると。借り入れが1兆2000億円あるが、心配いらない。住銀の東京駐在が流していると。河村社長自らが電話してくるなど異例の事態。最後の悪あがきか。

◉同日　大塚記者と三たび電話

4人に一斉に夜討ちをかけた。各人の反応は以下。

磯田会長　これから調べる。河村には、住銀の調査部は担保の掛け目が50％でもいいかと言ってある。（本社の含み損800億円？）いや1600億円あると聞いている。細かい数字にはまったく関心示さず。自分は大丈夫と思っている。頭取に聞いてくれ。自分は聞かれてもわからない。なぜ今まで来なかった？（大塚も忙しかった。経団連・日経連の人事、日ソ委員会などで暇がなかった）

伊藤寿永光はヤクザ。常務にすることは期限を切ってやるぶんには仕方ない。安宅産業並みになることはなかろう。

内部告発ということだが、住友銀行の内部か（違う、イトマンだ）。あのときは住銀かイトマンか言っていなかった。なぜ、西に調査をさせたらダメだと言ったのか（リクルートの地下のバーで、西さんと河村さんはよく会っていたという噂があるから)。これからも来い。情報を持ってこい。

巽頭取　(小孫記者の顔を正視できない感じ)固定化は2000億円程度。

玉井副頭取　問題ないの一点ばり。

西副頭取　1兆2000億円の借入過大。3年後に5000億円にまで戻す。

以上が4人の反応。いつでも記事にできる感じ。明日、もう少し傍証を固めて25日の朝刊に書くかも。

●同日　行内で情報収集

今日昼前、松下常務が磯田会長のところに入った。ごく短時間。さらに、臼井専務も。これもごく短時間。

その後、関連カード会社の鈴木社長から磯田会長と西副頭取に電話があった。磯田会長の機嫌悪い。西副頭取も機嫌良くない。(磯田氏の娘婿である)黒川洋氏から磯田会長に頻繁に電話があったが、彼も機嫌悪い。三社祭の話が参加者の誰からも出ない。何かがあったのかもしれない。

●5月23日　松下常務と電話

松下　最近大塚記者と会ってないいな?

國重　4月中旬以降コンタクトない。

松下　実は昨夜、日経の記者が磯田会長、巽頭取、玉井・西両副頭取を夜討ち。内部告発を持っていた。そんな根性のある奴はいるか。

國重　井上弁護士の話だと、ぶつぶつ言っている分子がいるらしい。

松下　これでシナリオに変化が出るかも。これまでは、玉井・松下が残る。そのうちに西辞任。来春磯田辞任ということで進んでいた。それが変わるかも。磯田会長は、玉井・松下に直ちに辞任を迫るかもしれない。もし玉井副頭取が辞めたら、頭取は性格的にもたない。一昨日、磯田－玉井会談があったが、深刻な対立のまま終わった。今後も大塚とは接触するな。

國重　わかった。

松下常務は私を「根性のある奴」だと認めてくれた。

§

◉同日　行内で情報収集

今日、磯田－巽会談のあと、巽頭取が日経に行った。

本日、新任取締役への電話連絡があった。

◉同日　大塚記者から電話

今朝、磯田、巽、玉井の3人で相談したらしい。巽頭取が編集局長に電話のうえ、15時30分頃来社。7月から調査に入る、で合意。6000億円は大きすぎる。大蔵省が動いたことは書くな、と。

巽頭取曰く「内部告発者は住銀と河村社長に恨みを持つ者で40~50歳くらい。不動産のことは知らない奴。経理畑かもしれない」と。

大蔵省から住銀のMOF担に手紙(「Letter」)が渡ったかもしれない。1号、2号を朝日、毎日、文春、新潮に送ろう。彼らを動かそう。

土田局長は住銀を呼ぶと言った。書いてもいい、と。

——§——

私と大塚記者は、さらにメディアにもいままでの「Letter」を送ることに決めた。

注

Ⅳ 黒川氏は学習院大学経済学部卒後、東レに入社。その後、独立して1988年にジャパンスコープを設立。

第4章 共犯あるいは運命共同体

日経の第一報

ついにイトマン問題が表沙汰になる日がやってきた。

——§——

◉1990年5月24日　日経の朝刊に第一報が出る。

——§——

この日、大塚記者がかねてから私とあたためていた記事がついに出た。イトマン問題が初めて世の中で知られることになった瞬間だった。

といっても、記事は当初の構想よりかなりマイルドな中身となった。

見出しは「伊藤万　土地・債務圧縮急ぐ　住銀、融資規制受け協力」。

〈中堅商社の伊藤万と主取引銀行の住友銀行は伊藤万の過大な保有不動産の処分と負債削減を急ぐことになった〉として、〈借入金を一年間で二千億円程度減らすのが当面の目標〉〈借入金の増加分の大半は不動産投資に充てられている。しかし取得した不動産の多くが商品化していないのが実情〉〈住友銀行は不動産の売却を進めるため七月から同グループの資産内容の調査に乗り出す〉……という中身。イトマンはこの24日に1990年3月期の決算発表をする予定だったので、それに合わせて記事にしたのだった。

反応は早速あった。

——§——

◉同日　大塚記者と　湯島にて

イトマンが墓穴を掘った。決算発表で2回、記者会見して記事に反論。

——§——

この日の決算会見でイトマン側は、日経の記事に真っ向から反論した。いわく、確かに有利子負債は1兆円以上あるが、そのうち不動産関連は3000億円ほどでしかない。よって、「借入金で過大な不動産投資をしているわけではない」と高柿貞武専務は主張した。

同じく会見で河村社長は、「南青山関連で600億円前後の資金需要があり、今後も借入金はむしろ増える」と強気に徹した。

だが、その根拠として提示した南青山の再開発プロジェクトの概要はいかにも絵空事であった。この年の9月に土地売買契約を完了させ、91年9月に建設着工するというのがそれだが、いまだ南青山の土地が虫食い状態であることは、わかる人間にはわかっていた。まさに墓穴を掘った、わけである。

この日、住銀行内は夕方から大騒ぎになった。

広報担当の沖野貞夫専務が記者発表のコピーを役員のところへ入れまくった。

西副頭取が青い顔をして、磯田会長の部屋へ入っていった。

磯田会長は17時ちょうどのお出まし予定が、18時30分のお出ましになった。

帰り際のエレベーターで、磯田会長は「これは、河村社長はいけないわな？」などと言っていた……。

そんな慌てた幹部たちの情報が、私のところには次々と集まってきたのである。


——§——

◉同日夜　大塚記者から電話

今夜、磯田会長のところへ行った。
磯田　西副頭取の化けの皮がはがれたと思う。目の前で西副頭取から河村社長に電話させたが、「これでいい」とかペコペコしたりしているので、自分が電話をとって、河村社長をどやしつけた。日経には申し訳ないことをした。月曜に巽頭取が謝りにいく。夕方、西副頭取を大阪に行かせた（巽？　河村？　に会うため？）。
大塚　こんなことをしたら他のマスコミにもわかってしまう。河村社長は今期600億円増やすと言っている。ちゃんと調べなければダメだ。
磯田　調査もする。ちゃんとするから余計なことはしないでくれ。80歳までは絶対にやらない。頭取は2年半では短すぎる。会長兼頭取ということもあるかもしれない。朝日が来た。住銀が東京国税に調べられているという説。ついでに、イトマンのことも聞いていた。

——§——

磯田会長は明らかに、大塚記者を懐柔しようとしていた。

大塚記者が詳しく知りすぎていること、4月中旬から5月上旬まで夜討ちに来なかったことをしきりと疑っていたという。

日経の記事は、前述したように当初予定していたような経営の危機を強く打ち出したものではなく、イトマンが不動産や債務の圧縮を急ぐというかなり角が取れたものになったが、衝撃は与えたようだった。

それに「Ｌｅｔｔｔｅｒ」も、大きかったのだろう。

住銀内部でもどうしてこんなに内部情報が漏れているのかと、このとき、巽頭取が急遽日経の編集局長に事情を聴取、そして説明に出かけていた。

物事が動き出した面もあったし、動かなかった面もあった。

私たちはもっと波紋を広げようと、大塚記者の提案どおり、大蔵省にあてた「Ｌｅｔｔｔｅｒ」を朝日新聞、毎日新聞、文春、新潮など、他のメディアにあてても出すことにした。

そして再び、2週間から1ヵ月くらいかけて、じっくりとネタを集めようと約束した。

伊藤寿永光の巻き返し

◉同日　読売新聞の山口記者と「オールドインペリアルバー」にて

経堂のマンションの謄本入手。ただし、賃借人の名義わからず。ガードマンがいて、警戒が厳しい。何か事件になるようなネタがほしい。それを突破口に書こう。

§

経堂のマンションとは、磯田会長が私有していたマンションだ。磯田会長は大阪府豊中市に豪邸を持っており、東京では住友銀行の用意した豪華社宅に住んでいた。そして経堂のマンションは誰かに貸していたのだが、それが誰なのか。何か匂う。

私はそう感じて調べていたのだった。

§

◉5月25日　大塚記者からイトマンのプレスリリース資料入手。

◉同日　大塚記者から電話

元安宅産業、現イトマン常務の折田基行氏がこともあろうに、日本レースの社長になった。今日発表。ほかにイトマンから1人取締役で参加している。裏で伊藤寿永光がからんでいる。これは根の深い問題だ。

日経（大阪）の動きがおかしい。前日まで、「何で俺たちにもやらせないのか」と言っていた連中が急に、「忙しくなったので動けない」とか「自分の担当ではない」などと言い出した。東西の若い者同士の話では、夜中何かあったらしい（脅されている？）。

§

日本レースはレース業界の老舗企業。このとき経営不振に陥っていたところ、日本レースの大株主である東邦生命の太田清蔵社長とイトマンの河村社長が話し合いを持ったことがきっかけで、イトマン傘下で経営再建されることになった。この人事もその一環だった——と言ってしまえば普通の経営支援のように聞こえるが、これはただ事ではなかった。

そもそも日本レースは、許永中氏がかつてこの会社の仕手戦に参加し、初めて表舞台で名を知られることになったいわくつきの会社だ。さらに、イトマンはこのとき経営参加の名目で日本レース株を取得するのだが、株の売却主は許永中氏の会社であった。河村社長は東邦生命からイトマンへ融資をしてほしくてこの話に乗ったようだが、またしてもイトマンが喰い物にされようとしていたのである。

伊藤寿永光氏の強烈な巻き返し、あるいは、イトマンと闇の勢力の接点が水面から顔を出し、浮上してきたとも言えた。

記事が出たことで、日経の内部にも「何か」があったようだ。

§

◉同日　行内で情報収集

今日夕方、黒川洋氏から磯田会長に電話があった。20分くらい話した。その直後、磯田会長から吉田博一常務に電話。これも20分くらい。帰りのエレベーターのなかで、磯田会長は伊東敏夫秘書室長に、「伊藤寿永光がたけり狂っている。河村が『そんなことを言うな』と叱っているらしい」と。黒川洋氏が仲介役を買っているようだ。

——§——

伊藤寿永光氏は、記事が出たことに対して激怒していたのだろう。それに対して河村社長がなだめていたというわけだ。

黒川氏は磯田会長の娘婿に過ぎない。しかし、周囲は黒川氏のバックには磯田会長がついていると見て、黒川氏に伝言役のようなことを頼むようになっていた。このころから私のメモには、黒川氏が仲介役として走り回る姿が頻繁に登場するようになる。

——§——

◉5月28日　行内で情報収集

今日も、磯田会長、西副頭取、塚田常務、秋津専務、臼井専務、古瀬部長が明治記念館内の「花がすみ」という料亭に行っている（2次会で石橋のところに行った模様）。

——§——

石橋というのは、東京・六本木にあったビルの名前で、そこに入っていたクラブに磯田会長が当時通っていた。磯田一派はこんなところで集まって、額を突き合わせて何かをコソコソと相談し合っていたわけだ。

―― § ――

◉同日　大塚記者と電話

今日、巽頭取が14時頃に日経に来た。完全に認めている。巽「いろいろとご配慮をいただき、ありがとう。住銀の誰が何を言ったかなど詮索《せんさく》しないでくれ。河村社長も辞めると言ったり、辞めないと言ったり、安定していない。混迷している。磯田会長も年だし、悩ませたくない。伊藤寿永光の処遇については南青山の土地を処分するまでということで河村社長を納得させている。河村社長も伊藤寿永光に言っているはずだ」

今日、イトマンの藤垣副社長が日本レースのことで記者会見をした（やらずもがな）。本件は東邦生命の依頼でやった。４月末までに２５０万株買ったが、今後株を増やすことはないと。河村社長と東邦生命のオーナーの太田氏が親しいことから話が来た、と。

明日、小孫記者が巽頭取に会う。その際、「いつから調査するのか。誰がやるのか」と聞いてみる。その際、西副頭取に調査させてはダメだと言わせてみよう。

◉同日　読売新聞の山口記者と　読売新聞本社にて

南青山の資料を渡す。粉飾決算で十分に取り上げられるとのこと。住銀とイトマンに早急に取材に行くことを依頼（日経が突出しないようにする）。

◉同日　読売新聞のI記者と「レストラン三越」にて

事態を説明する。南青山で慶屋→イトマン不動産→慶屋→イトマン不動産→慶屋と転がした粉飾について事情を聴取することを約束。

§

私はこのとき、日経以外の他のマスコミへの攻勢をあえて強めていた。それはいろいろなマスコミを巻き込んでキャンペーンを起こしたほうが住銀幹部たちの背中を押すことができると考えたのに加えて、日経一紙が突出しては、こちらの日経とつながっている者の犯人探しにもなりかねないと感じたからだった。

もちろん、大塚記者とそれ以外のマスコミとでは話すネタも中身も違う。私と大塚記者はこのとき一種の運命共同体あるいは共犯関係にあった。

宝塚ホテルの「密会」

●同日　T弁護士と

5月30日までに伊藤寿永光の上申書を出す。だいぶトーンダウンしそうだ。顧問弁護士の件、6月7日に河村社長と会う。

§

●5月29日　T弁護士と電話

昨日の朝、名古屋国税が慶屋に対する嫌疑でガサ入れをした。東京国税も応援に来た。イトマンはその反面調査で入った。

◉同日　行内で情報収集

住友クレジットサービスの鈴木雍社長が間に入って画策したことだが、6月1日金曜の夜、日経のO記者と磯田会長が自宅で会う。切り崩しであろう。

§

大塚記者と私の動きに対して、あちこちで抵抗や反動が始まっていた。これもその一つだ。O記者というのは昔、磯田会長の子供の家庭教師をしていたとかいうことだった。磯田会長はそのO記者を使って、日経内部を動かそうとしていた。

しかし、私と大塚記者はこうした抵抗があればあるほど、ますます深い信頼関係で結ばれていった。真剣勝負だった。特ダネとか、自分の手柄を超えて、日本の経済・社会を何とかして救わなければ、ここで自分たちがやらなければ日本は本当におかしくなる。そんな危機感に私たちは突き動かされていた。

§

◉同日　大塚記者と電話

今夕、小孫記者が巽頭取に会った。巽頭取は「西副頭取に調査させるつもり」と。小孫記者が「西副頭取ではダメだ」と言ったところ、「西が強いから」と答えた。巽頭取はバーターとして、米国の現地法人設立の情報を出してきた。小孫記者は「知っている」と言って断った。

来週、日経（東京）にO記者告発の手紙を出そう。大塚記者は、6月末から7月初めにかけて調査が始まる段階で書くつもり。

§

住銀の幹部もこちらに書かせないよう必死だった。

大塚記者たちは、住銀がイトマンの債務などについて調査を始める時点で続報を書こうとしていた。しかし、住銀は書かせたくない。そこで、磯田会長はO記者を使って大塚記者を懐柔しようとし、さらに巽頭取は小孫記者に対して他のネタをやるから書かないようにと持ちかけてきたのだった。

私たちはそれに対抗するために、O記者を告発する内部文書を日経に出そうとしたのだが、よく考えてみれば、事情を知っているのはごく少数に限られている。O記者の内部告発文を出せば逆にこちら側が特定されてしまうリスクがあり、結局は見送ることにした。

大塚記者とは頻繁に電話をしているが、このころはまだ携帯電話も普及していない。もちろん、お互いに会社の卓上の電話からはかけられないから、時間を決めて電話をしてもらったり、公衆電話を探したりと大変だったことをよく覚えている。

§

◉5月30日　調査部の安川と

出入りの興信所の話では、「本件は住銀の内部の抗争だ」という話が出ていると（安川、若干腰が引けている）。

◉同日　行内で情報収集
永田武全《たけはる》事業調査部長を信じてはいけない。西副頭取の手が回っている。飲みに連れていっているのではないか。

§

行内での権力闘争、陣取り合戦はますます激化していた。自分の陣営に少しでも人をひきいれようとみんな必死だった。

それが問題の解決の本質ではないことは誰もがわかっていたであろうに。

§

◉同日　大塚記者から電話
住銀の広報室が誘ってきた。来週受ける。

◉5月31日　読売新聞の山口記者、I記者と　TBRビルにて
山口・I　南青山の件だけではパンチが弱い。いったん出すなら、次々と続報が出るようにしないとダメ。その目途が立つまで動くのは得策ではない。
國重　それはそうだが住銀は7月に調査開始と言っている。このままでは「何もない」ということで頬かむりされてしまう。とにかく、7月までに銀行からの資金をストップさせないといけない。そのためには、6月中に2～3本記事が出る必要がある。何とか書いてほしい。

山口・I　わかった。6月中旬くらいに記事が出るよう努力する。
國重　ネタは続々と出す。奥志摩、保証予約念書、コスモス。最大の目玉は雅叙園の簿外資産の500億円の負債。
山口・I　それはパンチがある。南青山と比べても横綱と十両の差がある。何とか記事にできるようにしてくれ。
國重　努力してみる。

しかし、マスコミ工作はそうすんなりといったわけではなかった。最初、南青山の地上げでの粉飾決算問題だけで記事にできると言っていた読売の記者たちも急に腰が引けてきていた。それだけでかいヤマだったということではあるのだが。

§

◉同日　行内で情報収集
夕方から磯田会長の部屋に西副頭取が入りっぱなし。途中、黒川洋氏から何度も電話が入った。イトマンの件でいろいろと話をしていたに違いない。

◉6月1日　T弁護士と　事務所にて
5月30日に上申書を出した。伊藤寿永光の顧問弁護士就任は、5月の1ヵ月かかってくどかれた。そのときの伊藤寿永光の言い方。

「磯田会長とは何回か会っている。河村社長も一緒。先日も、T弁護士が住銀との関係で顧問就任をためらっているといったら、磯田会長が『イトマンと住銀は一心同体だから構わない。自分から（総務担当の）野一色君に言っておこうか』などと言っていたらしい」
伊藤寿永光と河村社長は本当に連絡を密にしている。T弁護士はもう7～8回、伊藤寿永光に会ったが、その間もしょっちゅう河村社長から電話が入っていた。

——§——

◉同日　行内で情報収集
磯田会長が伊藤寿永光と会っているらしい件、たぶん本当。このところ3回くらい、わけのわからない宝塚ホテルからの請求書が届いていた。

——§——

その後、この磯田会長の宝塚ホテルでの「密会相手」は、どうやら伊藤寿永光氏ではなくて巽頭取らしいということがわかった。それにしても、わざわざホテルの部屋まで取って会うというのは普通とは言えなかった。

住銀OB情報網

◉6月2日　松下常務と　松下常務の自宅にて
松下　自分は絶対に負けない。玉井副頭取は開き直っている。二人の存在は、磯田会長、河村社長、西副頭取にとって大変な脅威のはず。
國重　巽頭取はだらしない。磯田会長の言いなりだ。
松下　性格だから仕方ない。でも、いろいろと調べている。
國重　磯田会長が内緒で伊藤寿永光と会っている。宝塚ホテルだ。
松下　知らなかった。ただ、宝塚ホテルだとすると巽頭取だ。
國重　磯田会長のスキャンダル。経堂のマンションの件。
松下　調べてある。イトマンの孫会社が入っている。電気メーターも動いている。新聞も取っている。この孫会社が西副頭取の大阪の土地購入に関与。船場で貸金をしている。住所がわからない。『FOCUS』の記事を抑えた件で、磯田会長はあれも佐藤茂氏のやらせだと言った。これで自分ははっきりと踏ん切りがついた。これからは佐藤氏のところの桑原氏をキーポイントにして連絡を取り合おう。日経へのタレこみは、「住銀の役員ではない中堅幹部」ということになっているらしい。気をつけろ。

§

もちろん、私は自分の取っている行動について松下常務にも、誰にも話していなかった。松下常務もそこは詰めて聞いたりしない。しかし、薄々何かを感じて、こうやって忠告してくれているのだった。
松下常務のニューヨーク行きの人事は5月28日付で出ていたが、このときはまだ赴任準備中だった。松下常務と私は広尾の同じマンションに住んでいたので、誰の目も気にせずに話せるそこで、今後の展開について話し合った。

§

●同日　大塚記者と

大阪の日経が変なことをしている。大塚記者の自宅にO記者から電話。様子を探りにきた。

O　松下常務に取材に行っているのか？

大塚　知らない。どこが動いているのか。

O　朝日と読売が動いているらしい。

§

日経内部の権力闘争も激しさを増してきていた。

§

●6月4日　吉田融資三部長と

住銀の内部の中堅社員の犯行、と言われている。十分注意しろ。

4月に入って、住友銀行からイトマンにさらに50億円の貸金が出ている。玉井副頭取はそれに対して、文句はつけていない。イトマンの日本レース株取得資金１００億円は東邦生命から出ている[注I]（こうなったらスキャンダル報道しかない）。東洋経済がインタビュー申し込み。想定問答を作成している。

●同日　大塚記者と　湯島にて

今日、住友銀行の広報室に行った。誰と親しいか聞かれて、内田、広田、中村の名前を出した。國重の名前は聞いている程度と答えておいた。

――§――

内田、広田、中村というのは旧企画部の幹部連中。大塚記者は、「ネタ元」を守ってくれたわけだ。

――§――

◉同日　佐合《さごう》氏、南雲氏と　喫茶店にて

南雲　西副頭取が頭取になるという噂があるよ。松下電工やその他グループの主要取引先に磯田会長が西副頭取を連れて歩いている。これは頭取にするための下準備ではないかということ。

住友不動産が本気で住銀からの役員受け入れを検討したことはない。87年に、巽頭取が小松を住友不動産の会長にどうかと言ってきたが、「傷物はNO　THANK　YOU」と安藤太郎は断った。もし受け入れるとしたら立松、江川、大河内あたり。ただし江川は、「死んでも嫌だ」と。

松下がいなくなると、住銀のブラックな部分の対策は結局イトマンがやることになるのではないか。

佐合　もともと三洋電機には塚田が行くはずだった。それを対松下のために残して、杉本が行った。今回のロンドンも、最初の案は塚田だったらしい。巽頭取はOBにきわめて評判が悪い。この辺が西副頭取のつけ込むところではないか。

§

佐合氏、南雲氏というのは住友銀行のOBだ。佐合允之《のぶゆき》氏は住銀内で常務まで登り詰めてから、当時は三重銀行の頭取をしていた。南雲竜夫氏は監査役から住友不動産に出ていた。私はできるだけ幅広く情報を集めようと、OBとも積極的に接触していた。OBに行内のことを相談している幹部も多かったからだ。

松下常務がニューヨーク行きの人事を発令されたことは先述したとおりで、これは改革派の松下常務を追放する意味合いが大きかった。しかし、あまりにそれが露骨にわかってしまってはいけないと、住銀はこのときにシニアで英語を学ぶ新しい制度を作り、その第1弾として松下常務らを海外に送り込むという建前にしていた。結果、松下常務以外にも海外赴任させなければいけない行員が出てくるわけで、このときは吉田博一常務が松下常務と同時期にロンドンに赴任になっていた。

本来は塚田史城常務がロンドン赴任する予定だったのだが、塚田常務は西副頭取に近い一派だったため、改革派に対抗するための勢力として温存されたという。塚田常務は以前には住銀から三洋電機に出る予定もあったが、この人事も同じ理由から、杉本政穂常務が代わりに転出することになったのだった。

§

◉6月5日　桑原氏、吉田融資三部長と　住宅信販（桑原氏が社長を務める会社）にて

桑原　三重県でD社とイトマンがやろうとしているゴルフ場の件。河村社長の20%出資は商法違反の可能性大。スキャンダルの一つとして十分使えそう。
今後の方向としては、7月初旬から中旬にかけて、D社の経営の実態（300億円の欠損、場合によっては自己破産）を公にする。河村社長の特別背任の声も上げさせる。これに続いてイトマンの記事を書きまくらせる。これでイトマンを倒産寸前にまで追い込む。
イトマンの実態が明るみに出た段階で、磯田－河村のスキャンダルを表に出す。磯田会長を退陣に追い込む。それまでは材料を極力集めよう。

——§——

注
I　東邦生命はこのときイトマンへの融資を実行、またイトマン株の購入も行っていた。

——§——

熱狂と狂乱と

◉同日　総務部の平沢次長と
経堂のマンションの件、たまたま、平沢次長が同じマンションに住んでいた！
磯田会長の所有している301号室は、今、株式会社ハイム（イトマンの子会社）が入っている。藤本夫妻の名前が郵便受けにあった。
ハイムの子会社（イトマンの孫会社）のロイヤルハイムという会社が、西副頭取の大阪の土地を購入した。そのとき、船場支店が融資している（これは佐久間が調べた）。

これは偶然とはいえ久々の朗報だった。住銀の後輩で総務部にいた平沢次長が、なんと磯田会長が所有していて、今どういう状態にあるかを調べていた経堂のマンションに住んでいることがわかったのだ。彼と話していて「今、この経堂のマンションのことを調べているんだよ」と言うと、「そこ、僕が住んでいます」。

そこで彼にいろいろと調べてもらったのだ。すると、前述のとおりイトマンの関係会社が借りており、誰かが住んでいることもわかった。……とわかったのはよかったが、私の気分は明るくなかった。なぜなら、磯田会長が個人的にイトマンと利害関係を持っていることが判明したからだ。住銀を介してではなくて。

§

これをどう解釈したらよいのか。というよりも、解釈したくない気分だった。

ここで出てくる佐久間というのは私の同期で、のちに同時に取締役に昇格する佐久間博だ。

余談だが、彼とは入行前からちょっとした関わりがあった。

まだ、どこを受けようか迷っている就職活動中のできごとだ。友人が八幡製鐵を受けにいくというので、自分は受ける気はなかったけれど、何となくついていった。その待合室で一緒になった男がいた。「君は受けないの」と話しかけると「俺は受けないんだ。公務員試験を受けるから。民間は住友銀行だけだ」と言う。「へー、何で?」「あそこは実力主義なんだよね」。

私が住友銀行を受けようと思ったのは、この男の話を聞いて面白そうだなと思ったからだった。無事に内定をもらい、1967年10月1日、大手町の住友銀行東京本店で内定式があった。するとそこには「実力主義なんだよね」と言っていた、あの彼がいるではないか！　私は彼に近寄り、「どうしたの、公務員試験は」とたずねた。彼は公務員試験の当日に盲腸になって受験できなかったのだという。

この彼こそが、佐久間だったのである。あのとき佐久間に会わなければ私は住銀に入っておらず、当然ながら、イトマン事件で彼と協力しあうこともなかったわけだ。

――§――

話を戻そう。

◉同日　佐合氏と電話

國重　D社、イトマン、河村社長が出資している三重県のゴルフ場の名前、住所、株主構成等書いたものがあったらほしい。

佐合　わかった。協力しよう。

國重　本件内密に。

佐合　わかっている。

◉同日　大塚記者と電話

D社の不動産一覧入手した。これまでの資料と突合してみる。明日17時、大蔵省の土田銀行局長と会う。模様は電話する。日経内部の態勢を立て直すためにも、6月中旬に読売に書かせてくれ。

◉6月6日　大塚記者と電話

今日、土田局長と会った。昨日、銀行課の補佐が住銀の企画本部長を呼んだと。詳しくは聞いていないが、「問題ない」と回答したようだ。

『日経ビジネス』が7月30日号でイトマンを取り上げることになった。注Ⅱ あそこは自分の親しい人が多いので、いろいろと誘導できる。

◉6月7日　読売の山口記者と　読売新聞本社にて

山口　慶屋に何度もアプローチしているが会えない。理由は、昨年3月のイトマンとの和解。内容は当事者以外誰も知らない。それと今年2月、原田不動産銃撃のときに慶屋にも脅迫の電話が入った。注Ⅲ 慶屋の供述がないと、南青山はパンチが弱い。それに長寿庵、アキ不動産とも売る可能性あり。裏の住宅もすでに立ち退いた形跡あり。あるいは1500坪、まとまる可能性あり。間組が交渉していると。デスクと相談したが、本件のみで書くことは困難。7月から始まる土地シリーズで取り上げる可能性はあるが……。注Ⅳ

國重、しばらく材料を蓄積することで合意。

――§――

ここにきて読売も急に慎重になっていた。もし書いて、誤報になるとまずいというのだ。大塚記者からは読売に早く書かせてほしいとせっつかれていたのだが……。

§

◉6月8日　行内で情報収集
磯田会長の機嫌がめちゃくちゃ悪い。明日まで大阪の予定が、急に夜の予定をキャンセルして帰京。午前中の経営会議も欠席。月曜の午前、佐藤正忠氏と会うことになった。伊東秘書室長の話では、めっきりやつれた、と。

§

佐藤正忠氏は、雑誌『経済界』を創刊、主幹を務めていた。のちに、河村社長から2億円もらってイトマンのちょうちん記事を書いたと自ら明らかにしている。

§

◉同日　T弁護士と
昨日6月7日、渋谷の割烹「大石」で河村社長と伊藤寿永光と夕食を共にした。まるで、本当の親子といった感じ。現在、企画監理本部100人。うち50人は設計技師。都市、リゾート開発はこれらの陣容から入ってくる情報を次々と検討している。将来はこの本部を500人にまで増やす。どんどん買いまくる。良いものばかり選んで買うことはできない。いろいろ買う。
伊藤寿永光にはこれから正道を歩ませる、と。

伊藤寿永光はもともと名古屋の石油会社の息子。若いころから不動産をやっており、目利き。

（途中、T弁護士が私と話している間に大阪府警のH刑事部長に電話）

T　近く伊藤寿永光の顧問弁護士をやろうと思っているが、いいか。

H　近々事件を扱う。イトマン、住銀、伊藤寿永光に突き当たることはないだろうが、松下常務が正しいということが立証される事件だ。それ以上のことは勘弁してくれ。ただ、自分の任期中（6月いっぱいか？）にけりをつけないと、雲散霧消してしまうかもしれない。

§

この温度差を理解していただけるだろうか。私たちの危機感と、河村社長と伊藤寿永光氏たちの温度差を。彼らはまだ祭りのただなか、熱狂のさなかにいる。どんどん買え、買いまくれと。いや、自分のシナリオどおりに踊らされている河村社長の姿を見て、伊藤寿永光氏はほくそ笑んでいた、と言ったほうが正確かもしれない。

H刑事部長は私も面識のある人物だった。ここにもあるように、松下常務から紹介されたのだ。

§

◉同日　桑原氏と電話

桑原「もし6月中に府警が入るということなら、野村永中かもしれない。あるいはO社か。O社は不動産取引の関係で野村を告発している。野村は『自分はつかまらない』と言っている。

野村が住吉会の幹部を接待した。伊藤寿永光を佐藤茂氏に会わせてくれとの申し出があったが、佐藤氏は断った。その際、野村の口から『①松下は銀行が海外に追放した、②住宅信販には住銀から600億円出ているが、これをこれから締めると言っている』との話が出た。なぜ銀行の中の話が、野村のようなヤクザの口から出るのか」

桑原氏はカンカンの様子。

§

そうこうしている間にも、うなされたような熱狂と狂乱は続いていた。私はまだそれを鎮めるすべを見つけられていなかった。

注

II 『日経ビジネス』7月30日号が「深層――露《あらわ》になった『銀行と不動産』の構図　伊藤萬問題に見る土地フィーバーの曲がり角」という記事を掲載。

III 原田不動産は東京・新宿の不動産業者。90年2月、会社ビルの玄関ドアと社長宅の門扉に実弾が撃ち込まれる事件が発生していた。

IV イトマンが新社屋を建てる予定だった南青山の土地は、イトマンから名古屋の不動産会社の慶屋へ巨額融資をして地上げをしてもらっていたが、途中で慶屋が経営破綻。その後、この土地の所有権などをめぐってイトマンと慶屋は訴訟トラブルになっていたが、89年3月ごろに和解し、土地はイトマン所有、慶屋からイトマンへの債務は帳消しにすることで決着した。が、以後も南青山の十地の地上げは未完のままで、長寿庵という蕎麦屋などが立ち退かないまま、虫食い状態で放置されていた。

第5章 焦燥

「注射を打たれた」

「Letter」まで出したというのに事態が思うように動かず、私は歯噛みしていた。

§

◉1990年6月9日　大塚記者と電話

『日経ビジネス』からの情報によると、『東洋経済』が書きそうだ。イトマンを何としても叩くと興信所もいろいろと取材している様子。磯田会長は東京中日のライターと会っているらしい。噂になっている。

◉6月11日　秋津専務と　部屋で

またぞろがたがたしている。ブラック（・ジャーナリズム）を始め、いろいろなところがあれこれ聞きに来ている。松下を抱いているのは玉井副頭取。玉井副頭取は次の頭取をねらっている。その際、標的にされているのが自分（秋津専務）だ。詳しくは言えないが、玉井副頭取からマークされていると感じることが一、二あった。

磯田会長はなぜ、松下、玉井副頭取を切れないのか。それは弱みを握られているからだろう。

日経のO記者が磯田会長にかわいがられていて、その日経社内の逆スパイ情報によると、どうしても松下に突き当たるらしい。彼は目的のためには手段を選ばぬところがある。しかし、内部抗争の話が外にもれることはまずい。

——§——

秋津専務は玉井副頭取をライバル視していたようだ。標的にされている、というのは行動をチェックされているということだ。玉井副頭取が秋津専務の日程を見たり、秘書に来客の名前を尋ねたりしているのではないかと疑っていたようだ。

このころはもう、行内がわさわさと浮わついていた。権力闘争やらイトマンがらみのマスコミ報道やらで、本当に向き合わねばならないことからみんな逃げていた。それはいい口実だったのかもしれない。その間も問題はどんどん大きくなっていき、陰で高笑いをしてイトマンと住銀をいいように喰い物にしている連中がいるというのに。

——§——

◉同日　行内で情報収集

今朝、磯田会長は佐藤正忠氏に会った。9時00分～9時15分。その後、アサヒビールの樋口廣太郎社長と一日5回も電話で長話。きっと、もみ消し工作をしているのだろう。
宮内秘書が落ち込んでいる。宮内秘書の話の概要。①松下常務と会った。松下常務によると、「いよいよ松下の枝葉刈りが始まった」らしい、②宮内秘書は松下一派だと思われている。
黒川洋氏が相変わらず日に3回くらい磯田会長に電話をしている。

§

宮内秘書は当時、西副頭取の秘書だった。しかし、松下派とみられており、いよいよ松下一派の追放が始まったから、自分も放逐されると思って、たそがれていたわけだ。
磯田会長にしても、佐藤氏から何かを吹き込まれて、すぐに樋口氏にもみ消し工作をお願いするとは。

§

◉6月12日　OBの佐合氏と　三重銀行にて
佐合氏によると、玉井副頭取もふらふらしている。玉井副頭取は磯田会長から「次はお前だ」と言われた可能性があると。私も玉井副頭取を今一つ信用できず。
噴飯もの。西副頭取に注射を打たれた峯岡専務が、林新宿支店長に、「君が新宿支店長になれたのは西副頭取のおかげだ」と言っているらしい。

§

佐合氏はいろいろと知っていた。佐藤正忠氏や、樋口氏との電話のことも。恐るべきOBの連絡網である。

私の心の中には、玉井副頭取が「自分は辞任も辞さない」と言ったその日に、秘書を替えてほしいと言った、ということがずっと澱《おり》のように残っていた。注I

本当に辞める気ならそんなことは言わない。

峯岡専務は三社祭のときに、飛行機で大阪本社から磯田会長のもとに駆け付けた専務だ。「注射を打たれた」というのは、「次の頭取は君かも……」などと、含みを持たせて一派に取り込まれていたということである。そんな峯岡専務もまた林紀夫新宿支店長に、「西さんのところへ御礼に行ったほうがいい」と伝えることで、林支店長に対して、「大事なことを知らせてくれる峯岡専務のことも大事にしなくては」と注射を打っているわけだ。

イトマンの状況は一刻の猶予もない。それなのに、行内の体たらくはいったいなんだ。焦りとともに、私の中には熱い怒りが沸き上がっていた。

注
I　第3章5月10日付メモ「桑原氏と」参照。玉井副頭取は松下常務に、「松下が辞めるなら、自分も辞める」と言いながら、同じその日に、秘書を替えてくれと依頼していた。

――§――

西川善文の焦り

◉同日　行内で情報収集

本日、西副頭取が総武都市開発を急に接待した。場所は明治記念館内の「花がすみ」。

雑誌『FOCUS』が磯田会長をねらっているようだ。
夕方、西副頭取は一人部屋にこもって人払いをしていた。落ち込んでいたと思う。

◉同日　大塚記者と電話
昨日、巽頭取が日経に来ると言っていたがキャンセル。今日、小孫記者が巽頭取に会った。
巽頭取の反応は以下。
巽「自分が日経に対して、『イトマンの取材チームを解散する必要はない』と言ったことで行内で非難されている。自分はそんなことは言っていない。大阪の記者中心に、イトマンに取材攻勢。みな、音をあげている。こんなことでは肝心のときに役に立たない。やめてください。イトマンが今にもつぶれるといった感じで取材しているが、そんなことはない。こんなことになったので、調査は2ヵ月遅らせる」
大塚記者が大阪のデスクに確認したところでは、そんなに取材はしていないはずだと。大塚記者からはあらためて、D社、O社のことを調べるよう依頼した（日経の大阪に、イトマンの幹部とゴルフした記者がいる模様）。
今夜、磯田会長のところへ行った。以下、そのやり取り。
大塚　巽頭取がアポイントを取ってきた。今日、巽頭取が日経に行っているはずだ。
磯田　今日は何しに来た。
大塚　時々来いと言ったではないか。

磯田　どう思うか。

大塚　金利負担大。90年中間決算は赤字になるかも。

磯田　君はまだ厳しいな。イトマンファイナンスは住銀、関西相互、大阪銀行など4行がついているので大丈夫だ。利ざやも大きいので赤字にならない。

以下、大塚記者の感想。

「元加していけば利益は出る。他行も資金を引き揚げだした。大口融資規制もあり、いくらでもというわけにはいかない。日経は今動いていない。大阪が取材攻勢と言うが、信じられない。自分も財界の取材で忙しい。自分が作ったメモが、日経内に流通している。その中には『磯田会長の引責辞任も』とか『イトマンの不動産部門分離も』とか書いている」

「長銀の副会長に会ったが、イトマンへの融資の現状は計700億円で、住銀、埼玉、東京銀行につぐ第4位。今後、月中貸は絞る方針。副頭取によると、イトマンから情報が出なくなった。住銀に聞いても『住友がついているから大丈夫』と言うだけらしい」

「読売に早く書かせてくれ。『日経ビジネス』も自分が操作している。取材に行かせる。『東洋経済』は時間をかけてじっくりやるそうだ」

――§――

元加とは、取得価格に金利を上乗せして帳簿上利益が出ているように見せることだ。大口融資規制とは銀行法に定められているもので、同一企業に対する融資額を規制することである。

――§――

◉6月13日　西川常務と

西川　どうだ。

國重　最低の状況。絶対許さない。巽頭取にもう少しシャキッとしてもらわなくては困る。西川さんから言ってください。

西川　自分もそんな感じがしている。峯岡専務も、5月ごろからトーンがおかしい。何かあったのか。

國重　4月24日に西副頭取に注射された。

西川　やっぱりそうか。峯岡専務は「君がどの程度知っているかはわからないが、僕は正確に知っているんだよ」と言っていた。自分も辞表を出す用意はいつでもしているが……。今年1月、竹下が松下常務に京都銀行に手を出さないかと言ってきた。これは野村永中がやっていた銘柄。野村は竹下を取り込んでいる。[注II]

——§——

西川常務は、のちに三井住友銀行の頭取となる西川善文氏だ。

私は、西川常務とは率直に話をできる関係を築いていた。

彼も住銀の現状には非常に危機意識を抱いていた。このままいくと大変なことになる。これは私と西川常務の共通した思いだった。

このあたりから、私と西川常務は密に連絡を取り合うようになる。

4月24日とは、西副頭取が峯岡専務を部屋に招いて2時間長話をした日だ。[注III]

あのころから行内の権力闘争、陣取り合戦はピークに達し、その後も二つの陣営に分かれた反目が続いていた。そんなことをしている場合ではないのに。

私も西川常務も、焦燥感を強めていた。しかし、有効な策を打ち出せずにいた。

注

Ⅱ　許永中氏は当時、京都銀行の株を買い占めており、その買い取りを河村社長に依頼したが、断られていた経緯がある。竹下とは竹下亘氏のことで、福本邦雄氏の紹介で許永中氏と面識を持ったとされる。

Ⅲ　第2章4月24日付メモ「幹部の近況動向」参照。「西副頭取は今日、峯岡弘専務と2時間くらい話をした。夕方、峯岡専務が磯田会長のところに入った。西副頭取の多数派工作か」とある。

§

急展開

◉同日　佐藤茂氏、桑原氏、松下常務、吉田融資三部長と

松下　どうも巽頭取は脅されている節がある。それに磯田会長も脅されていると思うが、ネタが何なのかわからない。

國重　経堂のマンションだろうか。

松下　そんなことで脅されるか。賃料は月105万円。（総務部次長の）平沢が國重の動きにハラハラしている。気をつけろ。

吉田　頭取が脅されているとすれば、「前田建設との癒着」。しかし実際は何もない。

國重　玉井副頭取は本当に大丈夫か。磯田会長から媚薬をかがされたのではないか。
松下　絶対大丈夫。自分と玉井副頭取は、とことんまで内部をさらけ出して話し合っている。

§

この会合はもともと、平和相銀の不良資産を処理するときに協力し合ったメンバーで集まったものだ。だからここには玉井副頭取は入っていない。

磯田会長の「ネタ」、すなわち伊藤寿永光氏、イトマンへの弱みというのは確かにあった。経堂の磯田会長所有のマンションの部屋が、イトマン関連の会社に貸し出されていたのは先述のとおりだ。銀行には内密で行われていたのだから、これも厳密に言えば問題なのだが、脅しのネタ、というほど大げさなものとは言えなかった。「ネタ」は、後で明らかになる。

私は玉井副頭取が磯田会長から内々に次の頭取として指名をされていたりするのではないかと疑っていた。松下常務はあくまで玉井副頭取との結束を強調していたが。

§

●同日　行内で情報収集

今日、磯田会長が自宅に巽頭取を呼んでいる。社内との会食終了後、頭取は行っているはず。

●同日　大塚記者と電話

相馬を調べた。担当者の話では、イトマンに売る話はまったく聞いていないと。イトマンが周辺を買っているのは知っているが、当分は駐車場にしておいて、将来自社ビルを作るつもりと。

『日経ビジネス』が住銀に取材を申し入れたところ、広報室長から「何とかならないか」との泣きが入ったようだ。

磯田会長、西副頭取の逃げ道をふさがなくてはならない。そのためにも磯田、西、河村3氏が一体のイメージを作り出そう。そのために磯田会長と西副頭取に日中の面会をしてコメントを取るようにしよう。

——§——

相馬は、イトマンによる地上げが難航して虫食い状態となっている南青山の土地を一部所有していた会社だった。イトマンはここに複合ビルを建てて、多額の賃料収入を得る計画を喧伝《けんでん》していたが、そもそも土地の取得交渉すらままならない状態だった。

すべては虚構、嘘なのだ。

この虚構のからくりを暴き、白日のもとにさらして膿《うみ》を一掃するためにも、私は今の経営陣がすべて退くべきだと考えていた。逃げ道をふさがなくては、と言ったのは私だった。そのためにも一体のイメージを、と言ったのも私だった。そして、そういう流れにするための記事をつくるよう大塚記者と相談したのだった。

——§——

◉6月14日　OBの佐合氏と電話

事態は急展開しているぞ。磯田は巽のことが憎くて憎くて仕方ない。玉井は昨日、磯田に言われて樋口のところへ行った。磯田から「次はお前だ」と言われて舞い上がっているのではないか。最近、えらく機嫌が良いらしい。

一昨日、玉井が松下の送別会をやった。その席へ嘉納から電話があって、「コーリンが不渡りを出すかもしれない」との連絡。玉井は「そんなもの出せない」と断ったらしい。結局、不渡りにはならなかった。住銀の腹を探りに来たのではないか。

鈴木雍がＶＩＳＡの年次総会への出席を取りやめて、代理出席させた。

昨夜、磯田が自宅に誰かを呼んだ。ＯＢではないか？

§

このとき、もう一つ頭の痛い案件が浮上してきていた。コーリン問題がそれである。

コーリンとは、蛇の目ミシン工業や養命酒製造の株買い占めなどで知られていた、仕手集団のコーリン産業（のちに「光進」に社名変更）のこと。同社を率いる小谷光浩氏は派手な仕手戦や地上げなどのマネーゲームで一気に名を上げたバブルの申し子のような人物で、「１０００億円を自由にできる男」との異名も持っていた。

そんな小谷氏が、このとき窮地に追い込まれていた。「小谷商法」とは買い占めた株を担保に資金を借り、またそのカネで仕手戦に乗り出すというものだったが、担保株の株価下落で一転して資金繰りが悪化する事態に直面していたのだ。特に、88年末にコーリンが買い占めて乗っ取った国際航業株の下落が響いていた。[注Ⅳ]

これに衝撃を受けたのが、住銀幹部たちである。というのも、小谷氏と住銀の付き合いは長く、大阪の梅田新道支店や東京の新宿新都心支店などが取引窓口として、コーリンを資金面でバックアップしていたからだ。そして、メモに出てくる審査第二部長だった嘉納和彦氏によれば、このときコーリンは住銀からさらなる融資を引き出そうとブラフをかけてきていたのだ。

コーリンをめぐる問題はそれだけではなかった。もう一つ、住銀全体を震撼させる重大問題が水面下で燻《くすぶ》っていた。それはコーリンと、私の同期のYが支店長を務めていた青葉台支店を舞台にした融資案件なのだが、それについてはすぐ後で詳述する。

メモに戻ろう。

磯田会長が自宅に呼んだ「誰か」とは、OBではない。巽頭取だ。

私にはわかっていた。[注V] 私にしか、わかっていなかった。

孤独な闘いだった。

それでも、全体像とディテールをここまで把握しているのは私だけだ。だから、正しい判断を下せるのも私だけなのだ。しかし、有効な手立てが打てない。さらに、新しい問題が次々に浮上してくる。私の焦燥は募る一方だった。

注

Ⅳ　小谷氏はここからまもなくして、7月19日に逮捕されることになるが、その容疑は相場操縦。借金返済のための資金繰りに窮していたなか、このときすでに藤田観光の株を操作することで利益を得て、金繰りをつけていた。

V　6月13日付メモ「行内で情報収集」参照。「今日、磯田会長が自宅に巽頭取を呼んでいる。社内との会食終了後、頭取は行っているはず」とある。

――§――

コーリン問題

◉同日　松下常務と電話

玉井副頭取がアサヒビールの樋口社長のところへ行ったことを知らない。

『潮流ジャーナル』に記事が出そうだ。内容は、①巽頭取が磯田会長の追い落としを狙っている、②松下が某特定企業に650億円融資している。

――§――

『潮流ジャーナル』とは、天野博雅氏という人物が主宰していた情報誌のことだ。たまに新聞も報じていないような事実、真相、なぜそんなことを知っているのかという内容が載っていたりするので侮れなかった。

――§――

◉同日　Yと　ホテルエドモントにて

小谷の金繰りの不安はない。蛇の目株37万株を一株あたり5000円で埼玉銀行に引き取らせることになっている（原価は400円）。

住銀の融資は200億円だが、ほかに日本リース経由で400億〜500億円出した（国際航業のとき)。このうち200億円は銀座支店がバックファイナンス。自分の親友が検察と警察に強い。これによると小谷逮捕はない。あるとすれば特別背任。

小谷と住銀の結びつきは西川真一郎氏によるところが大きい。もともと新宿新都心支店に口座だけあって、西川氏が発掘した。臼井専務に話をして、大阪から移管させた。小谷を西副頭取に紹介したのも西川氏。

—— § ——

ここに出てくるYが、私の同期で親友だった人物だ。このときは青葉台支店長から大塚支店長に転じていた。のちに、マスコミを大きく騒がせた事件の当事者となったため、記憶に残る向きも多いだろうが、ここではあえてYとしておく。

Yは新宿新都心支店時代からコーリンの小谷氏と付き合っていた。Yが青葉台支店長に転じても二人の仲は続き、というより一層深く付き合うようになり、Yは銀行員に禁じられていた不正融資仲介に手を染めてしまっていた。その見返りとして、小谷氏側から謝礼や値上がり確実な仕手株情報をもらっていたのだ。私はYと小谷氏が親しいことは知っていたが、よもやYが犯罪に手を染めているとは思いもしていなかった。

Yの言う「小谷逮捕はない」というのがまったくの希望的観測だったことは、1ヵ月後には判明することになる。しかも、Y自身の運命もともに。

西川氏はもともと新宿新都心支店長だった。このときYはすでに小谷氏とべたべたの関係にあったわけだが、もちろん私にそんなことは一言も言わず、すべてを西川氏のせいにしていたわけだ。

Yは銀座のクラブのホステスとも仲がよく、そのクラブにもよく二人で行った。まったくの余談だが、そのホステス嬢がのちに地元に帰って結婚するときに、なぜか私が新婦側の主賓として招かれ、スピーチをしたことがあった。

——§——

◉6月15日　（西副頭取の運転手）野口さんと

一昨日、西副頭取と塚田常務は明け方までコーリンの問題で協議していた。花村専務は本件では外されているようだ。

——§——

コーリンの小谷氏は西副頭取とも親密な関係にあるとされていた。このときは、小谷氏への追加融資に応じるかを検討していたのだろう。あるいは、小谷氏と親密である自分に火の粉が飛んでこないよう、ひっそりと対策を練っていたのかもしれない。実際、コーリン問題が表沙汰になると、西副頭取はメディアから小谷氏との「不可解な関係」についてやたらと追及されることになる。

——§——

◉同日　桑原氏、吉田融資三部長と

桑原　6月21日に佐藤茂氏が巽頭取と会う。巽頭取は「自分も佐藤さんに会いたいと思っていた」とのことだった。

吉田　桑原さんから０社社長の日記を見せてもらった。０社の資産をイトマンに移す打ち合わせの模様がビビッドに書いてある。そのなかで、０社から協和に１００億円（！）のコンサル料が支払われたり、イトマンに移す際にイトマンビルと名古屋イトマン販売に18億円の手数料が支払われたりしている。計数操作の実態がほの見えてくる。あと、イトマン→０社→協和というカネの流れ。野村永中へのカネの流れも出てくる。もう一度よく分析すべし。

また、コーリンの件。一昨日、小谷→支店長→審査部→西副頭取。35億円不渡りになるので、融資してほしいとの話。結局、住銀の支店で不渡りにするわけにいかないということで追い貸し。回ってきたのは、何と、前日に小谷の関係会社が振り出した小切手。要するに、小谷の資産隠しに利用されただけ。西副頭取はそれを「貸せと言ったのは巽頭取」と言って回っている。

桑原　巽頭取に会ったら、「磯田会長は最後、巽頭取に泥をかぶらせるつもり。毅然としてほしい」と言うつもり。イトマンの河村社長がさかんに磯田会長の悪口を言っている。出来レースか、それとも河村社長が磯田会長の言うことを聞かなくなったのか。おそらく後者だろう。

磯田会長がきわめて情緒不安定。言うことが日によってコロコロ変わっている。しょっちゅう、巽頭取の部屋に入っている。廊下を通らぬように行っているらしいが、秘書には筒抜け。どうしていいかわからないのでは。一昨日、松下常務は巽頭取、臼井専務と各々に話をしている。臼井専務の考えがどうなっているかがポイント。

――今後やるべきこと→Ｏ社の内容分析。
日本レースの株価分析とＭＯＦへのチクリ。

――§――

Ｏ社から伊藤寿永光氏の会社である協和綜合開発研究所に１００億円のコンサル料が支払われている。１００億円とは驚愕の金額だが、しかし出元はイトマンなわけで、何百億円と融資を受けたＯ社がその一部を伊藤寿永光氏に還流しているということだ。

結局は、引き出したカネを仲間内でぐるぐる回している構図で、イトマンは体よく喰い物にされているだけなのだ。

コーリン案件は結局、小谷氏からの要請に対して、住銀がまた追い貸しをしていた。

カネは、いったん借りてしまえば借りたほうが圧倒的に強い。

銀行も調子よくばんばん融資をしていたくせに、いざ相手が不渡りを出しそう、つぶれそうだということがわかると、地上げ屋、仕手筋のようなところに日本の一流銀行が融資をし、挙げ句につぶれてしまったという体を世間にさらしたくない。そこで追い貸しをする。借りる側もそれを利用してカネを引き出す。小谷氏はまるで住銀を財布のように使ってカネを引き出していたわけだ。

泥沼だ。抜け出すために、断ち切る勇気が必要なのに、誰にもそれがない。私にはそれが歯がゆく、悔しかった。

磯田会長とイトマンをつなぐ糸

◉同日　大塚記者と　湯島にて

大塚「『日経ビジネス』に大阪に取材に行かせる。ただ、『日経ビジネス』を大塚が操作しているとわかるとまずい。要注意。昼間、磯田会長、玉井、西両副頭取にインタビューできるようにする」

――§――

◉同日　イトマンのディープスロートと　ニューオータニにて

イトマンの組合ニュースに、日経の記事の件について載っている。

ハイムの原社長は、河村社長の縁戚。バングラデシュでハイムとイトマンの合弁事業をやっている。原社長はやたらといばっている男。

先日、河村社長が香港に行ったとき、ほとんどの役員がついていった。完全なワンマン。

海外のファッション事業は伊藤寿永光氏の管轄下。why?　黒川洋氏を援助するためか。

――§――

私にはイトマンにもディープスロート（内部告発者）がいた。その存在は非常に役に立った。

「Letter」には、イトマンの封筒と便箋が必須だった。それを入手できたからだ。

ハイムは、磯田会長の経堂のマンションを借りていたイトマンの関連会社だ。

構造が見えてきた。

――§――

◉6月16日　大塚記者から電話
阪尾氏から日経の部長に電話。「巽頭取が磯田会長から、『日経にO社の記事が出るらしい』と言われた。どうか書かないでほしい」と。そんな事実なし。
大塚記者から磯田会長に電話し、「何か騒いでいるがどうしたのか」と尋ねたが、「自分は知らない」と。『日経ビジネス』がイトマン、住銀から取材を拒否された。

――§――

阪尾氏とは、東京で広報部長を務めていた阪尾正一氏のことだ。

――§――

◉6月18日　行内で情報収集
今日一日の磯田会長の動き
14時00分　安藤太郎氏来訪
15時00分　栗原五郎氏来訪[注VI]
15時30分　樋口廣太郎氏来訪
（夕方　『潮流ジャーナル』記者が来るも会わず）
17時00分　帝国ホテル8××号室　黒川洋氏、伊藤寿永光氏と。部屋から磯田会長は吉田融資三部長、西副頭取に電話

夜　臼井専務が磯田会長を来訪。車を乗り換えてくる。臼井専務は午前中、吉田融資三部長に電話「住宅信販についていろいろと聞いてきたのはどの部だ？」
明日14時00分　帝国ホテルで磯田会長、伊藤寿永光氏、黒川洋氏会談
明後日　磯田・河村会談（場所未定）

§

磯田会長はこのとき、伊藤寿永光氏と会っている。人たらしの伊藤寿永光氏から、「いろいろ問題がありますが、私に任せてください」と言われ、なびいてしまったのかもしれない。私はそんな不安を感じ始めていた。

伊藤寿永光氏が磯田会長と会ったのは、磯田会長と河村社長の間を取り持つため、ということもあり得た。かつては磯田会長の腹心だった河村社長も、このころには磯田会長との距離を取ろうとしていた。しかし、そうなると伊藤氏には都合が悪い。そんな二人の状況を察知して、伊藤氏が磯田会長に、「河村社長とのことは、私が間に入ってやります」などと吹き込んでいたとしてもおかしくなかった。

こちらがいくら切り崩そうと動いても、相手はさらに一枚上手を行こうとする。先の見えないつばぜり合いが続いていた。

§

◉同日　調査部の安川と「グッディクラブ」にて
イトマンの借入推移、保証残・与信残入手。この2ヵ月で借り入れは2000億円増加！

住銀の与信残は90年3月末で３１００億円！

イトマンの借り入れがこの２ヵ月で２０００億円も急増しているというのは、驚愕の数字だった。住銀のイトマンに対する融資や保証も、３１００億円に達していた。

§

◉6月19日　西川常務、吉田融資三部長と　吉田部長室にて

磯田会長はマスコミ対策で伊藤寿永光氏と会っているのかも。

内紛の記事は磯田会長には大打撃。巽頭取にもつらい。西副頭取が浮上してくる危険あり。西副頭取を表面に出すようにしなくてはならない。

§

内紛の記事が出るのは避けたかった。銀行というのは、体面、外面を重んじるところだ。たとえ、内実はめちゃくちゃなところに融資を続けて泥沼に陥り、行内の権力闘争で混乱の極みにあったとしても。その混乱に乗じて、西副頭取が頭取候補として浮上してくる可能性もある。だから、その内紛がどこかに出るようなことがあれば、西副頭取を当事者の一人として前面に押し出すようにしたかった。

§

◉同日　行内で情報収集

磯田会長は今日一日中、帝国ホテルに黒川洋氏と二人でステイ。

西副頭取は今日の昼間、極秘外出。臼井専務は昨朝、東京から大阪へ。その際、住銀の車を使わずどこかへ行った（ブラック対策？　その結果を磯田会長に報告？）。『潮流ジャーナル』から5つの質問。そのうち3つ。①巽頭取の造反説、どう思う、②小松康副会長のときの反イトマンの動きをどう思う、③松下常務の追放をどう考える。

◉同日　松下常務から電話
大塚記者の動きはマークされている。注意しろ。
コーリンへの追い貸し、マスコミ（週刊誌）に漏れた。西副頭取と花村専務が必死に消した。府警の動きは遅れそうだ。

◉6月21日　関部長と　住友不動産にて
経堂のマンションの件、売り先を探そうとしたが、やばそうだったので中止した。

——§——

住友銀行から住友不動産へ出向していた関部長が、例の磯田会長の経堂マンションの売却を頼まれていた。しかし、いろいろと問題がありそうな物件だったのでやめたという。「経堂のマンション」が、磯田会長とイトマンをつなぐ裏の糸の一つとして焦点化していた。もちろん糸はこの一本だけではない。磯田会長はもはや表も裏も、イトマンにからめとられていた。

◉同日　内田証券部長と

日本レースの株価推移データ収集。値動きと取扱高はやはりおかしい。注Ⅶ

玉井副頭取の動きは格別のことなし。腹をくくっている。ただ、小松健一常務は知っている。麻雀のときなど「私も辞表を書きますから」などと言っている。

先日、企画部の石田が来た。自分（内田）の後任に國重の名前を出したら、「でも、あの人はややこしい動きをしているから」と言っていた。動きを知られているかもしれない。注意しろ。

§

石田とは、その後、住銀リースの社長、会長を経て、日銀審議委員も務めた石田浩二氏のことだ。

§

◉同日　吉田融資三部長と

臼井専務から6月19日に電話があった。「磯田会長が田村町興産を使って竹下登氏に献金したという噂があるらしい。本当か」と。「そんなことはない」と説明。注Ⅷ

臼井専務の雰囲気が今までと違っている感じがしたので、それ以上は何も言わなかった。「いろいろとあるようですが……」と言ったら、臼井専務は「そんなことはない。イトマンがおかしいので何とかしようという考えと、イトマンがおかしいので外部から人を入れて整理しようという考えの違いがあるだけだ」との答えだった。

桑原氏からの『潮流ジャーナル』情報によると、コーリンのタレこみは、住銀内部の審査畑でかつて西副頭取にかわいがられた人物がその後、冷遇されたことを恨んでのことらしいと。

§

コーリンへの38億円にのぼる追加融資の件が『潮流ジャーナル』にすっぱ抜かれていた。その情報をもたらした人物が住銀内で、かつて西副頭取にかわいがられ、その後切られた人物だというのだ。真偽のほどはわからない。

もはや住銀の内部は権力闘争だけでなく、まったく統制がとれていなかった。あちこちから情報がもれ、誰も止められず、それがまた疑心暗鬼をよび、真偽の入り混じった情報が飛び交う……という悪循環に陥っていた。

私の焦燥もピークに達していた。手を打っているのに。何とかならないのか。どうしたらいいのか。

この時期に書いた「Ｌｅｔｔｅｒ」第3号にも、その苛立ちが滲み出ている。

〈前略、御無沙汰致しておりますが、その後、如何お過ごしでしょうか。

私共は、この1ヵ月の間、ご当局の動きを固唾を呑んで見ておりましたが、土田さん、本当に失望させられました。大蔵省というのは、結局、問題を解決する能力も責任意識も無いエリート達の集団なのでしょうか。（中略）

土田さん、ご当局は不動産総量規制を実施しているとのことですが、このような「不動産会社」を見逃しておいて、何が総量規制ですか。しかも、河村社長と伊藤本部長の考えでは、不動産購入を今後一段と拍車をかけるとのことです。（中略）

今、当社の経営陣が突走ろうとしている路線の行く先は「破滅」あるのみです。そうなった時の私共及び家族の将来は悲惨なものになるでしょう。

その時は、ご当局も世間の指弾を浴びることになることを肝に銘じて下さい。

末筆ながら、貴方様のご健康をお祈り申し上げます。

敬具

伊藤萬株式会社従業員一同

第3号〉

土田正顕様

注

Ⅵ　栗原五郎氏は1936年に住友銀行に入行。67年から三重銀行に転じ、このときは三重銀行顧問を務めていた。

Ⅶ　第4章で先述したように、イトマンが日本レース株を買った際、売り主は許永中氏の関連企業であった。しかも、イトマンが許氏の関連企業から日本レース株を買う直前、許氏関連企業は同株を大量に買い進め、株価は急騰していた。つまり、イトマンは吊り上げられた高値で日本レース株を掴まされた形になっていた。

Ⅷ　田村町興産は住銀系列の不動産会社。不良債権処理などに使われていた。

第6章 攻勢

磯田のオンナ

私はきちんと態勢を整えようと、改めてさまざまに情報を集める動きを活発化させることにした。

§

◉1990年6月22日　Yと　パレスホテルにて

小谷は大丈夫。

一昨日、西副頭取が大塚支店に来た。講談社対策のため。コーリンもさることながら、磯田会長の女の問題をもみ消すため。ある支店で、その女性に3000万円の貸金をしているらしい。

自分（Y）は大丈夫。むしろ危ないのは、西川（真一郎）氏。87年5月、川奈カントリークラブに小谷、小谷夫人、西川氏、自分（Y）、住友生命の人間ほか8人でゴルフに行った。[注I]そ

——のとき、小谷が国際航業の株を買えと言っていた。

——§——

Yはこの期に及んでも、相変わらず西川氏に責任をかぶせようとしていた。そして、Yも小谷氏も全然大丈夫ではなかった。

——§——

◉同日　吉田融資三部長と

桑原氏（『潮流ジャーナル』の記者と会ったらしい）の情報によると、コーリンのネタ元は住銀内の不満分子という説はガセネタらしい。先日の記事の出元は西副頭取本人だということが判明した。狙いは磯田会長と巽頭取の対立をあおりたてて、次の頭取の座を獲得することではないか。

桑原氏によると、府警は伊藤寿永光氏だけでなく、河村社長もやる。そのときは必ず住銀にイトマンの信用の下支えについて意向を打診してくるはずだと。

よくウォッチしよう。

◉同日　行内で情報収集

磯田会長の女の話とは、福岡の女性ではないか。磯田会長は毎月5万円を彼女に送金し続けた（鼓を買うカネということで）。先般小料理屋を始めるというので100万円くらいのカネを渡して縁を切ったが、3000万円くらいの貸金はしているかもしれない。

おしゃべりな女で、西鉄との総揚げ接待のとき、先方から彼女を磯田会長のお気に入りと言われて磯田会長はかなり気にしていた。西鉄グランドホテルで磯田会長の前の部屋を取るなど、なかなかしたたたか。

6月19日にあった業務役員部長会に西副頭取が欠席した。[注Ⅱ] 最後の総括を玉井副頭取がやっていろいろと言ったらしい。

後で、古瀬部長から西副頭取に会の模様を報告に行ったときに、「玉井副頭取の総括発言の内容については、のちほど詳しくお話しします」と言ったらしい。

今日、ポニー一周忌パーティがホテルオークラであったのだが、河村社長が来て挨拶した。臼井専務も来ていて、パーティ中二人でひそひそ話し込んでいた。他人をはばかる感じだった。やはり臼井専務が二股をかけているという疑念は晴れない。

——§——

磯田会長の愛人とされている女性はもともと芸者だった人物らしい。私には真偽の確かめようもない。

ポニーとは飲み屋のチェーンのことで、そのオーナーの一周忌があったのだ。

——§——

◉6月24日　大塚記者と

國重よりイトマンの借入残高推移を示す。

◉6月25日　大塚記者と　湯島にて

今日から大蔵省の取材を開始する。6月29日（金）に自分がデスクをするので、このときに磯田会長か西副頭取を夜討ちさせる。巽頭取をなるべくかばうようにする。これは大蔵省主語の記事なので、住銀が抑えようとしてもできない。

國重は、埼玉、常陽、東京、八十二、千葉、住信などに、イトマンへの貸し出しを増やさないように警告状を出す。大蔵省にもNO．4を出すべく文面を検討する。

——§——

警告状は、もちろん表から出すのではない。「Letter」もすでに4通目となっていた。

〈前略、第4回目のお手紙を出させて頂きます。

土田さん、これまで何度も申し上げたように、当社の放漫経営を助長してきたのは、金余りを背景にした金融機関の貸出姿勢であります。

メインバンクの住銀はもとより富士銀行（芙蓉総合リース）、住友信託銀行、埼玉銀行、東京銀行をはじめ常陽銀行、八十二銀行、千葉銀行等の地方銀行や、ドレスナー銀行のような外国銀行に至るまで、当社及び当社グループに対する融資を、当期に入りましても著しく増加させています。

そこで、私共はこれらの銀行に対し警告文を出しました。同封しましたのでどうかご覧下さい。私共としては、大蔵省が動かないなら次の手段を考えるしかありません。

その場合私共としては、あらゆるコネを動員して有力野党議員に訴えること、また、マスコミへの一大キャンペーンを行うことにもなるでしょう。
大蔵省の調査が進んで、このようなことにならないことを念じております。
最後になりましたが、皆様の益々のご健康をお祈り申し上げます。
敬具
伊藤萬株式会社従業員一同
第4号〉
土田正顕様

「Letter」については後日談がある。

イトマン問題がすべて終わった後のことだ。

大蔵省の銀行局長だった土田正顕氏は東京証券取引所の理事長に、証券局長だった長野厖士《あつし》氏は過剰接待問題で辞職し、弁護士となっていた。彼らと、人形町の鳥料理屋「玉ひで」で会ったときのことである。

土田氏がイトマン事件のことを振り返って言った。

「あの文書というのは、本当に理路整然として、誰が書いたのかねえ。失礼ながらイトマンにあんな文章を書ける人物がいるとは思えない」

もちろん私はそのとき「そうですか、いったい誰でしょうね」などと調子を合わせていたが。

私は「Letter」については細心の注意を払っていた。

今に至るまで誰一人として自分が書いていたと明かしたこともなければ、紙や封筒にも自分の指紋を残さないよう、扱うときには必ず手袋をし、最後に念を入れて、ふき取ることも忘れなかった。絶対に、ばれてはいけないと決意していた。攻めるなら、大きな戦略と細心の注意がなければ。

こういう細部の詰めにもこだわるところが、銀行員としては相当型破りの私が順調に出世していった理由かもしれない。私は基本的に「攻め」のタイプだが、メガバンクとは「守り」の組織である。そして徹底した減点主義。1回でもバツがつくともうおしまいだ。

そのなかで出世コースを昇っていけたのは、調子よく見えて、意外に細かいところまで気を付けていた、それが理由かもしれない。

――§――

◉6月26日　行内で情報収集

今日、磯田会長と二人で話をした人物によれば、磯田会長は次のようなことを話していたようだ。

「松下が、『マリ』のママの話をネタにブラックに対して『磯田に女がいる。この女に銀行から3000万円貸金をしている』という話を流している。飼い犬に手を噛まれた形になった」

これについて松下常務と話した人によれば、松下常務はなにも知らない風だった。伊東室長が磯田会長に「松下常務がやっているとは思えない」と言っても、磯田会長は聞く耳を持たない。巽頭取が言ってもダメだったとのこと。

実態は、「マリ」のママの姉に3000万円貸したらしい。これが龍土町から飯倉に「マリ」が移ったときと相前後しているので、いろいろのことが言われる余地があるのではないか。

§

「マリ」とは六本木にあったスナックだ。このママが磯田会長の愛人だった、とは私は思わない。ただ、ママの姉に住銀から融資をしたらしく、それが「マリ」の店舗の移転と重なったために、いろいろと邪推されているというのだ。

こんな噂が出るなんて、もう磯田会長は「天皇」でもなんでもなかった。

§

◉同日　吉田融資三部長と

佐藤茂氏と巽頭取の会談、延期の件。[注Ⅲ] その後、巽頭取から佐藤氏には何の連絡もない。こんなことではいけない。

§

事態は停滞していた。というか、より悪いほうへ、悪いほうへと流されていた。日経の第一報が出てから約1ヵ月が過ぎたというのに、思ったような展開にならないことに私は歯嚙みをする思いだった。

構造は少しずつだが、見えてきている。やるべきことも、わかっている。向こうの勢力に押し戻されることなく、攻め続けるしかない。私は決意を新たにした。

注

Ⅰ　住友銀行と同じ住友グループの住友生命保険もまた、小谷氏関連のゴルフ場を担保にコーリンへ融資を行っていた。この融資を巡っては、住生の財務担当社員が小谷氏から株取引などを勧められていたことが、のちに発覚し、問題視される。

Ⅱ　第5章6月19日付メモ「行内で情報収集」を参照。「西副頭取は今日の昼間、極秘外出」とある。

Ⅲ　第5章6月15日付メモ「桑原氏、吉田融資三部長と」を参照。「6月21日に佐藤茂氏が巽頭取と会う。巽頭取は『自分も佐藤さんに会いたいと思っていた』とのことだった」とあるが、この会合は延期になっていたということ。

§

「Letter」を全役員に送る

◉同日　日銀の溝田課長と　with横山　「や満登」にて

いま日銀が関心を持っている先はオクト、コーリン、秀和[注Ⅳ]（いずれも住銀がメーンの融資先！）。國重からイトマンの現状について簡単に触れる。今後、接触を約束。

§

溝田泰夫氏は当時考査局の管理課長。私がMOF担で、彼が公正取引委員会に出向していたころからの付き合いだった。私はこのとき、日銀への接触を始めることにしたのだ。

横山は部下だった横山邦男氏。西川常務の側近で、のちに西川氏が日本郵政社長になった際にも一緒に出向したほどで、その後、三井住友アセットマネジメントの社長を経て、いまは日本郵便の社長をしている。この当時はMOF担だった。

§

◉6月28日　再び溝田課長と　日銀10階にて
國重から、イトマンの現状について説明。
溝田　これは要するに老害問題ですね。
國重　その通り。何とかしなければいけない。
溝田　自分も協力する。

§

日銀と接触を始める一方で、私は、大蔵省の土田銀行局長に出してきた「Ｌｅｔｔｅｒ」を、住銀の役員に対してもまとめて送ることにした。

6月28日　銀行向け「Ｌｅｔｔｅｒ」投函

§

◉6月29日　西川常務と
國重　このままではいけない。巽頭取にもうちょっとシャキッとしてもらわないと。そうでないと巽頭取に責任がいく。吉田融資三部長から、大蔵省に投書が来ていると聞いた。もうのらりくらりしていないできちっと調査すべきときではないか。

西川　もう、そうしなければいけないかもしれない。投書はかなりイラついている内容だ。放っておくと暴発する危険もある。大蔵省は、野村永中、府民信組、京都信金などの関係については詳細な関連図を持っているが、本件とのかかわりについてはまったく気が付いていないようだ。

―――§―――

私は、西川常務に行動を迫った。時はすでに来ている、というかもう遅いぐらいなのだ。今すぐに、膿を出す作業を始めなければ。動き出すべきときだ。

―――§―――

◉同日　今野さんに、NO．4原稿を手交。投函を依頼。

―――§―――

今野さんとは、桑原氏のところで庶務を担当していた女性だ。千葉の先のほうに住んでいたから、消印を遠くからにしてリスクを分散すべく、「Letter」の投函を頼んだのだ。

―――§―――

◉同日　大塚記者と　湯島にて

今夜やることは難しい。来週前半にやろう。

今日、イトマンが連結バランスを発表する。

小孫記者が巽頭取にいろいろと話を聞いている感触では、①巽頭取は遠くないうちに辞めたがっている、②その際の条件としては「イトマンの始末」「玉井副頭取を後継者にする」の2

点のような感じ、③西副頭取を徹底的に憎んでいる。

——§——

◉６月30日　日本経済新聞朝刊

〈伊藤万前期連結、長短貸付金が倍増——純利益は24％増で最高

伊藤万が二十九日発表した九〇年三月期連結決算は純利益が二四％増の七十六億円と最高益となり、九一年三月期も百億円と三〇％強増える見通し。しかし不動産事業の拡大などで前期末の長短貸付金残が約七千六百億円と八九年三月期末に比べて二倍に急増、有利子負債も二一％膨らみ、財務内容は大きく変化している。

期間の利益は連結決算でも順調に増えているが、八八年に杉山商事（現イトマントータルハウジング）を買収するなど不動産を中心に積極的に事業を拡大していることから、九〇年三月期の連結決算では、長短貸付金の増加額が約三千七百億円と単独決算の約二千二百五十億円を大幅に上回った。連結の貸付金増について伊藤万は「半分近くが、非連結関連会社や取引先などへの不動産開発資金の融資で残りは金融子会社のイトマンファイナンスによる住友銀行などとの不動産担保協調融資が大半」（高柿副社長）としている。

一方で、その原資となっている長短借入金など有利子負債の期末残高は一兆二千四百十二億円と前の期と比べ二千百七十八億円増えた（単独決算は千七百八十四億円増）。さらに現金・預金が八百十億円減少した。

連結ベースでの売上高に対する有利子負債残高の比率を他の商社と比べると、トーメン、ニ

チメン、兼松が〇・一五—〇・二六にとどまっているのに対し、伊藤万は一・四一と有利子負債が売上高を上回っている。不動産会社で例えば大京が一・五を上回っているのに比べると低いが、商社としてはかなりの高水準となっている。

しかし伊藤万は「ゴルフ場会員権やイトマントータルハウジングのマンションを販売したり、イトマンファイナンスが貸付債権を小口の不動産抵当証券化することで、今期中に二千五百億—二千六百億円の資金を得て、借入金も削減できる」（高柿副社長）という。ただ、期中にマンション用地などの新規購入で一千億—一千五百億円の資金が必要になるため、有利子負債の期中減少額は一千億—一千五百億円程度になりそう。

主取引銀行の住友銀行は有利子負債の増加などについて、「イトマントータルハウジングは不動産会社で資金がいるのは当たり前だし、イトマンファイナンスもそうだ。この二社で借入金が約四千六百億円になっているが、どちらも事業に必要な資金。資産についても不良なものはないと聞いている。貸し付け態度も変えるつもりはない」（同行首脳）としている〉

——§——

◉6月30日　桑原氏と

今朝の日経に連結の記事が出た。提灯記事に近い。もっと厳しく書くように誘導してくれ。

◉7月1日　大塚記者と電話

6月30日の記事は大阪の証券部が書いた。イトマンの有価証券報告書、連結入手。7月3日

——（火曜）の夜に取材して4日（水曜）の朝刊で「大蔵省が調査に」という記事を書く。

——§——

私の攻勢は続く。ここはもう畳み掛けるように一気にいかなければダメだと考えていた。でなければ誰も、住銀の幹部も大蔵省も、そして司直も、重い重い腰を上げないと思っていた。

7月2日「Letter」NO．5の原稿作成。今野さんに投函を依頼

〈前略　その後、いかがお過ごしでしょうか。

土田さん、私共は6月30日付の日経新聞を見て、本当にびっくりすると同時にあきれ返りました。当社経営陣は今回の当社の連結決算で、長短貸付金が〝倍増〟していることに対し「半分近くが非連結関連会社や取引先などへの不動産開発資金の融資で、残りは金融子会社のイトマンファイナンスによる住友銀行などとの不動産担保協調融資が大半」などということを平気で話しています。また、メインバンクの住銀も「イトマントータルハウジングは不動産会社で資金がいるのは当たり前だし、イトマンファイナンスもそうだ。……貸付け態度も変えるつもりはない。」などと、うそぶいています。

また、当社は今期中にゴルフ場やマンション売却、貸付債権の小口化で負債を1000億円～1500億円減少させると言っていますが、できる筈がありません。それどころか今期に入っても借入れは確実に増加しています。

また、当社からイトマンファイナンスへの迂回融資は、90年3月末に850億円ありますが、これも今期に入り激増しています。

土田さん、これは大蔵省の行っている不動産融資総量規制に対する公然たる挑戦、反抗です。何故、大蔵省はこれに対し毅然たる態度をとらないのですか。それとも、大蔵省は住銀のような大銀行には何も言えないのですか。

繰り返すようですが、1日も1刻も早く、当社をめぐる資金、不動産の流れにメスを入れて、当社を更生させて頂くことを切にお願い致します。

敬具

伊藤萬株式会社従業員一同

土田正顕様

第5号〉

注

Ⅳ　オクト、秀和は不動産業者。

§

揺れる大蔵省

◉7月2日　西川常務と

國重　6月30日の日経記事中の巽頭取の発言は問題が多い。イトマンをかばう発言をやめさせてほしい。

西川　そうかもしれない。住銀の業務推進の現状はおかしい。最近も、3人の不動産屋から相次いで住銀の金儲け主義に対する批判を聞いた。

國重　長い間の西副頭取体制の問題点が積み重なっている。

西川　そうだ。物には程度といったものがあるはずだ。

――§――

日経の記事で巽頭取の発言は、「住銀首脳」として引用されていた。関係者が見ればすぐに巽頭取の言ったことだとわかる。イトマンの借金の増加について、「資産についても不良なものはないと聞いている。貸し付け態度も変えるつもりはない」。「非常に危うい」とまで言う必要はないが、これではあまりに能天気すぎる。

西川常務はエース中のエースだった。そんな西川常務が本気になれば、何か事態が大きく動き出すのではないかと思い、私は西川常務に何度も迫っていった。

――§――

◉同日　吉田融資三部長と

先日、総会の帰り、小林勝二と一緒にタクシーに乗った。小林も現在の西体制を強く批判していた。彼は船場（支店）で西副頭取にひどくいじめられた。私（吉田融資三部長）が現体制を批判したら、「同じ考えの人がいると知ってすっきりしました」と言っていた。

――§――

小林勝二氏は企画部時代の私の上司で、大阪の船場支店長を経て、このときは取締役日本橋支店長だった。

とにかく仲間を増やさなくてはならない。一緒に行動を起こす仲間だけではない。潜在的に自分たちと同じ考えの者たち、陰で味方になってくれる人たちを少しでも増やさなければならない。このころの私はそう思って日々動いていた。

――§――

◉同日　大塚記者と電話

大塚　7月4日に記事を書くことは難しくなった。大蔵省の土田局長が書くのは止めてくれと言い出した。その理由は二つ。①日経は最後までやる気があるのか、②住銀が依然として動き出さない。このなかで、大蔵省だけ突出して動く形になることはまずい。何かの記事を一緒に書くのならOK。「住銀は何をするかわからないところがある。大塚記者も気を付けたほうがいい」と。

金曜（6月29日）にはむしろ積極的に「書いていい」という感じだったことと比べると、180度の転換だ。秋からは総量規制に商社も加えようとしているのに書かせないというのはおかしい。注V 何かあったのではないか。

こうなったら、これまでの「Letter」をマスコミ各社にも流す。それをネタに、土田局長をもう一度脅してみる。それでもだめなら野党に「Letter」を出してしまおう。

國重　よく考える。

◉同日　行内で情報収集

またまた黒川洋氏が暗躍している。磯田会長が7月6日（金）、飯田橋のてんぷら屋で誰かと会う仲介をしている。

磯田会長がすっかり老けた。郵政省の五十嵐電気通信部長を紹介して「日本高速通信の花岡社長がお世話になっている」と言っても、磯田会長はちんぷんかんぷん。老醜だ。

◉同日　ＯＢの佐合氏と電話

7月末ごろに人事があるのではないか。ＯＢにいろいろと動きがある。その際、磯田も辞めるのではないか。

◉同日　行内で情報収集

確かにいろいろな動きがある模様。ただし、磯田会長の梅子夫人が「占いによると6月、7月の異動は不可」とのことで待っているのかも。

——§——

磯田会長の梅子夫人が信じている占いによって、大銀行の人事が決まっていたとは驚きだった。財界人や政治家で社会的地位の高い人は、よく占いにすがりたがるものではあるが……。私自身はそれを理解しないでもないが、まったく関心がなかった。

◉7月3日　大塚記者と電話

いろいろな動きあり。明日7月4日、イトマンがハワイとカリフォルニアの不動産開発について発表、明後日（7月5日）、雅叙園観光の目黒の開発について発表。さらに7月6日、貿易クラブの昼食会で河村社長が発言する。土田局長のトーンが変わった。住銀に取材して確認した話なら書いてもよいと。

これらの動きをフォローしつつ、7月5日か6日に住銀の3首脳に取材のうえ、再トライする。

――§――

イトマンの高柿副社長が『日経ビジネス』に語ったところによると、「O社はもうだめだ。潰すしかない。その上で、資産を引き取ってゼネコンと共同開発する」とのこと。

――§――

大蔵省も揺れていた。書けと言ったり書くなと言ったり。つまり、それだけネタが大きくてシリアスだということを意味していた。書いたら、表沙汰になったら間違いなく日本経済に大激震が起こる。

しかも、それは序幕に過ぎない。そこでできた地割れから、いろいろな膿を噴出させるのが目的なのだから。いったんやりだしたら元に戻れない。だから準備もハラも必要なのだ。私はその覚悟をみなでもっと共有したかった、覚悟を持つ者の連帯をもっと広げたかった。

――§――

◉7月4日　吉田融資三部長と
吉田　事態は全然進まない。桑原氏のカンでは、「磯田会長は来春辞めるつもり。その際、西副頭取も一緒に辞めさせる。それを頭取との間で握っているのでは」。
　昨日、西川常務と一緒の車に乗った。西川常務は「しばらく放っておくか」と、かなりトーンダウン。磯田会長と巽頭取の合意を知っているのかも。
國重　磯田会長の話を信じてはいけない。3年前の小松頭取解任のときには、松下常務もまんまと磯田会長にだまされている。
吉田　事件が起きないとダメ。
國重　とにかく、イトマンの動きを見ながら大蔵省の記事を書かせる。

◉同日　中野常務と
西副頭取は何をするかわからない。平和相銀のときの花村専務と大蔵省のやりとりについても、まったく正反対の話にして松下が花村を陥れようとしているというストーリーを作った。そして西副頭取は、花村専務を連れて磯田会長の家まで行って花村専務に弁明をさせた。それが松下追放の引き金になっている。[注VI]
　最近に至るまで住銀とイトマンはまったく不信感が募り、河村社長も、磯田会長が連絡をとろうとしても受けなかった。そこで、巽頭取と西副頭取が話をして、「今後も必要な資金は出す」ということに巽頭取が同意して、この10日間くらいの間にようやく磯田会長と河村社長のパイプが復活したらしい。

河村社長にしてみれば、これまで住銀の問題をすべて引き受けてきたのに、住銀のやり方はひどいじゃないかということらしい。河村社長は「磯田会長は基本的には冷たい人だ」と言っていると。


——§——


中野常務には息子が複数いたのだが、そのうちの一人が慶應のラグビー部で、日本一になったときのキャプテンだった。西副頭取の息子もラグビーをしていた。

そして、磯田会長は京都大学のラグビー部出身。ラグビー部への愛情は深く、会長になってからも試合を見に行っていたほどだった。彼の合い言葉「向こう傷を恐れるな」は、ラグビー部だったことに由来するのだ。

まさか、中野常務も西副頭取も、磯田会長との関係が念頭にあって、息子にラグビーをさせたということではあるまいが。中野常務の息子が日本一になったとき、磯田会長の部屋に報告に来たという。

中野常務と言えば、私が業務渉外部にいたときの担当常務だったから、ずいぶんいろいろな取引先に同行した。細かい人で、相手とのやり取りを逐一すべて文字に起こさせる。一言一句、逐語起こしだ。

もちろん録音などはしていないから、記憶頼りなわけだが、そこらへんは私は生来の要領のよさでお手の物、詳細にメモに起こし、上げた。ただし、他の部下にはこの「逐語起こし」は大変不評だった。そんなもの、結論の要点三つ、一枚紙でいいではないかというのだ。しかし中野常務にとっては、自分がこういうやり取りをしたというのを上司に示すのが目的だから、逐語起こしが必要だったのである。

注

Ⅴ　第1章で先述したように、大蔵省はこの年の3月27日、銀行の不動産業者向けの融資を規制する総量規制実施を決定。だが、総量規制の対象は「不動産業者」のみで、イトマンのような「商社」は対象外だった。

Ⅵ　プロローグ参照。当時、企画本部長だった花村氏が大蔵省の中小企業課長に平和相互銀行合併について、「うちは合併なんてしなくていいんだ」と発言。これが磯田会長に伝わって、ミソをつけたというエピソードがあった。

§

とばっちり人事

◉同日　大塚記者と電話

今日、イトマンの海外不動産開発の発表あり。カリフォルニアとハワイ、すでに土地は手当て済み。総必要資産900億円。カリフォルニア……イトマンUSAが372億で宅地造成。ハワイ……イトマンハワイが520億で別荘分譲。

§

当時の発表によれば、カリフォルニア州では700万㎡の土地に525区画の宅地を造成して、1区画を1億2500万円で米国の富裕層に売り込む。ハワイでは、6万6000㎡の土地に1000戸ほどのコンドミニアムを建設し、1戸を5000万〜7000万円で売るということだった。

相変わらずの河村節というか、伊藤節というか。こんな夢みたいな計画がその後実現したかどうかは歴史が示しているとおりだが、バブルの熱が沸騰していた当時は、まだ多くの人がこんな話を信じ切ってしまっていた。

こちらが動けば、向こうが反撃に出る。つばぜり合いが続いていた。

—— § ——

◉同日　行内で情報収集

今日、吉田常務が磯田会長に別れの挨拶に来た。

磯田　今晩あいているか？

吉田　小松、西川と飲む。

磯田　自分も入れてくれ。

OKとなり、「花谷」を取った。その後、「西も誘おう」。西副頭取が外出中とわかると、「塚田はどうか」。

伊東秘書室長は「そんなことをしたら滅茶苦茶になってしまう」と言っていた。磯田会長は西副頭取とはやはり切れない。

—— § ——

吉田博一常務が松下常務と同時期にロンドンに赴任になったことは先述したとおりである。これは言ってみれば、いいとばっちりだった。松下常務だけ突然ニューヨークに赴任となればいかにも目立つ。そこで、シニアで英語を学ぶ新しい制度をつくり、吉田常務もセットになって海外赴任となったのだ。

吉田常務はその挨拶に来たのである。ここで言う塚田氏も当時常務で、最初彼が松下常務とセットで海外に行く案が浮上していたが、西副頭取のグループだったということでまぬがれ、吉田常務にお鉢が回ってきたという経緯があった。サラリーマンだから、組織人だから仕方がないと言ったらそれまでだが、とんでもない話があったものだ。注VII

小松常務と西川常務は吉田常務と同期だった。

その晩、吉田常務たちは気の置けない3人でしみじみと飲もうとしたのであろう。そこに磯田会長が入り、さらには西副頭取、塚田常務も……となると、いったい何の会だかわからなくなってしまう。ぶちこわしだ。人の心、機微が全然わかっていない。まったく、吉田常務としたらやり切れなかったに違いない。

行内の体たらくはかくも相変わらずだった。それでもしょげている暇はない。とにかく攻めて、攻めて、攻め続けなければ。

——§——

◉同日　日銀の溝田課長と電話

溝田　今回、第四銀行に考査に入る。第四銀行はイトマンに100億円貸している。どのくらいわかるのか疑問だが……。

今日、山口総務課長のところに日経の記者が来て、「住銀から国際航業にカネが流れていることを知っている」と言っていた。

考査局長の方針で、今後全国ベースで問題になりそうな企業をよく調べることになった。手始めに来島《くるしま》どっく、注Ⅷ国際航業、イトマン、秀和などをやりたい。まず三井信託を呼んで、来週住銀を呼ぶ。

國重　ぜひやってくれ。質問項目を教える。

——§——

質問項目を教える、というのは、ここを聞かれると銀行側は痛いからぜひ突くといい、というアドバイスだった。情報を仕入れる以上、こちらも何らかのメリットを提供しなければならない。そこはギブアンドテイクだ。情報を扱うときの基本だ。

——§——

◉7月5日　桑原氏、吉田融資三部長と

『潮流ジャーナル』の記事は西副頭取のリーク。西副頭取と村井四郎がチクった。それを伊藤寿永光を使って消させた。西副頭取のマッチポンプ。これでますます磯田会長を信用させている。

——§——

『潮流ジャーナル』は当時有名なブラック・ジャーナリズムだった。政財界を行き来しながら時には企業をほめあげ、時には都合の悪いことをリークし、おカネを取ったりしながら遊泳する。村井四郎氏もそういうジャーナリストの一人で、業界では有名だった。
ここでは、西副頭取が『潮流ジャーナル』にリークしたものを、伊藤寿永光氏を使ってもみ消させ、表面だけ見た磯田会長にますます自分の手腕を信用させていると言っているのだ。

§

◉同日　読売の山口記者と　読売新聞本社にて
これまでの経過を説明。山口記者は国際航業の件で忙殺されており、手がすかないと。裏保証の件は、それだけでは取り上げにくいかもしれない。

§

◉同日　大塚記者と　大手町の農林公庫前で立ち話
7月4日のイトマンの海外不動産の発表資料入手。
このころはまだネットなど存在していなかったから、発表資料はすべて紙ベース。携帯電話も一般的でなく、書類や資料を入手するにはファクスか手渡しに限られ、いちいち手間がかかり苦労した。四半世紀前。隔世の感がある。

§

◉同日　吉田融資三部長、前田と
イトマンの連結ベース決算の取りまとめを依頼。

前田というのは融資第三部にいた吉田部長の部下の前田孝一。当時、企業の決算は単体で算出しているのが基本だった。その後、子会社を使って損失を隠していた例が続出、今では連結で出すのが通例となっている。だから、連結だとどうなるか計算・分析してほしいと依頼したのだ。

§

◉7月6日　大塚記者と　湯島の蕎麦屋にて

　これから幾種類かの手紙を出すことにする。

①銀行団へのNO.2

②証券局へのNO.1

③週刊誌へのNO.2

④新聞へのNO.1

　大塚記者は花博で大阪に行く。帰ってから連絡を取り合おう。

　昨夜、各記者が手分けして住銀のトップを回った。

磯田（電話）　もう安心しきった感じ。阪尾経由で「西川常務に聞いてくれ」と。

西川常務　大蔵省からの調査は全否定。

　書くわけにはいかなくなった。

◉同日　吉田融資三部長、前田と

――前田の作業終了。今後の攻勢のネタにする。

――§――

注

Ⅶ　第4章6月4日付メモ「佐合氏、南雲氏と喫茶店にて」参照。「今回のロンドンも、最初の案は塚田だったらしい」とある。

Ⅷ　来島どっくは造船メーカー。

第7章　惨憺

§

本店5階ゾーン

◉1990年7月9日　佐藤茂氏、桑原氏、松下常務と　住宅信販にて

佐藤　西副頭取のことは本当に許せない。とんでもない嘘をつく。先日、松下常務が福本邦雄、伊藤寿永光両氏に会ったことを、「松下が命乞いをするため、竹下亘に頼んで福本、伊藤寿永光と会った」と言い散らしているが、事態はまったく逆。[注Ⅰ]自分が証人なので磯田会長に会う。その席に西副頭取を呼んで、一世一代の力を入れてどやしつけてやろうと思う。

桑原、國重　また松下常務がやらせたと思うだけ。

松下　明後日出発する。[注Ⅱ]本当に磯田会長には愛想が尽きた。磯田会長はもう、伊藤寿永光と帝国ホテルで会ったことも隠していない。

臼井専務に対し、「日経の記事の件で伊藤寿永光が怒っていたので、伊藤寿永光と会って手

打ちをした」と話していた。さらに、野一色（総務部長）、阪尾（広報部長）は信用できないからクビにする、これからマスコミ対応は業総（業務総括部）を使う、と騒いだが巽頭取が止めた。

野一色には、今後何らかの反動があった場合には、部長会で決起しろと言ってある。専務以上は内心は磯田会長を見限っていても、表面上は動けない。部長クラスなら動けるかもしれない。そのときは國重が連絡役で廊下トンビをしろ。

明日7月10日、八重洲通支店の西川真一郎が地検に呼ばれた。いま、総務部の佐久間が事情聴取をしている。これが西副頭取まで発展したら、事件としてやれる。

——§——

このころになると、磯田会長は完全にあちら側に行ってしまったとの情報ばかりが入るようになっていた。住銀青葉台支店を舞台にしたコーリン問題も捜査当局が動き始めていた。すべてが最悪の方向へと転がり始めていた。改革派の尖兵だった松下常務もニューヨークへ飛び立ち、強力な味方がそばから離れてしまうことになった。

それでも私は闘う、たとえ最後の一人になったとしても闘うつもりだった。いくら形勢が不利だとしても、必ず押し返せるとの自負は捨てないように心に決めた。

情報を集めよう、仲間を一人でも増やそう、大蔵省を日銀をマスコミをもっともっと動かそう。やるべきことはいくらでもある。それをやり続けられるか。自分が試されていた。

余談だが、野一色総務部長と言えば忘れられないエピソードがある。

イトマン事件が表面化した後、国会に巽頭取が呼ばれたことがあった。西川常務と野一色部長、そして私で後ろに控えた。野一色部長はコーリンについて、私はイトマンについて聞かれたらメモを差し出す係となって、それぞれ想定問答集を作った。

すると野一色部長は想定問答集にあちこち付箋をつけて、「これでもう完璧だ」と言う。私は「そんなに付箋だらけにしていたら、どの付箋が何をさしているのかわからなくなってしまいますよ。こういうのは、自分の知識の範囲で答えるしかないんですよ」と応じた。

実際、その場になって彼の担当分野について質問されると、彼はどの付箋だかわからなくなって、ページを繰りながら往生していた。こんな笑い話もいまでは懐かしい。

さあ、メモに戻ろう。

§

◉7月9日　安川と電話

先週の水曜か木曜、巽頭取のところに事業調査部の永田部長が呼ばれた。「大蔵省が動いている。内部告発が行っているらしい。細かい数字が書いてある。どうなっているのだ」と。大蔵省の検査が早まるかもしれない。他行の検査では説明がつかない。本丸の住銀を固めないとダメということになったようだ。

急遽、東西集まって固めようということになり、突貫作業を始めた。ところがイトマンは敷居が高くなって何も教えてくれない。これでは大蔵省に来られても説明できない。

今日定例の決算ヒアリング。内部告発は社内外で「伊藤寿永光が入ってきて、干された役員の仕業」との声。イトマンの木下専務もそう。注III 永田部長とゴルフの約束をしていたがキャンセルした。イトマンファイナンスの貸付金も中身がわからないものが1000億円くらいある。小谷－国際航業との関係も不明だ。

――§――

いよいよ大蔵省も腰を上げ、住銀検査に取り掛かろうとしていた。住銀内部もその検査に備えて、ようやくイトマン問題への対応に動き出そうとしていた。

しかし、どうだろう。

住銀はメーンバンクであるにもかかわらず、イトマンファイナンスへの貸付金の中身の明細すらよくわからないという。イトマンにはこれまでいろいろと世話になってきた。住銀の尻拭い的なこともやってもらってきたから、すぐに情報を出せとは強制しづらいとの事情もあるのだろうが、そんなものは言い訳にはならない。河村独裁を許してきてしまったツケがここへきて出ているわけだ。まったく杜撰なものだった。

――§――

内部告発とはもちろん、「Ｌｅｔｔｅｒ」のことだ。伊藤寿永光氏が入ってきたことでイトマンで干された役員がいて、その人が不満を持ってああいう文書を出しているのではないかというのだ。その見立てが全然違うのは、みなさんご存じのとおりだ。

◉同日　行内で情報収集

西川真一郎氏が、今日5階ゾーンを飛び回っていた。西川氏は花村専務の部屋に入った。花

―村専務はすぐ磯田会長のところへ入った（5分くらい）。西副頭取もそれを知っていた。
5階ゾーンとは役員室のことだ。西川氏が役員室の間を走り回っていたという。
コーリン問題がいよいよ火を噴こうとしていた。

§

◉7月10日　日銀の溝田課長と　八重洲富士屋ホテルにて
イトマンの資産内容について説明。対興銀、対住銀から聞くべきことを教える。
溝田　先週、コーリンの件で三井信託を呼んだ。三井信託は住銀のほうが多く貸していると。1000億円！　日本リースが断然多いが、次は住銀。
興銀とは水曜に会う。イトマンについては、すでに後退方針と。だが、自らトリガーは引きたくないとの考えだと。
住銀（横山）にもすでに連絡してある。来週には来ることになろう。とりあえずコーリンの件と言ってある。
國重　急いでくれ。

§

住銀がコーリンに1000億円も貸しているというのは驚きだった。バブルの申し子のような人物に、そこまでカネを突っ込んでいたとは。伊藤寿永光氏や許永中氏だけではなく、住銀のカネがバブルの熱狂に引きずり込まれ、舞っていた。

住銀からコーリンへの実際の融資額は1000億円には届いていなかったことが、のちにわかるのだが、巨額であることに違いはなかった。さらに、先述したように私の同期のYが青葉台支店長時代に不正に融資仲介をしていて、100億円規模のカネがコーリンに流れてもいた。

この日、朝にYが花村専務のところに来ていたという情報が私の耳に入ってきた。Yが本社に来ていたのに、私に知らせず帰るというのは不自然な動きだった。

§

◉同日　松下常務と

本当に磯田会長には愛想がつきた。なぜ河村社長と西副頭取をかばうのかわからない。やはり黒川の件か？

§

松下常務は元来、磯田会長の忠実な部下だった。彼は霞が関や永田町担当をしていたので、磯田会長に勲一等瑞宝章を取らせるべく、走り回っていたことがあった。いろいろな資料を集め、総理府（当時）の賞勲局とも交渉し、財界工作もしなければならない。えらく面倒な作業なのだが、彼は「磯田会長に勲章を取らせる」との一心で、その仕事の先頭に立っていたのだった。

そんな松下常務が磯田会長に愛想がつきたという意味は大きかった。

少しずつだが、事態は動き出していた。手を休めることなく、臆することなく、攻め続けなければ。

私はこれまでの「Ｌｅｔｔｅｒ」をまとめて、複数のメディアに送ることにした。

7月11日　今野さんにマスコミ向け「Ｌｅｔｔｅｒ」手配、投函

注
Ⅰ　第３章５月11日付メモ「松下常務と電話」参照。「昨夜、竹下から福本氏の紹介で、伊藤寿永光と会った。雑談したのみ」とある。
Ⅱ　松下常務のニューヨーク行きの人事は５月28日付で出ていたが、この間はまだ赴任準備で日本にいた。
Ⅲ　木下久男専務は元住友銀行。イトマンに移った後、このときは関連事業本部長などを務めていた。

――§――

日銀が動き出す！

◉７月11日　大塚記者と「ギャラン」にて
大塚記者が在阪中の東京の出来事を説明。今後の戦術も。
大塚「『日経ビジネス』がいよいよ原稿を書きだした。磯田会長にも会っている。西副頭取は今週いっぱい大阪ということで会えていない。今日、（大塚が）『日経ビジネス』の記者と会って中身を聞く。主として南青山（含む銀座）のことをやる。あと、他の商社との比較。７月30日号」

◉同日　大塚記者と電話

『日経ビジネス』の取材は南青山のことが中心だが、住銀の担当部長（三和？）もイトマンも「あそこは開発しなければ損が増える一方」と認めている。ただ、担当部長の話は書くわけにはいかない（容積率は何とかなるとの見方もある）。

原稿は自分もチェックするが、辛口のことを書くには記者も素人すぎる。

◉同日　行内で情報収集

今朝も、Yが花村専務のところに来た。また、自分（國重）のところに連絡がない。おかしい。

◉7月12日　支店のYに電話

Yは終日出張という。おかしい。地検に呼ばれているのではないか。

——§——

これはまさに私の読みどおりで、このときYは連日地検に呼ばれて事情聴取をされていたのだった。

——§——

◉同日　（西副頭取の運転手）野口さんと

一昨日、西副頭取が荻窪支店オープンのリボンカッティングをしていたら、総務部長から電話があった。ガタガタしている（Yが呼ばれたことを報告したのではないか）。

コーリンの小谷光浩氏と関係があったという西副頭取も、何かに怯えているようだった。ひょっとしたら自分にも捜査の手が及ぶ可能性があると震えていたのかもしれない。

§

◉同日　行内で情報収集

磯田会長は相変わらずイトマンと縁が切れない。夏休み（8月第2週）アルパインに行くことになった。黒川洋氏がセットしたもの。河村社長か伊藤寿永光氏も一緒に行くに違いない（黒川は行かない）。

§

アルパインとは、長野県にあるスキー場。イトマンが開発したもので、ゴルフ場もつくっていた。そんなところに誘われて出ていくなんて。磯田会長はもう、完全にイトマン側に取り込まれていた。

§

◉同日　日銀の溝田課長と電話

来週火曜に興銀大阪支店の参事役を呼ぶことにした。そうしたら、興銀の上のほうから田村達也営業局長に電話があった。いわく「日銀はイトマンをつぶすつもりか」「どんなスタンスでヒアリングをするのか」。営業局に断りなしに考査局がヒアリングをしようとしたことに営業局は怒っている模様。明日、田村局長には「イトマンのバランスシートや新聞記事を見て声

―をかけた。他意はない」と説明して、営業局と一緒にヒアリングをするつもり。

これは朗報だった。日銀も本腰を入れて動き出すことになった。

―――§―――

◉7月13日　わかまつ会

日銀の増渕稔人事局次長、毎日の橋本氏、日経の永野氏に「最近の住銀は最低だ」と話をする（具体的なことは言わない）。日銀の田村営業局長にも同趣旨の話。田村局長が「イトマンがおかしいらしいな」と。

―――§―――

わかまつ会とは、当時日銀の総裁だった三重野康氏を囲む、日銀の人々やメディア関係者の会だった。「わかまつ」とは会合を開いていた料亭の名前で、四谷荒木町にあった。そこで私が話をしたのだ。日銀やメディアの幹部連中に情報を吹き込める絶好の機会として利用させていただいたわけだ。

―――§―――

◉7月16日　大塚記者と　湯島にて

住銀役員全員に対する「Ｌｅｔｔｅｒ」内容打ち合わせ。

◉7月17日　日銀の溝田課長と電話

興銀の大内参事役を呼んだ。興銀は大蔵省から「イトマンから逃げない」ことを確約させられている。不安がある。二つの前提（不動産上昇、住銀のバック）があればＯＫだが、ここが崩れると心配。日銀がトリガーになるつもりはない、と言ったら、興銀は全面協力すると。

◉7月18日　大塚記者と
「Ｌｅｔｔｅｒ」に関する最終打ち合わせ。7月26日に発送する。

◉同日　行内で情報収集
磯田会長のアルパイン行きは中止になった。

◉7月20日　（総務部の）平沢と電話
くれぐれもばれないように動いてほしい。佐久間が國重に接触したがっている。

——§——

私は平沢に自分が何をしているかについて話していたわけではない。彼も何か具体的に聞いてくるわけでもない。ただ、気を付けてほしい、と。私が何かをしているに違いない、しかしそれを具体的に聞こうとはしない。それが、彼なりのシンパシーの表し方だったのだろうし、私にとってもそのくらいの距離感がありがたかった。関わる人が多くなるほど、秘密を守るのは難しくなるし、動きも鈍くなる。また、何かがあったときに迷惑をかけてしまう。それは避けたかった。

7月19日には、ついにコーリンの小谷氏が東京地検特捜部に逮捕された。容疑は資金繰りに窮したうえでの、株の相場操縦だった。青葉台支店をめぐる事件が火を噴くのも、時間の問題だった。

癒着の現場

——§——

◉7月26日　今野さんに電話　ハワイより
7月27日の朝投函してほしい旨依頼。ＯＫ。

——§——

早めにとった夏休みでハワイからの電話だった。

私は、こういう休みはきちんと取る。日本人のサラリーマンにありがちなのが、土日も構わず休みも取らず、一心不乱に働き続けるというタイプだ。

それは私の流儀ではない。

もちろん、働くときにはみっちりと働く。ただできるだけ効率性と合理性を重視する。その結果、平日の19時までに人の何倍も仕事をする。その後は自分のために使う。もちろん長期休暇も取る。

それでこそ、普段の仕事もはかどるというものだ。

このときもそうだった。加えて言えば、「Ｌｅｔｔｅｒ」の投函も頼むことができた。私は日本にいないわけだから、嫌疑はかからない。

——§——

◉7月29日　日銀の溝田課長と電話
　イトマンに関する興銀のメモが来た。イトマン、イトマンファイナンス、イトマン不動産合計で90年4〜6月でプラス３１００億円。これを田村営業局長に見せたらびっくり。住銀の峯岡専務に電話。「責任者は?」「玉井副頭取」。玉井副頭取から話を聞きたいということになった。今週会うだろう。
　住銀から回答が来た。7月27日、営業審査部の徳光次長が来た。何も言わない。90年4〜6月でプラス２１００億円。イトマントータルハウジング含む4社ベース。以下やりとり。
溝田　他にないか。
徳光　２３０億円ある。１００億円以下はわからない。
溝田　イトマンの貸付先は。
徳光　大蔵省の検査が近いので整理中だがよくわからない。大メーンとして恥ずかしい。雅叙園観光に１７０億円出している。協和、ゴルフ場のカネを出しているが他はよくわからない。
溝田　青山の土地の含み損は５００億円という声があるが。
徳光　そういう見方があることは否定しない。
溝田　０社は。

徳光　1000億円。中身不明。
溝田　雅叙園の手形乱発1000億円。まさかイトマンが肩代わりしたのでは。
徳光　不明ながら、借入金の増加と見合っている。伊藤寿永光が脱税で調べられているという話も聞いている。

以下、溝田氏の感想。

「今度は平尾営業審査部長も呼ぶつもり。内部告発の手紙が来た。大変立派な文章だった」

§

これが超一流と呼ばれた銀行の内情だ。他の銀行はみな、「大メーン」たる住銀が最後は責任を取る、と思っていただろう。しかしその実態といったら、なんたるいい加減さ。徳光氏が「恥ずかしい」と言っていたのは、心底そう思ってのことだろう。

日銀の動きが活発になってきた。「Ｌｅｔｔｅｒ」もちゃんと届いていたようで、もしかしたらこれが効いたのかもしれない。

§

◉同日　大塚記者と電話

國重より、日銀の事態報告。

大塚「土田局長に会った。若干トーンダウン。『日銀も動いている』と言ったら、『日銀がやるなら日銀にやらせればいい』と」

◉7月30日　吉田融資三部長と

　このところの巽頭取の動き。7月19日夜、臼井専務から吉田部長に電話。「巽頭取が話をしたがっている」と。吉田部長が巽頭取と話をした。以下会話。

巽　佐藤茂氏に会う約束が延期になり、気になっていた。佐藤氏、桑原氏は住銀を怒っているようだな。

吉田　イトマンを心配しているだけです。

巽　伊藤寿永光が早くつかまってほしい。磯田会長はあまりに伊藤寿永光に取り込まれている。黒川もかんでいる。

吉田　7月20日の会合は佐藤茂氏の食あたりで再延期になった。佐藤氏は、伊藤寿永光逮捕後の体制をきちっとしてほしいのが趣旨です。夏休み後会いましょうと。

巽　なぜ河村がここまでのめりこむのか？　イトマンの中身は論外だ。早くつかまってほしい。

　以下、吉田部長の話。

「7月24日の取締役会で、磯田会長の態度は異様だった。ぼけたか？　退任取締役の紹介のあいさつは間違いだらけだった。入行年次、住友ファイナンスインターナショナルをイトマンファイナンスと。心ここになし？　西副頭取もまったくの沈黙、異様な感じ」

◉7月31日　中野常務と「下田クラブ（石橋）」

21時30分頃、西副頭取、黒川洋氏、塚田常務、女性が入ってくる。昨日も女性をのぞくこの3人で飲みに来た、と。昨日は男だけで暗かった、と。はしなくも、癒着の現場を見た。

§

「下田クラブ」というのは、四谷や六本木にビルを所有していた石橋氏の経営するクラブである。この日、私が中野常務とそこで飲んでいたら、たまたま西副頭取、黒川洋氏、塚田常務らが入ってきたのだ。向こうは完全に磯田一派のメンバーで、まさに「癒着の現場」という風情であったのを憶えている。

下田と言えば、これとは別に、伊豆の下田にあったお寺にまつわるエピソードも思い出す。磯田会長夫人の梅子さんがこの寺に帰依していて、よく参詣もしていたのだが、なぜか西副頭取がそこに多くの地蔵を寄贈していたという。そして、西副頭取は地蔵を寄贈するたびに、自分は住銀のトップになるのだ、頭取になるのだという思いを新たにしていたというのだ。

そんなことをしてまで組織のトップに立ちたいと願う人間がいた。そこまでしてサラリーマンが出世に熱を上げた時代だったとも言える。決してさわやかな話ではないが。

§

メモに戻る。

◉同日　読売の山口記者と電話

コーリンも落ち着いてきたのでやりたい。O社に会わせてくれないか。自分の取材では、O社は不動産を買いすぎて、野村永中に泣き付いた。野村↓伊藤寿永光↓イトマンと話が行ったらしい。通常のルートでは会えない。

◉同日　総務部の佐久間と電話

今日、Yの自宅がガサを受けた。Yも事情聴取を受けている。いずれ逮捕されるのではないか。ネタは株価操作への協力の疑いか。磯田会長も西副頭取もショック。総務部長が各々30分会ったが、二人ともその間中ペラペラまくしたてていた。西副頭取は「自分は小谷に2回しか会ったことがない」と言っているが、実際には少なくとも5～6回会っている。

巽頭取は、「磯田会長を使って人事をする。西副頭取を放り出す」プランだが、考えが甘い。自分がいくら警鐘を鳴らしてもダメ。二人が会うと、

磯田　お前がやらせているんだろ。

巽　とんでもない。

……とこんな感じ。

――§――

佐久間は前述したとおり私の同期で、このときは総務部の次長だった。総務部は行内の裏仕事をすることも多く、警察情報などと接する機会も多かったので、Yにまつわる最新情報が即座に入ってきた。

巽頭取を苦境に追い込まず、秘密裏にやらねばならなかった。それにはやはり、あれしかない。あれで彼らを追い詰めよう。

8月1日　住銀の全役員への「Ｌｅｔｔｅｒ」投函（by今野さん）

ひ弱なエリートたち

§

◉8月1日　日銀の溝田課長と

田村営業局長と玉井副頭取の会う日程は未定。ただ、横山（ＭＯＦ担）情報によると、玉井副頭取、平尾営業審査部長のラインが動き出した。「真面目にやろう」と。

イトマンの主要取引行に「Ｌｅｔｔｅｒ」が行った。イトマンに問い合わせが殺到している模様だ。問題はイトマンではなく、住銀の内部体制だ。

日銀の反応。

福井理事「どんどん住銀をいじめよう」

深井理事「２１００億円の融資増は単なる金繰りだけではない。何かある」

舟山経営管理局長「巽頭取の時代が来るかも」

三菱銀行の考査が近い（8月下旬）。基準にのらなくても、ラインシートを出せと言ってある（合算で２９０億円ある）。

平尾営業審査部長を呼ぼう。言い方は「近々三菱を考査する。このままでは全額住銀にせざるを得ない。そうしてもいいか。ダメというのなら、データを示して説明してくれ」。その際、住銀の総リスク残高を改めて聞く。

ラインシートとは、融資先の個別の状況を出すものだが、残高がいくら以上という規定がある。イトマンはその基準以下なので本来ならば提出の必要はない。しかし、この場合はちゃんと見たいので出してほしいと言っているのだ。日銀が本気になってきた。

§

◉同日　安川と電話

内部告発の「Ｌｅｔｔｅｒ」が来た（嘉納部長）。全役員に行っているらしい。

午後、玉井副頭取、平尾審査部長、永田調査部長で14時から15時くらいまで話をしていた。

イトマンはデータを求めても一切出さない。

§

◉8月3日　Ｔ弁護士と　事務所で

8月1日の夜、Ｔ弁護士、伊藤寿永光、Ｋ税理士と3人で食事をした。Ｔ弁護士が顧問就任を渋っていた理由の一つとして、5月24日の日経記事のことを言ったら、突然松下常務の話が出た。以下、伊藤寿永光の話。

松下常務は、磯田会長が堀田庄三元頭取から頼まれて使ってきた。イトマンを切る方向で画策していることを河村社長と磯田会長が知って、ニューヨークに飛ばした。小松氏から巽氏への頭取交代劇も松下常務が仕組んだもの。後でわかったので、磯田会長は松下常務を叱責した。

今回、松下常務は巽頭取側について画策。そこで、磯田会長と巽頭取が帝国ホテルで会った際、磯田会長は巽頭取を追及した。巽頭取は、自分は知らなかった、申し訳ないと謝った。伊藤寿永光も同席した（これ以外にも、伊藤寿永光は頻繁に磯田会長と会っている感じ）。

住友銀行の不文律で80歳になると引退。磯田会長にはあと3年しかない。この3年間に次のことをする。

西副頭取→①安藤太郎氏を外して、住友不動産に送り込む。②それがダメなら、日本総研の社長か会長。

将来の頭取は秋津専務にする。これらを、磯田会長と河村社長で相談して決めている。伊藤寿永光もいろいろな場面で立ち会っている。

今回の造反は巽頭取、玉井副頭取、松下常務。松下常務はすでに飛ばした。巽頭取、玉井副頭取を何らかの形で外す。

イトマンの役員、部長が入れ替わった。伊藤寿永光が筆頭常務になった。イトマンは住銀から汚いものを押し付けられた。この体質を変える。そのために住銀の言いなりになる者を外す人事を断行した。退職、子会社出向の役員、部長、二十数名にのぼった。

帝国ホテルで河村社長と二人で人事案を練った。藤垣副社長にも言わなかった。この人事でいやなら出ていけ、絶対に面倒は見ないと言った。皆、伊藤寿永光のところに挨拶に来た。


—— § ——

私はこの伊藤寿永光氏が語ったという話を信用していない。磯田会長と巽頭取が帝国ホテルで話したところに同席した、と言うが怪しいものだ。いろいろな筋書き、経緯も彼の作り上げたものではないかと思っている。すべてが自分に都合よく、あたかも自分に力があるかのように。

問題は彼がもっともらしくこういうことをあちこちで吹聴してまわり、その話が独り歩きし、伊藤寿永光氏の虚像ができていくということだった。住銀の人事のすべてを握っているらしい、磯田会長も彼に頼っているらしい、彼に頭を下げに行かなければ始まらない……。

こうやって神話ができあがっていく。

惨憺たる有り様だった。

カネ、人事、すべてがいいように操られていく。ひ弱なエリートたちが彼の手の上で右往左往している。誰も止められない。

――§――

「住銀はどうなってしまったのか」

◉同日　佐久間と「ろく助」にて

Yは全部ゲロした。小谷が「住銀は心のふるさと」と言っていた意味がよくわかった。実に2000億円のカネをいろいろな形で住銀から借りていた。たとえば、青葉台支店。ローンと称して実はその大半が小谷に流れていた。おまけに次の青葉台支店長も同じことをやっている。

7月の異動で、自分は本当は検査役になるところだった。巽頭取がストップをかけた。いろいろ巽頭取から相談にあずかっている。

6月の株主総会直前、巽頭取は退任する腹を決めていた。取締役会での発言も考えていた。ところが、帝国ホテルで磯田会長、伊藤寿永光と話をした。そこで考えが変わった。今は「こうなったら絶対辞めない」と腹をくっている。ただし、磯田会長を傷つけたくはない、というのが最大の弱点。

玉井副頭取も臼井専務も共に信用できない。玉井副頭取は5月中旬以来、急にひっこんでしまった。何か甘い飴をしゃぶらされたのだろう。臼井専務も二股をかけているふしがある。

小林勝二日本橋支店長は、船場支店のとき西副頭取にいじめられた。客とのトラブルを収めるための会議で、西副頭取、塚田常務、木下、下村、みんなによってたかってやられた。佐久間は筋が通らないとして途中退席した。

§

巽頭取も松下常務もみな、磯田会長の腹心だった。それが、ことここに至って、断腸の思いで反旗を翻したのだった。

私はこの日、「ろく助」という赤坂の焼き鳥屋で佐久間と話をしたのだが、佐久間の人事にストップがかかったという。当時、住銀では支店長になるには3ヵ月ほど検査役をやって、現場のいろいろな事務を勉強するのが慣例だったが、その人事が流れてしまったようだった。イトマン案件の事情を知っている佐久間を、巽頭取はこのタイミングで外したくなかったのだろう。反磯田派の本気度が伝わってくる人事とも言えた。

このとき、私も玉井副頭取を信用できなかった。それは、辞めると言っていながら秘書を替えてくれと言ったこと、この一点に尽きる。まったく辞めるつもりなどなく口先だけ——。私は以来、玉井副頭取をそういう目で見ていた。

臼井専務も同じだ。改革派のふりを見せながら、陰では別の顔があった。

住銀役員らへ出した「Ｌｅｔｔｅｒ」の効果で、このころから住銀内部は慌ただしくなってくる。


——§——

◉同日　内田証券部長と
「Ｌｅｔｔｅｒ」が来た。総務部に持っていった。足助《あすけ》（明郎《あきお》）情報開発部長、山本（邦克）支店第二部長と。二人が言うには「怪文書の類ではない。しっかりしたもの。その通りなら来年の役員賞与はないな」。玉井副頭取は複雑な男。あまり表面だけで考えないほうがよい。
◉同日　行内で情報収集
「Ｌｅｔｔｅｒ」が来た。伊部恭之助最高顧問の家に来たものが回ってきた。真面目なもの。悲痛な叫び。
磯田会長が8月6日（月）、急に大阪に行くことになった。一人で。きっと河村社長と会うのであろう。

臼井専務が今日、夏休みを返上して出社してきていた。平沢とずっと話をしていた（↓のちにYの処遇問題と判明）。

◉8月5日　大塚記者と電話
住銀への「Letter」を大蔵省、日銀にも出そう。

◉8月6日　平沢と
住銀の役員たちはどうなっているのか。例の「Letter」を総務部へ持ってきたのはヒラトリのみ。専務陣は一切反応なし。じっと様子をうかがっているのみ。

§

みんな、初めての事態に遭遇してどうしたらいいか困って、何もできずに周りをうかがっているのだ。情けないというか、恥ずかしいというか。

§

◉同日　吉田融資三部長、桑原氏と　桑原氏の会社の海王水産にて
今後の方針打ち合わせ
桑原「天の声」という組織がある。日本の調査機関の元締め。磯田会長、河村社長、伊藤寿永光を必ずやると。逮捕するまでに行かない場合は別の形で制裁を加えるという。「磯田氏は来春退任するだろう」と言ったら、「それまで持つかな」という反応だった。

今週中に佐藤茂氏と巽頭取を会わせよう。巽頭取を支えるようにしなければならない。

◉同日　嘉納審査第二部長と

「Letter」が来た。大変なことだ。コーリンも大変。本当に住銀はどうなってしまったのか。

この他にエスポなどたくさんある。支店長の姿勢もおかしい。自分が審査第二部長に着任以来、何人かをすでに怒鳴った。目先の利益にとらわれて、基本を忘れてしまっている。

――§――

エスポも不良債権を抱えた貸出先の一つだった。しかし、そういう他の不良貸出先がかすんで見えるほどに、イトマンの病巣はふくらんでいた。

さらにここに私の同期、Yが起こした問題も明るみに出ようとしていた。

こちらも、あちらも。住友銀行は、まさに制御不能に陥っていた。

第8章 兆し

§

行内を覆う空気

◉1990年8月6日　中野常務、日下部雅昭業務渉外部長と

湯布院の件で打ち合わせ中に、中野常務が河村社長に電話。河村社長は夏休み返上で大阪にいた！

9月までに住銀からの出向役員を大量に返すと（住銀から押し付けられたという主張）。

ノヴァック湯布院への貸金について、河村社長から、イトマンの保証で住銀が貸金できないかと。不動産関係の資金が出しにくくなっていると（桑原氏の話では、イトマンの資金繰りが苦しくなってきている）。

以下、中野常務、日下部部長の話。

「湯布院をイトマンとジョイントでやる件については第二の備えをしておく必要があるな。例

の手紙のこともあるしな」

当時、湯布院の民活プロジェクトがあった。そこにイトマンの保証でカネを貸せないかというのだ。イトマンはすでに自己資金で融資ができなくなっており、住銀に話を持ってきたのだろう。それなのに一方では住銀に出向者を返したいという。つまり、内情をこれ以上知られたくないというほどに悪化していた。

河村社長がボロを出した、と私は思った。ここで一気に畳み掛けなければ。

——§——

◉8月7日　佐久間と電話

昨日、巽頭取に呼ばれた。例の「Ｌｅｔｔｅｒ」の件で話をした。何かやると何でも巽頭取の仕業ということになる。磯田会長は70％確信してしまっている。万が一、住銀内部の仕業ということがわかったら、頭取は決定的に追い詰められ詰め腹を切らされる。くれぐれも注意してやってくれ。

警察、検察はあてにならない。結局、マスコミを使って追いつめていくしかないが、それとても巽頭取の仕業と思われる危険性あり。うまくやらねばならない。

——§——

佐久間には、私が「Ｌｅｔｔｅｒ」を出しているとはまったく言っていない。彼も私に確かめようとしなかった。しかし、暗黙のうちに双方了解していたということなのだろう。

◉同日　國部と

日銀からの依頼は厳しく受け止め対応するように話をした。

國部とは、企画部のときの私の部下だった國部毅氏のこと。今は三井住友銀行の頭取を務めている。

§

◉同日　川尻と

名古屋イトマン不動産へのO社からの振り込みについて調査依頼。

§

◉同日　平沢と

Yは合計3日間呼ばれた。住銀から小谷への資金の流れは1000億円。青葉台の地主からクレームが出る可能性あり。ノンバンク→地主→小谷ルート。西副頭取は、「あれはY個人の問題」と逃げを打っている。

これからやるべきこと　①巽頭取が孤立しないようにする、②巽頭取が磯田会長に決断を迫る道具を用意する、③巽頭取が磯田会長に決断を迫ったとき、行内でそれを是認するコンセンサスを作る。この方向でがんばろう。

§

Y個人の問題。たしかに、そう言いつくろえばそうも見える。
しかし、私は決してそんなことはないと考えていた。支店に至るまで、住友銀行を覆う空気というものがどこかしらゆるみ、浮かれ、タガがはずれていたのだ。それがこういう形となって噴出していたのだ。
このままにしておけば、第二、第三のYが出る。その前に何とかしなければ。

――§――

「野村と伊藤はイトマンをしゃぶりつくした」

◉同日　吉田融資三部長と電話
8月9日に、「波むら」で佐藤茂氏、桑原氏と暑気払いをしよう。
明日8月8日昼、「藍亭」で巽頭取と佐藤氏が会うことになった。その前に吉田、桑原、國重で打ち合わせしよう。

◉同日　行内で情報収集
今日、イトマンの決算プレス発表。5月分の焼き直し。住銀のコメント「なお疑義あるが当面静観」。
イトマンの木下専務が臼井専務に電話「今日中に会いたい」。16時に二人は会った。
三和部長からひきつった声で巽頭取に電話があった。

黒川洋氏が玉井副頭取の住所を聞いてきた。両者の接触があるのでは。

◉8月8日　吉田融資三部長、桑原氏と

これから佐藤氏、桑原、巽頭取の会談。桑原から現状の説明をするとともに、巽頭取に具体的に動くよう働きかける。

◉同日　國部と

日銀から言ってきた。今、イトマンに照会中。「回答は来週前半になろう。平尾審査部長が夏休みなので再来週前半に会う」と返事した。総リスク残高、個別貸出先のバランスシート、損益計算書についてどのような形でとるかを國重から國部に指示。「厳しくやってくれ」と。

◉同日　桑原氏と電話

時間がなくてあまり話できず。しかし、

桑原「巽頭取はよくわかっているよ」

◉同日　日銀の溝田課長と電話

日銀から住銀に対して求める資料の内容について打ち合わせ。溝田氏は了解し、本日中に様式を送ると。國部と横山を使ってやることを溝田氏に明言。

◉同日　馬場から電話

今日、辞令が来て大塚支店長になった。Yは本部詰めになる。馬場一也とは同期で、大塚支店長をYと交代するというのだ。Yの「Xデー」も近づいていた。

§

§

◉8月9日　佐藤茂氏、桑原氏、吉田融資三部長と「波むら」にて

巽頭取はよくわかっている。磯田会長に立ち向かう決意もある。

黒川洋氏を一度巽頭取が呼んで話をしたことがある。「商売ならいろいろとつけてやるから、変な動きをするな」と。黒川はわかっていないだろう。

峯岡専務も、今では西副頭取に騙されていたことを知った。巽頭取が峯岡専務に説明したところ驚いていたと（手遅れ）。

河村社長、伊藤寿永光、西副頭取のマッチポンプはひどいもの。磯田会長もうすうす気づいていると思う。先般も、磯田会長の女のことが週刊誌に出ると騒いだ。河村社長、伊藤寿永光、西副頭取がもみ消したことになっている。ところが、磯田会長は心配になって、巽頭取にももみ消しに行けと言った。巽頭取が行ったら、相手は「？」だった。まったくでたらめの話をでっち上げて消したふりをして、磯田会長の信頼を得る完全なマッチポンプ。

巽頭取はいろいろざっくばらんに話をしてくれた。

佐藤「関東のヤクザの間の常識では、野村永中と伊藤寿永光はもうイトマンをしゃぶりつくした。これ以上、カネが出ないとなると今度は住銀にやってくる。イトマンや河村社長が方々に約束した（と称する）事項の履行を求めて住銀に来る。そのとき、磯田会長が伊藤寿永光たちに深入りしていることは致命的に弱い。住銀にヤクザが来たときは自分の力で何とかする。心配しないでよいと巽頭取には言っておいた」

◉8月10日　川尻と

O社から名古屋イトマン不動産へのカネの流れ（出入り表）のコピー入手。

§

私はありとあらゆるところに網を張り、手をまわして情報を摑んでいった。

§

次の一手

◉同日　大塚記者と　竹橋会館にて

イトマンの株についての噂を流すこと、当面中止。

住銀から日銀にデータが出るまで様子を見よう。データが出てから取材開始。「日銀が調査に乗り出す」「住銀巨額の裏保証」という記事を書く。

――読売が続報を書ければなおベター。

私たちはイトマン株の動きを注視していた。それについてある噂を流そうとしていたのだが、こういうことは小出しにするのではなくて、あらゆる動きを一緒に起こして、一気に流れをつくったほうがいいと、もう少し静観することにした。

――§――

◉8月13日　OBの佐合氏と　パレスホテルにて

佐合　住銀の全役員に「Letter」が来たらしいな。

國重　YES。

佐合　中を見たか。

國重　YES。

佐合　動きはどうか。

國重　みんなダメ。

佐合　最近、西副頭取と磯田会長の仲がおかしくなっているらしい。先般、住友不動産に磯田会長が西副頭取の出向を打診。安藤太郎会長が来て、「これだけは磯田の話でも聞けない」と回答。磯田会長は西副頭取を切るつもりだったのだろうか（國重……YES）。

玉井副頭取も磯田会長に甘い声をかけられたようだ。磯田会長がアサヒビール社長の樋口廣太郎に「次は玉井しかいない」と言った。樋口の口から玉井副頭取に話をしたようだ。

玉井副頭取も開き直っている。６月中ごろ、役員部長会で西副頭取の大批判をやったらしい。

磯田会長は悪い奴。とんだ権力主義者だ。権力を守るためだったら、どんな権謀術数を張り巡らせているかわからない。もう、どうしようもないのではないか。

§

佐合氏はＯＢのなかでも事情通だった。だから私も時々会っては情報交換をしていた。彼が言うには、磯田会長は樋口氏から玉井副頭取に伝わるのを見越して、わざとサウンドしているというのだ。自分から直接言うよりもそのほうがもっともらしく聞こえるからだろう。

§

◉同日　日下部業務渉外部長と

湯布院プロジェクトの件、中野常務もイトマンにびびって、自分に押し付けようとしている。本当にやばい話になった。中野常務の話では河村社長と西副頭取の仲もおかしくなっていると。

◉同日　トップの動き

昼ごろ　巽頭取と伊部最高顧問　２時間くらい

夕方　磯田会長と巽頭取　２時間くらい

その後　西副頭取と巽頭取

その後　西副頭取と磯田会長　結局21時ごろまでかかった

西副頭取は午前中ずっと、塚田常務、花村専務と打ち合わせをしていた。磯田会長は朝から機嫌が悪い。あるいは先週、西副頭取が地検に呼ばれたのかも。

◉同日　OBの佐合氏から電話

今日、あの後、雨宮と話をした。西副頭取は國重を松下の一派とみている。行動に注意しろよ。

§

雨宮公雄氏は私の1期上で、当時は東京営業第二部長を務めていた。

§

◉同日　大塚記者と電話

今日、大蔵省の土田局長と会った。投書を見せてくれた。「ここまでやられたら、本気を出さざるを得ない。藤田補佐にきちっとやるよう指示した。手紙の中にあることを一つ一つ詰めていくことになろう。しかし、誰がこんなきちっとした文章を書くのかなあ。証券局長にも言っておく」と。

今週、磯田会長を夜討ちする。

来週、手紙を入手したことにして、大蔵省、日銀を取材する。9月初旬に記事にすることを目途とする。そのために、9月初旬に取引銀行、マスコミに手紙を出す。

別途、雅叙園観光の粉飾についての「Letter」を出す。
今後については磯田会長に会った結果を踏まえて考える。

◉8月14日　國部と
昨日、大蔵省銀行局の藤田補佐から話があった。大蔵省もかなり真剣になってきている。
8月23日木曜に経営会議をやる。玉井副頭取からの指示。そこでどんな方針を出すかが問題となろう。いま、西川常務が巽頭取のところに行っている。本件の打ち合わせ。
國重より、経営会議の前に資料を見せるようニクベぇに指示。

――§――

私は國部氏のことを、肉付きが良いので、失礼ながらニクベぇと呼んでいた。そんな彼も今は三井住友銀行の頭取。時の経つのは早い。

ときに、情報がすべて自分の手の内にある、と思えることがある。あるところで得た情報が、その後どうやってまわっていくのか、手に取るように見えていく。このときがそうだった。大蔵省の土田銀行局長が部下の補佐に指示するといい、実際指示をして、その結果住銀に問い合わせがある。なるほど、きちんとそのとおり進んでいる。
しかし、もはや情報を取っているだけではダメなのだ。もちろんそれは基本動作で、情報を元に構図を組み立てることは必須だ。だが、今やその次の一手を打つときだった。

プロジェクトチーム発足

◉同日　西川常務と

もう腹をくくった。巽頭取にも「やるしかない」「このまま睨み合っていても仕方ない」と言っている。巽頭取は「もう少し待て」と言っているが……。

問題は当行の内部体制にある。今まで、東洋工業でも安宅産業でも大昭和でも会長の意向をおもんぱかって何も動かなかったなどというケースはない。

もしこのままいって、イトマンがどうしようもなくなったら、住銀は世間にも当局にも顔向けできない。住銀に経営能力なしとして、大蔵省や日銀から役員を受け入れざるを得なくなることもありうる。

そうなったら、住銀末代までの失態になる。何としても避けなければならない。

大蔵省から「Letterが来た」と。これに対し大蔵省から、①住銀の方針、②「Letter」の中の指摘の真偽、③イトマンの内部事情、④告発者の名前、を聞いてきている。

8月23日に経営会議を開く。そこでプロジェクトチーム発足の方針を出す。

もしそれを認めなければ会長、頭取、西副頭取、玉井副頭取に自分は直訴するつもり。9月10日ごろまでにけりをつけるつもりだ。

——§——

このとき、私からは自分も共に戦うこと、大蔵省、日銀からの資料請求には素直に応えることを要求。西川常務がイトマンに乗り込むのなら、國重も一緒に行くと表明した。

ようやく、西川常務が動く兆しが出てきたのだ。プロジェクトチーム、とはイトマン問題を専門で扱うチームのこと。集中して対応するチームを作ってきちんと案件に向き合って処理をしようという。一選抜の彼が本気で異議申し立てをすれば大きい。

安宅産業問題が起きた際も、特命プロジェクトチームが作られて、そこで懸案事項をすべて処理していったことがある。そのとき、チームの最前線にいたのがまさに西川常務だった。ここで火をつけなければ。そして一気に攻勢をかけるのだ。


――§――

◉8月15日　大塚記者と電話
昨夜、磯田会長の家へ行った。最初不在だったが、どうも「花谷」で西副頭取や専務たちと飲んでいた席から戻った様子。24時ごろ黒川が来るまで磯田会長と話をした。以下、磯田会長の話。

河村社長のことは、自分は知らない。昔、自分が部長のとき、巽が副部長、河村が次長だった。それだけ。その後4～5回会っただけ。

大阪の営業本部でイトマンの副社長を呼んだ。91年3月までの計画を出すように言った。そのとおり（借入金削減、不動産圧縮？）にならなければ動くが、それまでは見ていればよい。

巽頭取には、自分でやれと言ってある（逃げている感じ）。自分は河村社長とは地位が違う。君は自分をいじめるけれど、悪いところばかり見るな。伊藤寿永光の『経済界』の記事は知らない。実務は巽頭取だ。「Ｌｅｔｔｅｒ」があちこちに来ていることは知っている。来ても自分は読まない。

自分は私腹をこやしていない。ゴルフ会員権も個人では持っていない（問わず語り）。

松下については語学留学だ。（昭和）34年入行組から専務は出せない。（昭和）35年は塚田と松下。西は副頭取どまり。頭取候補ははっきりしない。行内外のコンセンサスはできていない。

§

お盆の中日。普段だったら、銀行は夏休みで静まり返っている。しかし、あちこちで少しずつ、少しずつ変化の兆しが表れていた。

河村社長のことを知らないなんていうのは、まったくの嘘だ。かつて自分の腹心の部下だった人物をよくこんなふうに言えるものだ。このころからもう、トカゲのしっぽ切りだと思っていたのだろうか。

§

◉8月16日　西川常務、吉田融資三部長と

西川　もう、やるしかない。伊藤寿永光の逮捕や、大蔵省検査など他動的な要因で問題が表面化したら住銀の経営能力を問われる。大蔵省、日銀から役員受け入れは、断じて避けねばならぬ。玉砕覚悟でやる。先日、古瀬部長が来た。「これはえらいことだ。何とかせねばならな

い」。磯田会長に言って、チームを発足させるべき。江川（正純）専務と花村専務に話をしたが、二人ともそれぞれ「それだけは言えない」と言っていた。三和部長もイトマンに対して批判的。ところが、塚田常務から「磯田会長が三和の態度を怒っているぞ」と言われたらしい。浦和でイトマンの保証案件あり。西川、木村、花村専務と消極姿勢だが塚田常務がＧＯサインを出している。

國重　玉井副頭取は信用できない。総務部もそう言っている。

西川　確かにこのところトーンダウンしている。一昨日も巽頭取と玉井副頭取と話をした。自分は「プロジェクトチームを作るしかない」と言ったが、玉井副頭取は確たる返事をしなかった。

國重　玉井副頭取は黒川と会っている。証拠がある。

西川　先般の近鉄の接待のとき、磯田会長が玉井副頭取を誘って「たに川」に行った。そこに、西副頭取、塚田常務、黒川がいた。黒川とは会っているようだ。この話は玉井副頭取自身から聞いた。月曜に玉井副頭取と一緒に銀行局長に会いにいく。その際のシナリオも玉井副頭取に話してある。局長の前で、玉井副頭取から「プロジェクトチームを作る」と言わせる。

國重　玉井副頭取にぜひ言わせてくれ。それが踏み絵だ。もし言わなかったら、西川常務が言って来てほしい。

——§——

エースの西川常務からすれば、日銀や大蔵省から役員を受け入れるなどとは屈辱的なことだった。それが彼に火をつけた。改革派の旗色を鮮明にしようというのだった。

玉井副頭取は当初改革派と思えた。ところがここに来てよくわからなくなっていた。

もとより私は、変えるしかない、それもドラスチックに、と思っていた。しかし、それはまだ少数派だった。多くの役員たちはどちらにつくのが自分たちの有利になるかうかがい、そして二股をかけ、いざとなったらどちらにでも乗れるようにしていた。

サラリーマンとは悲しい、悲しい生き物だ。銀行が傾いてしまえば自分がよすがにしている組織そのものが揺らぐというのに。


——§——

「西副頭取が國重を疑っている」

◉同日　松下常務、桑原氏、吉田融資三部長と
國重から松下常務に最近の状況を説明。
國重　23日の経営会議が当面の山場。ところが玉井副頭取の姿勢が今一つ不明。説明者の玉井副頭取が日和見すれば、変な結論になりかねない。一事不再理が心配。
松下　今朝、巽頭取から電話があった。秋ごろ、磯田会長と西副頭取を退任させねばならないと言っていた。やる気十分だ。玉井副頭取は信用できる。ちょっと嫌気がさしただけだろう。先日、住友クレジットサービスの鈴木社長が来て、堀田健介から松下の情報を集めようとしていた。ところが堀田は完全なアンチ磯田。巽頭取を支えるためには、時期を見てマスコミなど

を動員する。読売大阪にネタがある。東京でもマスコミ対策を急げ。ただし、ばれないようにやれ。月曜8：00pm（ニューヨーク7：00am）に銀行局長との会談の模様を教えてくれ。

§

堀田健介氏は、かつて頭取を務めた堀田庄三氏の息子で、当時はニューヨーク支店長だった。アンチ磯田と言っているが、しかし、私はわからないと思っていた。松下常務にはそういう顔をして見せているが、他のところでは別の顔を見せているかもしれない。

そういう意味では、私は百パーセント信用できるのは自分だけだと思っていた。誰にも心底気を許してはいけない。それが油断になり、甘えになる。そのくらいの覚悟がなければ、この大組織に変化を起こすことなどできない。そう思っていた。

§

◉同日　大塚記者と電話

今日、小孫記者と二人で巽頭取に会った。全然ダメ。肝心なところで逃げる。

磯田会長から、大塚との一昨夜のことを聞いていたらしい。「有名人が来た」と言っていた。巽頭取によると、「イトマンのことは人によって（言うことが）違うので、何が真実かわからない」と。問題は、伊藤寿永光以降の案件。それ以前は格別の問題なしという話。

◉8月17日　桑原氏と

磯田会長への「Ｌｅｔｔｅｒ」文案用意。

佐藤茂氏より電話あり、「野村永中が佐藤茂に電話。河村社長と和解してくれと。磯田はいつでも倒せる（消せる）と。磯田は野村らに決定的な弱みを握られた」と。

桑原氏の理解では、黒川氏はすでに野村、伊藤寿永光両氏からカネを摑まされたのではないか。

今後、住銀を攻めるとき邪魔になるのは佐藤茂氏。そこで佐藤氏を抱きこんで、伊藤寿永光という弱みを武器に磯田会長を攻めるつもりではないか。

電話も録音されているかもしれない。今後、注意するよう巽頭取に言わねばならない。

●8月19日　Yと電話
地検に3回事情聴取を受けた。3回目は主として西副頭取と小谷のことだった。今、捜査のポイントは秋山清という人物とそのつながりについてだ。

西副頭取という奴は最低だ。全部自分に罪をなすりつけて、逃げようとしている（國重より、あれは全部Yがやったことだと言っているらしいよ）。

西副頭取は「Yとは、今年になって講談社のゴルフ会と運動会の2回しか会っていない」と言っているらしいが、嘘だ。運動会では会っていない。しかし、支店長会議の後のパーティでも話をしたし、その後大塚支店を訪ねてきた。講談社に磯田会長の女の件で行ったということを口実に。

西副頭取が大塚支店に来たとき自分（Y）は、小谷の資金繰りについて説明している。

35億円の件も事前に小谷と打ち合わせたうえでやったのではないか。昔、南インターの件で小谷が「磯田と西を串刺しにしてやる」と怒ったことがあった。そのとき、西副頭取は小谷と二人で会って謝った。そのときの借りを返したのではないか。[注I]

そこで西副頭取の高山秘書に電話をしたが、西副頭取はつかまらず。7月30日に秘書から電話あり。7月31日の11時なら西副頭取のアポがとれると。自分はアポを申し込んだつもりはなかったが、まあ会ってみようと思った。ところが7月31日にガサ入れ。会っていれば面白かったのに。

西副頭取は自分のことを放り出せと言っているらしいが、そのときは自分は西副頭取を告訴するつもりだ。知り合いの弁護士もいる。自分は銀行を辞める覚悟はできているが、西副頭取は許せない。

§

Yは、自分がスケープゴートにされたことに気付いてはいるが、この時点ではまさか逮捕されるとまでは思っていなかった。仮に自分が銀行を去ることになっても、そのときは西副頭取を道連れにする覚悟を持っていた。ここからほんの数ヵ月後に、その結末は明らかになる。

§

◉同日　吉田融資三部長から電話

明日、夏休みの予定だが返上して出勤する予定。

磯田会長が大阪で河村社長と会ったらしい。國重の言うとおり、「来年3月までの計画を出してくれ」と言ったらしい。西川常務が巽頭取からこの話を聞いた。西川常務は「なぜ國重がこのことを知っていたのか」と疑っていた。自分はマスコミあたりから聞いたのではないかと言っておいたが、注意しろ。すべてことは西川常務が主体的にやったことにしておかねばならない。

國重より説明。8月17日に中野常務からも忠告された。西副頭取が國重を疑っている。國重は松下常務の一味ではないか。松下常務をニューヨークに飛ばしても動きが収まらないのは、國重がかんでいるのではないか。今後、あまり目立つことをせず、仕事に専念しろと。わからないようにうまく努力すると答えておいた。西川常務にも。

§

吉田部長が私にこう言ったのには二つの含意があった。一つには、私が目立ちすぎるとつぶされかねないから注意しろ、ということ。これは中野常務が私に言ってきたのと同じことだ。もう一つには、西川常務という人物は、「自分がやった」ということを言いたい人物だった。だから、なるべく西川常務を表に立てたほうがやりやすいということだった。

いずれにせよ、西川常務を前面に出して攻勢をかけるというのが私の戦略だった。ようやくその機が訪れるかもしれなかった。

慎重に、慎重に進めなければならない。私は捧げものを真綿にくるみ、さらにすり足で進むような心持ちで日々を過ごすようになった。

8月20日　磯田会長への「Ｌｅｔｔｅｒ」発送

この「Ｌｅｔｔｅｒ」には、イトマンの絵画取引と磯田会長の娘夫婦の関係、磯田会長の持つ経堂のマンションがイトマンの関係会社に貸し出されていた件などを記した。いわば、磯田会長個人のスキャンダルである。私はこれこそが磯田会長にとって最大のアキレス腱であり、磯田会長が河村‐伊藤サイドに強く出られない理由の最たるものであると考えていたからだ。

残念ながら、私の手許に今この「Ｌｅｔｔｅｒ」は残っていないが、磯田会長にとってその内容がかなり衝撃的だったことは間違いない。

注

Ｉ　南インターとは、神戸市内の不動産会社・南インターナショナルのこと。南インターが所有していた熱海市のリゾート開発を住銀の斡旋で小谷氏へと売却させたのだが、小谷氏から南インターに購入代金がすべて支払われておらず、裁判沙汰になっていた。

§

河村社長への憎しみ

◉8月20日　佐久間と電話

佐久間に現状説明。

佐久間「玉井副頭取は大丈夫かもしれない。どう思ってもよいと考えるだけのことが一つあった。今回のポイントは200億円のワラント債の保証。見返りは念証。この是非を経営会議で議論するのではないか。そして『調査』を条件として、200億円の保証をすることになるのではないか。しかしチームを作っても何もできないがね」

§

イトマンが200億円のワラント債をヨーロッパで出すことになった。住銀はその保証をするが、その見返りにイトマンに調査チームを入らせろということをバーターにすると玉井副頭取が言っていたというのだ。[注II] しかし、私と佐久間の観測として、のこのこ調査に行ったってそう簡単に内情を教えるわけはあるまいというのがあった。

§

◉同日　吉田融資三部長と情報交換

今日、秋津専務が西副頭取の、玉井副頭取が磯田会長の部屋に入って打ち合わせをしている。

◉同日　秋津専務と

國重から先日、「巽頭取に対し、調査チームを作るよう進言すべきだ」という話があったが、あれはどういう意味か。「巽頭取に対して」というところに意味があるのか（國重……意味はない。磯田会長に対してでもよい）。

わかった。これは極秘だが、実は先日、自分（秋津専務）は磯田会長に対しチームを作るべきだと進言した。磯田会長の回答は「自分はそれでいいと言っている。ただ、不動産はいま動いている。それを現時点で切って、見て、どうこう言うとおかしくなる。自分は河村に来年までの計画を出せと言っている。調査に反対しているのは巽だ」と。

巽頭取と河村社長は本店営業部以来、不倶戴天の敵。巽頭取はイトマンに対し、調査も入れさせずにイトマンがつぶれればいいと思っているのではないか。

西副頭取にも聞いた。西副頭取は3月28日に河村社長と会っている。そのとき、①伊藤寿永光は2年で退任させる、②調査を入れることは了解、で合意したと。

これにもかかわらず調査が入らないのは、巽頭取が止めているということ。その理由は河村社長に対する憎しみと、あるいは磯田会長の実権を剝ごうとしてのことではないか。

國重と桑原氏は親しいということだが、そうか？　（國重……Ｙｅｓ）

佐藤茂氏と桑原氏はアンチ磯田だろうか？　（國重……松下常務との関係もあり、そうだろうと思う）

國重は臼井専務にもかわいがられているが、臼井専務がこのところ不透明（國重は臼井専務とも接触していない）。

野一色をどう思う？　（國重……ああいうなまくらな人は周囲の全員が物足りなく思っているのではないか）

◉同日　國部と

16時〜17時、玉井・西両副頭取対土田銀行局長、永田でやった。
土田　投書が来た。冷静な内容。調べざるを得ない。このままでは不動産融資規制強化、一般事業法人にまで拡大を、の声に力を貸すことになりかねない。国会でも大問題になる。当局として事態を知っておきたい。
玉井　（グループごとの投資額を説明）今後調べて報告する。
ただ、帰りの廊下で玉井副頭取が西副頭取に、「土田局長の自己保身だな」と言った言葉が気になる。そんなものではないはず。

——§——

國部はＭＯＦ担として、幹部が大蔵省を訪ねたのに同行、それを私に報告してくれたのだった。
あちこちから私の名前が漏れ聞こえ出すようになっていた。そろそろ、銀行全体の状況から見ても、私の状況から見ても、ぎりぎりの限界だった。
そして事態はいよいよ動き出す。内部から、そして外部からも否応なしに。

注
Ⅱ　イトマンは9月20日に総額2億ドルのワラント債を発行。

第9章　9合目

頭取の迷い

さあ、ここまで来た。いよいよ佳境にさしかかっていた。

磯田ネタを仕込んだ渾身の「Ｌｅｔｔｅｒ」も出した。準備万端だ。

一方で、あちこちから私の名前も漏れ出している。もやもやした疑いがはっきりと形を取り出す前に、事態を動かさねば。

この時点での私のグッドシナリオは、数日後に予定されていた経営会議で、イトマン本格調査の着手が決まることだった。そして、そのチームに私自身が入り、病巣を表にさらすこと。

今これを始めねば。住銀の足元はぐらついているのだ。

爆弾級の「Ｌｅｔｔｅｒ」で、磯田会長が辞任することになってもそれでいいと思っていた。

バッドシナリオは……、考えたくもない。先延ばし、見ないようにする、何もしない。日本企業のお得意。だからこんなことになってしまったのだ。

◉1990年8月20日　吉田融資三部長と

平尾審査部長と話をした。なかなかデータが出ない。玉井副頭取と打ち合わせたが、このままでは23日の経営会議延期も。注I

イトマンから来るたびに数字が違う。

河村社長から大上常務に2枚ものファクス来信。イトマンの借り入れの圧縮計画なのだが、根拠などは何も書いていない（磯田会長からの指示によるものらしい）。

―§―

◉同日　桑原氏、吉田融資三部長と　海王水産にて

松下常務に今日の模様を電話。

松下「あの後、巽頭取に電話した。玉井副頭取についてのアサヒビールの話をしたら巽頭取も吹き出していた。注II 巽頭取も私（松下）も、玉井副頭取をまったく疑っていない。磯田会長と西副頭取の二人はどうにもならない。2日ほど前に巽頭取から磯田会長に電話したときも、磯田会長はおろおろしていた。調査チームの話。注III 私も巽頭取と同様、意味がないと思っている。調べなくても事態ははっきりしている。警察の手が入ったとき、一挙にどうするかだ」

◉同日　行内で情報収集

西副頭取は小谷問題で相当に追い詰められているようだ。

今日の午後、玉井副頭取は2時間くらい大阪の巽頭取に電話をしていた。
成田秘書によれば、「8月23日は流れそうだ」と。

◉同日　大塚記者と電話
國重から、今日、玉井副頭取が大蔵省に呼ばれた話をした。
今後の段取りを相談。9月初旬ごろ、大蔵省、日銀が調査に乗り出したことを書く。裏保証も。そのためには8月24日以降、日銀に住友銀行からデータを提出した後、行動（取材）を開始する。

◉8月21日　総務部の佐久間と電話
佐久間　巽頭取は辞める可能性あり。くれぐれも内部から仕掛けるな。経営会議の噂、飛びすぎている。外に漏れるのは当然だ。三和部長なども徹夜で作業している。
國重　大蔵省から「Ｌｅｔｔｅｒ」についての質問が来た。何もしないというのはまずい。経営会議で議論したという形をとる必要があるのだろう。
佐久間　議論出るか？　単に報告を聞くだけだ。逆に二度と話題にしなくなるだろう。やるなら新しい方向に転換できるものでないとダメ。
國重　その通り。
佐久間　府警が動いている。待つしかない。くれぐれも動くな。

このころになると、私はあちらこちらから「動くな」とストップをかけられるようになっていた。みんな、私が何をしているのか知らないし聞きもしないのに。不穏なものを感じていたのだろう。

私は、表面上はしおらしくうなずいていたが、内心は真逆だった。うるせえ、もう俺は我慢できない。

我慢できないのだ。

§

●同日　吉田融資三部長と

西川常務と会った。話はニクべえと同じようなもの。ただし、「自己保身発言」は趣旨が違う[注Ⅳ]。気にしないでよい。経営会議は流す。國重の言うとおり、危険だ。そこで、実態的にはどんどん調査していこうというのが西川常務の方針。

●8月22日　企画部MOF担の横山と

日銀の溝田課長と話をした。日銀から早くデータを出せと言われているが、平尾審査部長は今週は無理と。来週、データを持って説明に行くと。

●同日　日銀の溝田課長に電話

明日から8月27日まで夏休み。休み明けに平尾審査部長を呼ぶ。西川常務からも話を聞きたい。

三菱の考査は8月29日スタート。三菱には、イトマンを不良債権に分類すると言った。本来、合算290億円はラインシートにのらないが（300億円が下限）、今回は出してもらった。三菱も、イトマンを問題と言っているのでやる。西川常務も分類上やむを得ずと言っていた。大蔵省にも分類方針を伝えるつもり。注V

◉同日　西川常務、吉田融資三部長と

西川　経営会議は流した。一事不再理になるとまずい。話は國重のシナリオ通りに動いている。今後は実態的なところでどんどん話を進めていきたい。質問事項も、かなり具体的で突っ込んでくる。たとえば「住友銀行の誰からイトマンの誰に言いましたか？」など。相当、大蔵独自の情報を持っている。また、土田局長から証券局長あて投書のコピーをもらった。

（西川常務退席後）

吉田　巽頭取ともいろいろとやり取りしている。今日、巽頭取と磯田会長が電話で話し合った。例の「Letter」が着いたらしい。マンションと黒川のことを言っていると。磯田会長は辞めたいと言ったが、巽頭取が止めたらしい。

國重　なぜ止めたのか？　辞めさせればよい。

吉田　磯田会長が辞めるということは、巽頭取も辞めるということ。タイミングが早すぎるということか。巽頭取は我々と違っていまだに磯田会長に対する複雑な気持ちが残っていて、それが本件の進展を遅らせている。

巽頭取はまた、「本件で佐藤茂氏は本当に動いてくれるだろうか」と聞いていた。佐藤氏に動いてもらって、野村永中、伊藤寿永光あたりと話をつけてもらいたいということだが、それは下策。向こうが仕掛けてくるのを待つほうがベター。伊藤寿永光がある人物経由で桑原氏に会いたいと言ってきた。8月27日に伊藤寿永光、桑原氏の二人きりで会うことになった。今後は、西川常務が巽頭取のために関係者（西川常務、野一色部長、吉田部長、平尾部長、佐久間、國重）で集まり、情報認識を一本化しようと言っている。

◉同日　行内で情報収集
今日午前中、磯田会長が巽頭取に電話。2時間。昨日の夕方、イトマンの封筒で「Letter」が来た。その件ではないか。磯田会長は機嫌が悪いらしい。

黒川洋氏からも何回もひきつった声で磯田会長に電話あり。一度は西副頭取にかけてきたが、西副頭取は福岡でゴルフ。それで磯田会長につないでもらっていた。

磯田会長が加藤人事部長を呼んだ！　加藤部長は渋谷に行っていて、結局会えずじまいだった（國重……ばれたか）。

珍しく、アサヒビールの樋口社長から玉井副頭取に電話があった。

磯田会長は先日、大量の睡眠薬を持って帰った。きっと眠れず、考え込んでいるのだろう。

やはり例の「Ｌｅｔｔｅｒ」に仕込んだネタは、磯田会長にとって相当強烈だったようだ。狙いが当たってよかった……、と内心笑みを浮かべていた私も、このときは動揺した。磯田会長が加藤重義人事部長を呼んだのは自分の行状がついに明るみに出て、私をどこかへ飛ばす人事が行われるのではないかと思ったのだ。

達観しているようでいても、私もまだまだ甘い。こんなことでは戦えない。

――§――

注

Ⅰ　第8章8月14日付メモ「國部と」参照。「8月23日木曜に経営会議をやる。玉井副頭取からの指示。そこでどんな方針を出すかが問題となろう」とある。

Ⅱ　第8章8月13日付メモ「OBの佐合氏と　パレスホテルにて」参照。「磯田会長がアサヒビール社長の樋口廣太郎に『次は玉井しかいない』と言った。樋口の口から玉井副頭取に話をしたようだ」とある。

Ⅲ　第8章8月14日付メモ「西川常務と」参照。「8月23日に経営会議を開く。そこでプロジェクトチーム発足の方針を出す」とある。

Ⅳ　第8章8月20日付メモ「國部と」参照。「玉井副頭取が西副頭取に、『土田局長の自己保身だな』と言った」とある。

Ⅴ　第7章8月1日付メモ「日銀の溝田課長と」参照。「三菱銀行の考査が近い（8月下旬）。基準にのらなくても、ラインシートを出せと言ってある」とある。融資が一定額以上の融資先分のみがラインシートに記載される。三菱銀行はその下限額を３００億円に設定しており、イトマンへの融資額は２９０億円なので達してはいないが、問題案件なのでラインシートにのせ、不良債権に分類するという。

「自分が辞めれば済むのだろうか」

§

◉8月23日　17時10分　秘書室

15〜17時の経営会議が全然始まらない。関連の部長たちが秘書室で待機中も、結局本日は取りやめ。別件で経営会議メンバーで話し中だった。

§

従来予定していた経営会議が流れたが、別で経営会議メンバーにより会議が行われたのだった。

§

◉同日　秋津専務と

秋津　いよいよ戦闘開始だ。
國重　イトマンの件か。
秋津　そうだ。
國重　戦争とは住銀対イトマンか。住銀内部か。
秋津　住銀内部。
國重　切り出したのは磯田会長か巽頭取か。
秋津　磯田会長だ。資料はなかったが、いろいろと話をした。

國重　全員が話をしたのか。
秋津　そのようなものだ。自分としては、特定の個人や誰かのためではなく、住銀にとって何がベストか考えて動くつもりだ。
國重　それは良い。住銀の歴史のために筋を通すべきだ。
秋津　自分は難局にいるが、がんばるつもりだ。今日はこれ以上は勘弁してくれ。いずれ話ができる日も来るだろう。そう言えば、君のことを西副頭取に話した。「國重はこの2年半、松下とは一回も口をきいていない。大丈夫だ」と言ってある。西副頭取もわかったと思う。安心しろ。

§

慎重というか、組織人の典型のような秋津専務までもが、いよいよだという気になってくれた。そう、いよいよだ。もう遅すぎるくらいなのだ。
だが最後は彼らしかった。私のことをかばっておいたぞ、と私に言うのを忘れない。さすが、組織人の典型だ。

§

◉同日　内田証券部長と
ワラント債の件、9月5日調印、2億ドル。外債発行につき、住銀の保証が求められている。9月5日調印ということは、大蔵省のOKも出たのではないか。保証については、磯田会長、巽頭取、玉井・西副頭取の4人で話し合った結果、やむを得ずということになっている模様[注Ⅵ]。

◉同日　Ｙと　銀座の寿司屋「福助」にて

7月31日のガサ入れの直前、ブローカーの秋山のところにいた。11時から西副頭取と会うため、準備のために20分程度会った。そうしたらガサ入れ[注Ⅶ]。

秋山は誠備の加藤とつながっていて、青葉台、大塚の客から２００億円集めて株式投資をさせた。他に１００億円ほど小谷に回した。

ガサ入れのとき、ロッカーに株券１億円があった。地検は見つけたが、秋山からの預かりものという説明で了解。株券は秋山に返した。

これは秋山の裏金。秋山はＹに贈与したつもりだろう（顧客紹介手数料？）。

自分は銀行を辞めるつもり。友人に相談したら、コスモ信組か不動産会社の「Ｍ」ならいつでもＯＫと。ただし、懲戒解雇の場合はＮＯと。その可能性はどうだろうか？（國重……マスコミに出なければ大丈夫だろうと回答）

もし懲戒解雇にされたら、西副頭取を相手に告訴をするつもり。友人の弁護士とも相談してある。

総務部の話では、西副頭取は「すべてＹがやったことであいつを放っぽり出せ」と言っているらしい。総務部は西副頭取と仲が悪いようだ。西副頭取のことを根掘り葉掘り聞く。地検も西副頭取には関心を持っている。

誠備の加藤とは、仕手集団「誠備グループ」を率いた主宰者の加藤暠《あきら》氏のことである。Yが青葉台支店長時代に小谷光浩氏へ不正融資仲介をしていたことは先述したが、その後の大塚支店長時代にも加藤氏へ同様に不正な融資仲介を行っていたのである。

Yは秋山なるブローカーから、顧客を紹介した手数料という名目でいろいろともらっていたようだ。

§

確かに彼は悪い。甘かった。だが、それだけではない。支店長として、業績を上げたいという強い思いがあった。だから、後続の支店長にもこれは本当はやばい話だが、こういうやり方があると教え、後続の支店長もそれを踏襲した。

依願退職したYは逮捕され、さかのぼって懲戒解雇となる。[津Ⅷ] 彼は悪いことをした。だが……。

何か割り切れない、苦いものが私にはずっと残った。

§

◉8月24日　西川常務と

昨日の経営会議の模様はまだ聞いていない（國重から秋津専務のコメントを説明）。

西川常務が國重に大蔵省の「Ｌｅｔｔｅｒ」のコピーを見せる。大蔵省は野村永中のことを詳しく知っている。これらの企業の腐れ貸金をすべてイトマンに押し付けたのではないか。

西川常務以下の若手取締役の動きが磯田会長に薄々伝わっている節がある。古瀬部長→西副頭取→磯田会長へと伝わっているのかもしれない。

我々の考えはまだ青いのかもしれない。経営会議をやってチームを作るなどというのは単純すぎた。もっと老獪《ろうかい》に動くべきだろう。

◉同日　吉田融資三部長が自宅より電話

國重の動き、今後十分に注意しろ。特に桑原氏とは接触しないようにしろ。見張りもつけられている可能性大。先ほど臼井専務からも電話があった。8月30日のパーティ（渋谷のプール）は巽頭取と相談のうえ、出席を見合わせると。

先日の磯田会長あての「Letter」の犯人は桑原氏と思われている。昨日の経営会議でもその話が出たのかもしれない。

西川常務からも電話あり。昨日の経営会議で巽頭取は愁眉をやや開いたとのこと。だが、認識が甘い可能性大。

8月27日の「伊勢長」での桑原－伊藤寿永光会談の様子を見て、次の手を考えよう。

――§――

渋谷のプールとは、桑原氏の会社の住宅信販が渋谷につくった会員制高級スパのことだ。レストランもあり、バブルの見本のような店だった。臼井専務が欠席するということは、こちら側を警戒していたということだ。

――§――

◉同日　行内で情報収集

午後、玉井副頭取が秋津専務の部屋に入って長いこと話をしていた。玉井副頭取から秋津専務の部屋に行くことは異例。昨日の経営会議で秋津専務が筋の通った話をしたので、玉井副頭取が近寄った可能性あり。

◉8月27日　行内で情報収集

今日午後、緊急マル秘経営会議。

◉同日　桑原氏と電話

今日、伊藤寿永光と二人きりで会った。伊藤いわく、「困った。投書が来て困っている」と。投書のファイルを持っていた。以下、やり取り。

伊藤　松下常務がやらせているのだろうと思う。

桑原　そんなはずはない。イトマンはブラックとか投書を気にしすぎる。自分もやるとしたら堂々と正面からやる。こんな手は使わない。佐藤茂氏もイトマンとは関係ない。住銀に手をかけてきたら、佐藤氏も動くだろうが。

伊藤　自分が辞めれば済むのだろうか（辞める可能性あり）。先週、磯田会長にもそう言ってある。河村社長がカナダから帰ってきたら相談するつもり。今度、松下常務が日本に戻ってきたら一緒に食事でもしましょう。

——§——

本来、伊藤寿永光氏からしたら松下常務は不倶戴天の敵だ。自分を追い出そう、陥れようとしているると思っているのだから。その人物をにこやかに食事に誘うのだから、さすがである。天性の詐欺師。「國重みたいな人物」と言った人があるが、私はここまでできるだろうか。

注

VI　第8章8月20日付メモ「佐久間と電話」参照。イトマンはこのとき200億円のワラント債をヨーロッパで出そうとしていた。

VII　第7章7月31日付メモ「総務部の佐久間と電話」参照。「今日、Yの自宅がガサを受けた。Yも事情聴取を受けている」とある。

VIII　9月28日に依願退職、住銀が懲戒解雇を発表したのは10月26日。

—— § ——

誤算

◉同日　西川常務、吉田融資三部長と

國重　マル秘経営会議。磯田会長は退任を言うはず。そのとき、巽頭取がしっかりしないとダメ。磯田会長を辞めさせて自分は今の地位に残る。そうすれば、他の役員は巽頭取になびいて対イトマン作戦がやりやすくなる。

西川　今日の桑原－伊藤寿永光会談がフニャッとしたのは、アポイントしてから今日までの間に事情の変更があったのかもしれない。イトマンについてはようやく輪郭がわかった。もちろん、その詳しい中身は不詳。絵画に310億円も使ったりしている（アイチorピサ＝園子の店?）。

吉田　イトマンはもう、もぬけの殻かも。

西川　そうだ。伊藤寿永光が辞任を云々しているのもそれがあるかもしれない。

國重　手形を乱発されたらえらいことだ。

吉田　一番心配していたことだ。河村社長から大上常務に、ファクスで借入金削減計画を送ってきた。これは借り入れをイトマングループから外に拡散させるもの。その手だてとしては、保証か手形しかない。

西川　伊藤寿永光はイトマン不動産販売の社長も兼ねている。手形用紙も実印も、伊藤が持っているらしい。伊藤はイトマンを出るにあたって、行きがけの駄賃を持っていくのではないか。

國重　とにかく早く磯田会長を辞めさせることだ。そうすれば行内の空気も変わる。

西川　玉井副頭取ですら楽天的。いまだ債務超過にはなっていないのではないかなどと言っている。経営会議メンバーは磯田会長と巽頭取の顔色ばかりうかがって、肝心のイトマンがどうか、どうすればいいのかの議論をしていない。

國重　とにかく調査チームを作るとともに、人材をイトマンに送り込まねばならない。

西川　それしかないことはわかっている。このシナリオは誰にも言うな。今、自分は事態は9合目まで来たと思っている。あと一息の詰めを誤らないようにせねばならない。

國重　伊藤寿永光は今までイトマンの内部でいろいろとやってきたが、これからはイトマンの外からイトマンと住銀を攻めてくる可能性が強い。
西川　朝日新和会計社も大変だろう。注IX　9月5日のワラントは未実行らしい。住銀の方針も未だ固まっていない。そもそも、イトマンの取引先の協和の伊藤寿永光がイトマンの常務になること自体、利益相反、特別背任、忠実義務違反に該当するのではないか。

――§――

このときの私たちの会話はそう外れていなかった。
イトマンはすでにもぬけの殻、とは言わないまでも、かなり喰い荒らされていた。
実際、絵画取引を巡っては許永中氏関連の会社に高値で摑まされていたし、許永中氏や伊藤寿永光氏らが持ち込むゴルフ場開発プロジェクトに融資を引き出されていた。いずれも数百億円規模という巨額がダラダラと垂れ流されていっていた。

――§――

◉同日　行内で情報収集
今日の緊急マル秘経営会議、磯田会長は辞めると言った。
8月23日の会議で冒頭、磯田会長は辞任を口にし、5分間で退席。それから後は巽頭取以下で議論させた。
週末、伊東秘書室長が磯田会長にこっぴどく叱られた。その理由も2年前のささいなこととか、ノックしないで部屋に入ったとかいうことばかり。要するに八つ当たり。

今朝、玉井・西副頭取が呼ばれた。急遽、経営会議を開くことになった。巽頭取も臼井専務も大阪から上京。この日も冒頭2～3分いただけで磯田会長は退席。14時頃、黒川洋氏から電話あり。磯田会長がいないと言うと「ああ、会議やっているの」と言った。今日の経営会議のことを知っている風だった。18時15分まで経営会議が続き、その後、磯田会長と巽頭取が二人きりで話をした。19時過ぎまでやったと思う。

8月23日の経営会議では磯田会長の退任意向に対し、役員たちが慰留している模様。

——§——

辞める、辞める、辞める——。磯田会長の頭の中にはこのころ、その言葉がずっとこびりついていたのではないか。だが、本当にそれでいいのか、やはり残るべきか。磯田会長が煩悶している様子が目に浮かぶようだった。

——§——

◉同日　吉田融資三部長と電話

國重から経営会議の様子と磯田会長の慰留工作について説明。

國重　早く磯田会長を辞めさせるべきだ、巽頭取は現状にとどまるべき。

吉田　今、巽頭取から電話があった。西川常務の言うとおり、8～9合目まで来たという感じとのこと。珍しく興奮していた。巽頭取はイトマンに関しても何とかなりそうという見方をしているようだ。甘いかもしれないので、詰めをきちっとしよう。早くも役員の中には流れを読み取って、巽頭取におべんちゃらを言う奴が出てきたらしい。巽頭取は笑っていた。伊藤寿永光が佐藤茂氏と桑原氏のひどい悪口を言っているらしい。変なネタを掴まれないように慎重に接触しろというのが頭取の真意。

◉同日　大塚記者と電話

『日経ビジネス』がまた書きたいと言って、相談に来た。今回のテーマは雅叙園、伊藤寿永光、O社の関係だろう。ただし、署名記事にせざるを得ない。

明日の日銀と平尾営業審査部長のヒアリングの結果を踏まえて取材方針を決めよう。

◉8月28日　日下部業務渉外部長と

今日、平尾営業審査部長にイトマンの現状を聞いた。ロスは少なく見積もって3300億円、場合によっては5000億円。

明日、河村社長がカナダから帰ってくる。巽頭取が会って調査を入れる旨を話すはず。玉井副頭取も「強力なチームを作ろう」と言っている。

◉同日　企画部MOF担の横山と

今日、平尾部長と一緒に日銀に行った。説明はしたが、要するによくわからない。溝田課長は「これでは、三菱はイトマンへの融資は不良債権で分類せざるを得ませんね」。平尾「……」。

どこに貸したかはだいたいわかったが、その中身がわからない。
あさっての8月30日、大蔵省の銀行局藤田補佐のところに平尾部長が行く。

◉同日　行内で情報収集
今日、磯田会長は一日中、堀田名誉会長、伊部最高顧問と会っていた。特に最高顧問とは3時間（いよいよ退任の準備ではないか）。
明日12時半から記者懇談会（4社キャップ）。
明日午後、河村社長と会う（12時半に退任を発表して、河村社長に引導を渡すか→楽天的すぎるかもしれないが）。

◉同日　吉田融資三部長と電話
吉田　河村、伊藤寿永光ともに追いつめられている感じだ。社内にもいたたまれない空気が出始めているらしい（巽頭取情報）。
　伊藤寿永光が「私が辞めたら丸く収まるのか」と桑原氏に言った背景には、磯田会長が伊藤寿永光に「辞めろ」と言ったことがあるようだ[注X]（巽頭取情報）。また、残っていると背任にされかねない。
國重　磯田会長は明日辞めると思う。
吉田　巽頭取は大丈夫だ。辞めない。問題は最後っ屁。手形、保証等で最後にカネを持ち逃げするのではないか。現に雑支払債務が９００億円にものぼっている。

巽頭取というのはシャイな人で、胸襟を開く相手は少なかった。その数少ない一人がこの吉田部長だった。だから、融資第三部長という不良債権処理を担う、重責かつ微妙なポストを信頼してまかせていたのだった。

§

私がこのとき考えていたのは、磯田会長は明日、河村社長に会い、そこで「俺も辞めるからお前も辞めろ」と迫り、二人ともに退任、ということだった。

しかし私は甘かった。人間、なかなか自分から降りることはできない。それが高い地位にあればあるほど。

注

IX　朝日新和会計はイトマンを担当していた監査法人。

X　8月27日付メモ「桑原氏と電話」参照。

§

幹部たちの変わり身

◉8月29日　佐久間と電話

本日昼の記者懇、何もなかった。ある記者が老害について質したが、軽くいなされたと。野一色部長なども期待していたらしいが、考えが甘いよ。

焦らず待っていれば、転機は必ず来る。

◉同日　西川常務と

國重　本日午後、秋津専務の部屋にいたら電話があり、席を外した。秘書室で待機していたら、秋津専務と西副頭取の電話が同時に終わった。西副頭取が秋津専務に館内から電話してきたようだ。西副頭取の多数派工作だろう。来週、巽頭取は海外出張。あまり空白期間を作らないほうがいい。

西川　ダブリンとベルリン。ダブリンは首相とアポがあり、変更不能。

國重　ダブリンだけで帰ってくるべき。また、チームの編成等やるべきことは出発までに済ましておく必要がある。

西川　わかっている。

§

イトマンへの本格調査が始まれば、西副頭取の立場は危うくなる。そこで自ら他の役員たちに連絡し、調査に反対してくれる人を一人でも多く抱えておこうとしたのだろう。

事態が思いどおりに動かず、私は西川常務をせっついていた。

§

◉同日　大塚記者と電話

國重より大蔵省、日銀の動きについて説明。大塚記者は明日夜、磯田会長を夜討ち。明後日の8月31日、土田局長と会う。この結果を見て作戦を考えよう。
大塚「河村社長のスタンスが変わっているとは思えない。今日8月29日午後、イトマンと韓国・大宇の提携について記者発表。その後、パーティをやっている。相変わらず強気ではないか」[注XI]

◉同日　西川常務主催で臨時全体部長会
イトマンについて営業審査部で組織的に対応するので、皆勝手なことを言うなと。

◉8月30日　企画部MOF担の横山と
日銀の溝田課長から電話あり。今日イトマンについて田村営業局長と話をした。田村局長は「安宅産業に匹敵する。営業局と考査局でチームを作るので準備しろ」と。
ただ、河合考査局長が保守化。「当該銀行から聞いただけで、三菱の不良債権の分類ができるのか」と。溝田課長からは「内容不明ということだけで分類できる」とは言っているが……。

◉同日　溝田課長と電話
横山の報告と同じ。

◉同日　大塚記者と　竹橋にて

大塚「今晩、磯田会長、明日、土田局長に会う。これで来週の方針を決める。住銀から大蔵省、日銀に出した資料が欲しい。週末までに手に入らないか」

國重から、磯田会長と巽頭取の戦い、スタンスの違いについて説明。

◉同日　吉田融資三部長と

國重　巽頭取は海外出張前に、形だけでもつくるだろうか。

吉田　午前中の経営会議の後も、西川常務を除いて話し合っていた（磯田会長は欠席）。ここで人事をやっているのではないか。

§

人事をやっていると言っても、ぬるい会話をしているのは想像できた。明日は雨が降らなければ晴れですね、晴れでなければ雨ですね、といったような。こうして時間だけが過ぎていく。

§

◉同日　調査部の安川と「はる山」にて

安川「永田調査部長以下5人が明日から大阪でイトマンの調査をする。8月28日夜に巽頭取から河村社長に電話で調査を入れる旨申し入れ。河村社長は了解したと。8月29日に玉井副頭取と永田部長が二人で午前中一杯打ち合わせ。

イトマンがはたして簡単に教えてくれるか。今回は伝票にまで直接当たるように言われているが、問題は高柿（貞武）副社長。2年前の調査のときも抵抗されて、ひどく苦労した。永田調査部長は巽頭取から、『こんなことでは調査部長失格だぞ』と怒られたらしい。本人も松下事件以来、左右を見すぎたと反省している」
國重から調査のポイントをいくつか説明。

§

ついに、イトマンに調査が入る。全容を明るみに出すチャンスがようやく来たのだ。この機を逃してはならない。やるからには、徹底的に、すべてを調査しつくさなければならない。甘い調査でお茶をにごすことがないよう、私はネジを巻いた。
そして、このころから、磯田会長の退任が近いということで、社内の勢力図が劇的に変わろうとしていた。皆、変わり身と逃げ足だけは早い。

注
XI　イトマンは韓国の財閥・大宇と提携を発表したが、これは許永中氏が持ちかけた案件だった。

§

踏み絵

◉同日　行内で情報収集
磯田会長はげっそりやつれている。今日もブドウ糖注射を打ってもらっていた。
9月の日程はなるべく入れないようにと伊東秘書室長に指示。やはり辞めるのではないか。

◉同日　大塚記者から電話

今夜、磯田会長の家に行った。1時間待たされて、22時15分に黒川洋氏のジャガーで帰ってきた。私服だった。

いつもは中に入れてくれるのに、今夜は玄関口で15分くらい立ち話だった。

すっかりやつれた感じ。「自分は関係ない。巽頭取にまかせてある。巽か玉井のところに行ったらどうか」と。「河村に対しては、自分から先々の削減計画を出すように指示した」「明日も経営会議があるだろうが、自分は出ないだろう」とも。

梅子夫人も寝込んでいる模様。

いつもは「また来い」と言ってくれるのに、今夜は「もう来てくれるな」ということだった。何かある。

◉8月31日　吉田融資三部長と

今日、臼井専務と2～3時間ほど話をした。臼井専務は固まっていると思う。昨夜の住宅信販のパーティにも遅れたが、参加している[注Ⅻ]。

先日の経営会議の模様は、イトマンが大変だという認識で一致した。玉井副頭取がイトマンの概略について説明したところ、西副頭取から「なぜ今まで言わなかったのだ」と発言があったらしい。とんでもない奴だ。

イトマンに派遣するチームメンバーの人選も進んでいるようだ。吉田部長から「早く態勢だけでも作れ。実際の活動は後でもよい」と言ったところ、臼井専務は「わかってる。わかっている」とのことだった。念頭にいろいろな人を描いているのだろう。

イトマンの役員全員に、磯田会長に関する脅迫状じみたものが来たらしい！　たまたま早めにわかって、全員に「開封せずに提出しろ」という指示が出た。

§

桑原氏のプール開きのパーティに出たかどうかが、磯田派かそうでないかの一つの踏み絵となっていた。

それにしても、磯田会長のスキャンダルを記したせっかくの「Ｌｅｔｔｅｒ」を、開封もせずに提出するなど、たまったものではない。まったく、誰がそんな指示を出したのだ。

また、西副頭取の「なぜ今まで言わなかったのだ」はないだろう。よくそんなことが言えたものだ。

もう9合目。しかしまだ9合目。頂上はいまだ見えていなかった。

注

XII　8月24日付メモ「吉田融資三部長が自宅より電話」参照。臼井専務は結局、プールのパーティに参加した。

第10章 停滞

メーンバンクの桎梏《しっこく》

◉1990年9月1日　大塚記者と電話
昨日、巽頭取のところに小孫記者が行った。これまでとトーンが変わった。「今日から調査を入れた」と認めていたと。詳しいことは、9月2日（日）夕方、会って話をしよう。

§

いよいよイトマンへの調査が始まった。

§

◉9月2日　調査部の安川と
8月31日の調査の模様。
午前中、永田・三和両部長がイトマン高柿副社長に挨拶。協力は得られそうだった。実際にスタートしたのは16時30分。念証の件で小林財経本部長（プロパー）と揉めた。小林本部長は「そんなものを出す必要はない」と。ところがたまたま持ち帰った資料の中に念証があって、その残高がなんと5000億円を超えていた。

明日から本格化するだろう。

◉同日　大塚記者と電話

8月31日の巽頭取への取材。

巽「調査に入った。来週、海外から帰ってきたところで河村社長と会う。それまで待て。イトマンから借入金の削減計画を出させた。3000億〜4000億円減らす計画」

8月31日の土田局長への取材。

土田「記事にすることは、大臣に報告できる態勢になっていないので待ってくれ。住銀の調査が終わり次第、報告があるはず」

ワラントの件、土田局長は知っていたが、「止めようがない」とも。

◉同日　桑原氏と

8月31日、O社への40億円が払えず、イトマンは手形で払ったらしい。次回は9月11日の50億円。

河村社長がカナダに行ったのは、カナダにも造反分子がいるということらしい。

野村永中が、磯田会長を倒す材料は100も200もあると言っているらしい。

◉9月3日　企画部MOF担の横山と

今日、三菱から日銀に、「今回の考査でイトマンを（不良債権に）分類してくれ」と言ってきた。今週中に結論を出す予定。

本日13時30分から、営業局と考査局でチームを作る件の打ち合わせを行う。日銀の溝田課長からイトマンの内情の報告があるはず。今夜二人で飲む約束をしているので、情報入手次第報告する。

◉同日　Yと　六本木のバー「duke」にて

地検は今週いっぱい、毎日自分（Y）を呼ぶということだ。焦点は誠備の加藤暠をめぐるカネの流れだ。[注I] それと住銀からの35億円の融資についてもいろいろ聞かれている。

地検によると、Yをガサ入れしたのは小谷の資金繰りのポイントになるところに必ずYの名前が出てくるからだと（日本リース、チサン、今回の顧客紹介[注II]）。

小谷がつかまる前、Yは小谷とヒルトンホテルで会った。話は「西副頭取に会わせてくれ」と。「イトマンが小谷と対立している。それを西副頭取に調停してもらいたい」ということだった。

加藤という男はすごい、株屋としては小谷は足元にも及ばないだろう。本州製紙のやり方な

——どは見事だ。[注III]

YのXデーも近づいていた。

§

◉9月4日　企画部MOF担の横山と　横山が溝田課長と飲んだ後で

日銀は考査局2人、営業局2人計4人の調査役、副調査役のチームを作ることになった。玉井副頭取と平尾部長からヒアリングをした際、近々綿密な調査をするということだったので、9月17～18日ごろ結果を聞きたいと。

§

三菱が考査チームに語ったところによると、イトマンに対してディスクローズ（情報開示）を求めているが得られていないと。三菱からイトマンに8月20日、回収の申し入れをした。イトマンは「ノー」。

日銀の上層部はイトマンを分類する方向。9月6日までに判断材料を持ち寄ろうということになった。

---

§

日銀は三菱の融資先であるイトマンを不良債権として認定する方向となった。となるとメーンバンクの住銀ももちろんそうなる。そして、その融資規模と言ったら三菱の比ではない。

注

I　第9章8月23日付メモ「Yと　銀座の寿司屋『福助』にて」参照。

II　日本リースや地産（チサン）グループは小谷氏の資金源とされていた。
III　加藤氏率いる「誠備グループ」は本州製紙株の仕手戦を繰り広げていた。

――§――

伊藤寿永光が一枚上手

◉同日　國部と

8月30日に、平尾部長から大蔵省の藤田補佐に説明した。調査チームを入れた結果を9月14日ごろまでに報告することになった（当初、9月末までと言ったのを、土田局長がそれでは遅すぎると）。藤田補佐は、南青山の寮も雅叙園の底地も、大蔵省は「売る意思はまったくないよ」と。

◉同日　吉田融資三部長と

事態はあまり動いていない。調査もトップから明確な指示が下りていないようで、事務局は色々と抵抗しているようだ。

◉同日　大塚記者と

『日経ビジネス』の記者によると、イトマン内部は相当ぎくしゃくしているらしい。「伊藤寿永光のやっていることは一切知らない」という向きもあるようだ。また「来春まで、何が起きるかわからない」と深刻な雰囲気になっている。週刊誌もバンバン来ているらしい。

三菱銀行の伊夫伎《いぶき》一雄会長によると、イトマンは信用不安寸前。富士銀や埼玉銀も融資を大幅に減らしている。伊夫伎会長は日銀のトップに対し、「信用不安を惹起《じゃっき》する恐れがあるので、分類はしないでくれ」と申し入れたと。

取引銀行に「Ｌｅｔｔｅｒ」を出すかどうかで大塚「出せ」、國重「出さない」で激論。

●9月5日　毎日新聞の橋本記者と

國重より、イトマン問題の背景を説明。今後連絡を取り合うことを約束。

●同日　調査部の安川と

チームが伊藤寿永光と会った。3時間、ほとんど一人で話していた。その中身は次の通り。

①南青山の件

（1）宮下、高橋については決着済み（9月15日）。坪当たり1億7500万円。長寿庵、相馬は、銀座土地（坪当たり1億1000万円、簿価448億円）と交換予定。長寿庵の希望により、居宅、店舗用地を別途提供計画。

（2）大蔵省の土地は、特に欲しいというわけではない。渡辺（坪当たり6000万円で内諾）と交換の話あり。

（3）銀座の地上げはうまくやった。これはイトマンから話が来てやったもの（住銀栄町支店の大野→イトマン加藤常務→河村社長）。イトマン内部では本件、大塚が手掛けた案件で皆逃げ腰でとんでもない案件だった。
②ゴルフ場プロジェクトの件
　関ゴルフ倶楽部は11月5日にグランドオープン。11月23～25日にシニアトーナメント。今後、中日クラウンズは関でやることに決定。トレビノ、リトラー、ロドリゲス等招聘《しょうへい》予定。設計はJ・マイケル・ポーレット、コスト200億円超。関、瑞浪で1000億円集める予定。LPGA（日本女子プロゴルフ協会）世界マッチプレー開催権をイトマンが取得。今後5年程度のめどたっている。年間3～4件の大きな大会をこなす要あり。
③基本的な考え方
　ゴルフ場は積極的に仕込みを行う。コンスタントに年間150億円程度の利益確保。その間に本業を建て直してほしい。そうすれば自分の役割は終わる。

§

よくもまあこれだけの嘘八百を次から次へ、ぺらぺらぺらぺらとまくしたてたものである。しかし伊藤氏には独特の魅力があったらしい。磯田会長もそれにあっさりと騙された。あまりにあっさりと。

§

◉同日　秋津専務と
國重　イトマンに調査が入っているらしいですね。

秋津　そう、結果がどうなるかだな。大上常務が河村社長から2枚ものの借入圧縮計画を取ったらしい。ところが巽頭取も玉井副頭取も相手にしなかった。結局大上常務は、磯田会長と西副頭取に説明したらしい。

◉9月6日　吉田融資三部長と

國重　調査の結果次第では、逆効果になる可能性がある。永田部長によくポイントを説明しておいたほうがいい。

吉田　自分からもよく言っておく。

——§——

私はかなり危惧していた。伊藤寿永光氏にあの調子でやられたら、住銀の連中はころりとだまされてしまうかもしれない。伊藤氏からしたら、住銀のエリートなど甘ちゃんばかり、赤子の手をひねるようなものだろう。それでは調査をしたが、「問題ありませんでした」ということになり、逆効果になりかねなかった。

——§——

◉9月7日　調査部の安川と

チームは煙に巻かれている。伊藤寿永光は大変なやり手で、ひょっとしたら彼の言うとおりかもしれない。伊藤はプロジェクトの中身について何でも聞いてくれとオープンな姿勢。一方、経理は高柿副社長がいない（欧州出張中）ので、出せないと抵抗中。絵図ばかり見せられて、実態の数字がとれない危険性が出てきた。

――§――

私の懸念したとおりになってきていた。急がなければ。住銀自体が伊藤寿永光氏にやられてしまう可能性すら出てきた。そんなことは、あってはならない。しかし、調査部の連中といったら、どうだ。彼らの目はすでに濁っている。

猛烈な巻き返し

――§――

◉同日　西川常務と

調査のポイントをメモにして手交。

國重　このままでは「調査したが、何も出なかった。頭取はなんてことをするんだ！」ということになりかねない。もっとチームにがんがんやるよう言ってくれ。

西川　わかっている。

――§――

◉9月8日　大塚記者と電話

今夜、河村社長が在阪の記者を夜間呼んでいる。何か発表するらしい。

悪い予感は的中した。

翌日の9月9日、日経朝刊が「伊藤万がゼネコンなどと提携　不動産事業を縮小——保有地を開発・売却」というタイトルで記事を載せた。

〈伊藤万は、不動産事業を縮小する。大蔵省の不動産融資規制や高金利を受け、過大な不動産在庫を抱えたままでは経営圧迫要因にもなりかねないと判断した。具体策の第一弾として、大手ゼネコンなど五社と提携し、保有している一部土地にビルを建設し売却する事業をスタートさせる。狂乱地価のもと、この数年不動産事業に参入する異業種企業が目立ったが、環境変化を受けて方向転換する企業も相次ぎそうだ。

伊藤万と提携するのは鹿島建設、大成建設、三井不動産、熊谷組、福田組の五社。五社と伊藤万はこのほど、個別にビル開発会社を設立、伊藤万グループが保有する約一千億円分（地価換算）の土地（東京、大阪など約十カ所）でのビル開発に乗り出す。建設するビルはマンションやオフィスにする見通しで、分譲または棟売りの形で売却していく。今後同様の方法で、ほかの保有不動産の売却も進める。

伊藤万は繊維商社からの業態転換の一環として不動産事業に力を入れていた。八八年にワンルームマンション大手だった杉山商事（現イトマントータルハウジング）を買収して以来、不動産事業を急速に拡大してきた。この二月には不動産事業を手がける企画監理本部を大阪に設けるなど体制の拡充もしていた。方向転換を機に同本部は「建築設計事業の部隊に衣替えさせる」（河村良彦社長）という。

不動産融資規制を受けて不動産各社は資金調達コストは上昇している。一方で景気の先行き不安感や金利上昇にもかかわらず地価が高止まりの様相を見せており、販売用不動産の仕入れが難しくなっている〉

——§——

◉9月9日　吉田融資三部長と

日経に5社会の記事が出た。このままではイトマンのペースになり、イトマンの自立計画を見守るというストーリーになってしまいかねない。日経に暴露記事を書かせる手があるか。

——§——

ようやくこちらが戦闘態勢になってきたところで、猛烈な巻き返しが起こっていた。もう、一刻たりとも猶予はならない。

——§——

◉9月10日　大塚記者と　八重洲富士屋ホテルにて

記事の載せ方について打ち合わせ。

日銀あて提出資料手交。

二人の間で「書け」「書きにくい」と口論。最後に、日銀の資料を見て大塚記者が「これなら書ける」と。

◉9月11日　調査部の安川と港区役所へ

港区役所都市計画課にて南青山のケースについてヒアリング。得たデータをもとに、南青山のビル完成のケース試算。年間85億円の赤字垂れ流し。

◉同日　兼元俊徳氏と「ド・デュ・ダーンド」にて

國重からイトマン問題の概況について説明。

兼元「磯田会長の老害はいろいろなところで言われている。磯田会長は娘を河村社長にからめとられてしまっているようだな」

兼元俊徳氏は警察庁のキャリア官僚。

§

◉9月12日　桑原氏、吉田融資三部長と

桑原「イトマンの買った絵310億円は『ピサ=園子』が嚙んでいるのではないか。松下常務からピサの岩田社長にそれとなく聞かせよう[注Ⅳ]」

§

◉同日　西川常務と

河村社長は強気らしい。絵の件は、調査チームが（イトマンの）加藤常務に聞いたところ、「知っているが、言えない」との回答。ところが伊藤寿永光がチームに、「400億円の絵は磯田会長の娘の園子さんに頼まれてピサから買った。うち50億円は関ゴルフ倶楽部に持っていった」と話した。若いチームメンバーは大きなショックを受けたようだ。これは、これ以上調べると磯田会長の問題に突き当たるというブラフだろう。
本日の経営会議で東西広報室を合併して広報部を作ることになったが、のちほど大阪の広報部を独立させることに決まる。大阪の日経対策か。

◉同日　大塚記者と電話
小孫記者が巽頭取に会った。「9月14日夜、巽頭取が河村社長に会う。記事はその後にしてくれ」と。明日、小孫記者が巽頭取に会う。阪尾広報部長もどんどん書いてくれという感じになってきている。

§

住銀の内部にもさすがにまずいという雰囲気が出てきていた。だから、もうマスコミを使うしかないという気運が高まっていたのだ。

注
Ⅳ　第9章8月27日付メモ「西川常務、吉田融資三部長と」参照。「イトマンについてはようやく輪郭がわかった。もちろん、その詳しい中身は不詳。絵画に310億円も使ったりしている（アイチｏｒピサ＝園子の店？）」とある。

権力は周囲から腐る

◉同日　行内で情報収集

磯田会長の絵の件。園子はもともとインテリア担当だが、ピサの中にサザビーズの代表で塩見という女性がいて、その縁で噛むようになった。

§

◉9月13日　調査部の安川と

調査は長引かせるということになったようだ。収益もゴルフ場についての企画料、手数料ということで計上しており、だいたいの構造がわかってきた。注V

◉同日　OBの佐合氏と　三重銀行にて

イトマンの大野が東京へ転勤になった。花村専務が栄町支店に来て、イトマンと大野の関係を聞いていたと。注VI

イトマン内部では100枚以上、社名入りの封筒を使ったセクションを調べているらしい。

黒川洋氏に関連して、住友クレジットのノベルティ商品、住銀のヨットのデザイン商品はすべてジャパンスコープを通しているらしい。

§

磯田会長の娘の園子氏、そしてその夫の黒川洋氏が重要なキーを握っているのは明らかだった。園子氏が勤める高級宝飾店ピサからイトマンは何百億円もの絵画を購入していたし、黒川氏の会社ジャパンスコープが住友グループのあらゆるところに喰い込んでいた。

これは周囲の人間たちが磯田会長のことをおもんぱかって、みなが勝手に黒川氏への厚遇を進めていった面が大きい。その結果、黒川氏の意図するしないにかかわらず、黒川氏がある種権力の結節点となってしまっていた。こうして権力は周囲から腐っていく。

§

◉9月14日　吉田融資三部長と

イトマンの手形が5億円、町の高利貸の間に出回りだした。急がねばならない。

三菱がイトマンの貸金の期日回収を図りだした。

§

◉同日　調査部の安川と

チームは昨日引き上げた。今後は、個別案件ごとにイトマンに行ったりして調査を進めることになろう。

9月16日、私が大塚記者に渡した資料をもとにした記事が日経に出た。見出しは、「伊藤万グループ　不動産業などへの貸付金　1兆円を超す——住銀、資産内容の調査急ぐ」。

〈過大な不動産投資が問題になっている伊藤万グループの主取引銀行の住友銀行が大蔵省・日銀に報告した同グループの今年六月末の資産・負債の内容が十五日、明らかになった。報告によると、不動産・有価証券関連の投融資額は一兆三千五百億円強で、三カ月間で約二千四百五十億円も増加した。特に、大平産業（本社、大阪市）など不動産業向けを中心とした貸付金は合計一兆円を超えた。その結果、有利子負債は約二千億円増加、一兆四千六百億円を上回った。また、投融資のうち、旧杉山商事（現イトマントータルハウジング）に対する約千五百億円の六割にあたる約八百七十億円が固定化しているのも分かった。これ以外にも固定化しているか、含み損を抱えた資産がある可能性もあり、住友銀行は資産内容の調査を急ぐ方針だ。

報告しているのは伊藤万、イトマンファイナンス、イトマントータルハウジング、伊藤万不動産販売の中核四社を連結した数字。投融資の内訳を見ると、旧杉山商事のほか、南青山の土地取得で八百億円強、奥志摩の土地取得で約百四十億円、大平産業で、不動産肩代わり約四百六十億円、貸付金約八百二十億円の合計約千二百八十億円。

また、六月に伊藤万常務に就任した伊藤寿永光・協和綜合開発研究所代表取締役の関連ではゴルフ場約七百二十億円、不動産約八百三十億円などあわせて約千七百十億円ある。さらに、大口貸付先として大正不動産（本社、大阪市）四百五十億円弱、大和地所（本社、大阪市）四百億円弱などがあり、その合計は三千八百五十億円に上る。

一方、有利子負債の内訳は借入金が三月末比千九百億円増の一兆二千三百億円、ＣＰ（コマーシャルペーパー）が百五十億円増の千四百億円。このほか、伊藤万による保証の予約も二百六十億円弱あるという。

伊藤万は繊維中心の中堅商社だが、多角化の一環として不動産事業に進出。ここ二、三年で、不動産投資を急拡大させている。

連結ベースの平成二年三月末では、不動産・有価証券関連の投融資額が一兆千百億円弱、そのうち不動産関連中心の貸付金が七千六百億円。原資となる有利子負債も一兆二千六百億円強にふくらんだ。

こうした負債と資産の急膨張が四月以降も続いているわけだが、今年に入ってからの金利の急上昇で、金利負担が重くのしかかっている。しかも、取得した不動産の大半が商品化に時間のかかるものばかりなのが実情。このため、住友銀行は不動産投資の圧縮による借入金の削減が必要と判断、資本参加した雅叙園観光との不透明な取引関係も含め、資産内容の調査をしているもの。

大蔵省・日銀は地価抑制策の一環として不動産業向け融資の総量を規制、ノンバンク向けなどの融資実態の報告を銀行に課しており、伊藤万グループの不動産投資の内容にも重大な関心を持っている。住友銀行がその内容を報告したのは大蔵省・日銀の要請による〉

——§——

◉9月17日　秋津専務と
あの記事を見たか、河村社長は激怒している。あれを見て、各行が一斉に貸金の返済を求めたら、イトマンはつぶれるぞ（ひきつったような顔で）。

誰が犯人かは結局わからないだろうが、あれは営業審査部が作った資料。玉井副頭取の配下から出たのではないか。

――§――

犯人が誰かは、本当にわからないのだろう。

日経に渡った資料はもともと住銀がつくったものだ。しかし、それをそのまま出してもニュース価値はそれほど大きくない。それが日銀に行き、日銀が住銀のデータをもとにまとめる。そこでニュース価値は100倍、1000倍になる。日銀がまとめたものというお墨付きが得られるからだ。そしてニュースの出元もわかりにくくなる。

――§――

注

V　イトマンは伊藤寿永光氏のゴルフ場案件などに融資をする見返りに、その融資金の一部を伊藤氏側から企画料などの名目でイトマンに入金させていた。河村社長はこの仕組みを利用することで決算利益を計上することができ、伊藤氏はイトマンから融資金を引き出せるという意味で両者にとって都合のいいスキームであった。

VI　大野氏は先述したとおり、住銀出身。名古屋の栄町支店時代に伊藤寿永光氏と知り合い、河村社長に伊藤氏を紹介したと言われる。その後イトマンに出向し、このときは企画監理本部の副本部長だった。

磯田会長への「Letter」、再び

◉9月18日　桑原氏と

今野さんに、磯田会長のスキャンダル「Ｌｅｔｔｅｒ」を、頭取経験者5人（堀田庄三、浅井孝二、伊部恭之助、小松康、巽頭取）にもばらまく方向で手配を依頼。

佐藤茂氏に日経の記事の件で20件以上の照会あり。これから相手は確実に住銀を攻めてくるだろう。一度、佐藤氏も入れて打ち合わせをやる必要あり。

◉9月19日　ＮＨＫの早坂記者、冷水記者、桑原氏と

イトマンの現状、特に伊藤寿永光の経歴、コスモとのかかわり合いなどについて説明。

——§——

9月19日　磯田会長への「Ｌｅｔｔｅｒ」発送

この「Ｌｅｔｔｅｒ」では、辞任を口にしながらいつまで経っても辞めようとしない磯田会長に対し、早期の辞任を迫った。

——§——

◉同日　企画部ＭＯＦ担の横山と

今日、西副頭取が（日銀の）河合考査局長のところへ行った。情報管理をきちっとしてほしい旨クレーム。日銀は今回の三菱の考査について査定せずとの方針。河合局長「いつもの住銀らしくなく、対応が遅いですね」と皮肉。

◉9月20日　桑原氏と

今朝の日経の1面に、「伊藤万　債務3500億円圧縮——不動産売却、住銀も協力」とのイトマンの不動産投資圧縮方針の記事が出た。日経大阪による記事だろう。

§

〈中堅商社の伊藤万は十九日、大幅な債務圧縮を柱とする経営計画を固め、主取引銀行の住友銀行も全面協力することで合意した。九月末で八千五百億円弱に達する見込みの連結決算ベースの不動産関連投融資を不動産の売却などで九〇年度下半期に四割強減らす。これで九一年三月末までに不動産関連債務を九月末比で約三千五百億円、前年同期比で約二千二百億円削減する。金利上昇に伴う収益への悪影響を避けるため、住友銀の助言を受け巨額の借入金をもとにした不動産投融資の拡大路線から転換する。

伊藤万が住友銀に示した計画は過大といわれる不動産関連投融資の整理を主体にしている。それによると、同社の不動産投融資は関連会社分を含めた連結ベースで九〇年三月末からさらに千三百億円弱増え、九月末には八千五百億円弱になる見込み。これを九一年三月末までに五千億円弱に減らし、総額一兆三千億円前後ある借り入れもほぼ同額圧縮するという内容だ。

裏づけとなる不動産の処理案として、まずイトマントータルハウジング（旧杉山商事）の分譲マンション用地の売却、大平産業（本社大阪市）保有不動産の転売による同社向け貸付金回収で一千億円強を見込む。ほかに大正不動産（同）や大和地所（同）向け貸付金回収などで二千億円強。イトマンファイナンスによる貸付金圧縮も見込んでいる。

伊藤万は繊維主体の商社からの多角化を急ぎ、ここ数年で不動産投融資を急拡大してきた。この原資の大半を借り入れに依存したため、有利子負債は一兆三千億円前後に膨張している。
河村良彦伊藤万社長の話　当社の不動産在庫は旧杉山商事引き取りなどを主因に特にこの一年で増えたが、もともと一年以内に減らしていく方針だった。そのメドがついた分について住友銀行に説明し、理解を得られた。金利負担の膨張を懸念してあわてて組んだ計画ではなく、九〇年度の業績も大幅な減益になるようなことはない。
巽外夫住友銀行頭取の話　伊藤万の不動産関連投融資が最近急増していることについて説明を聞いている。同社は不動産の売却や元請け事業貸付金の回収により年間で約二千二百億円の借入金を圧縮する計画を示し、当行も了承、全面協力する〉
この記事は、9月16日の記事に対するイトマン側からの巻き返しに違いなかった。同じ日経新聞でも、トーンがまったく違っている。

——§——

◉同日　吉田融資三部長と電話
日経の9月16日の記事の件、9月14日金曜から大騒ぎしたらしい。西副頭取は「もう出ても仕方ない。むしろいいのではないか」というスタンスだが、巽頭取は何か考えがあるのか、「今はちょっとまずい」とのことだった。大蔵省などから（記事を止めるよう）手を回したがダメだった。日銀記者クラブのメンバーが書いたということになった模様。

問題は、住銀が一枚岩でないこと。相変わらず磯田会長は伊藤寿永光や野村永中（！）たちと会っているようだ。専務陣も問題の所在はわかっている。わかっていて動かないのだから、余計始末が悪い。

◉9月21日　佐藤茂氏、桑原氏、吉田融資三部長と

伊藤寿永光によると、河村社長も伊藤も磯田会長にはめられたと思っていると。河村社長も伊藤寿永光も磯田会長が言うとおりに住銀が動いていないので、磯田会長に対して悪感情を持ち始めているようだ。

§

磯田スキャンダル「Ｌｅｔｔｅｒ」を頭取経験者に投函。大蔵省国金局、証券局へも

§

特捜部長との飲み会

◉9月23日　Ｙと電話

8月31日から連日地検に呼ばれている。質問内容は小谷をめぐるカネの流れと、住銀の関与。たぶん小谷が話をしないので、Ｙの供述をもとに裁判維持しようというハラ。西副頭取のことも再三再四聞かれている。

退職願を日付ブランクで出した。退職金も１５００万円出る。９月末で辞めることになるだ

ろう。1～2ヵ月ぶらぶらして友人の紹介する会社に行くつもり。

◉同日　大塚記者と　芝浦の「ストロベリーファーム」

2回目の記事（9月20日付）は信用不安を防ぐため、巽頭取と河村社長が話し合って小孫記者に頼んで書いてもらったもの。従って東京の記事。

外銀と地銀を中心にイトマンに1800億円の返済希望があった模様。

朝日の大阪版にもでかでかと出ている。

イトマンへの調査は終わったと巽頭取も言っているが本当か？

今後やるべきこと……「Letter」を次のところへ出す。地検、公認会計士、大蔵省の中川企業財務課長、マスコミ。

◉9月24日　調査部の安川と

イトマンの調査は続いている。9月25～26日は東京の調査を行う。東京は伝票なども見せると協力的だが、大阪は×。

手形が出回っている。「10億円×4枚」と「6億円×1枚」、計46億。振出人はイトマン、名義人は関西新聞、裏書人は関西コミュニティ。いずれも許永中の会社。絵の資金。

8月末の借り入れは6月末に比べ微増（プラス50億円、含むコマーシャルペーパー）（だが、手形は乱発）。

◉9月25日　大蔵省検査着手、新宿新都心、中之島支店。

◉同日　中野常務と

昨日、有馬ロイヤルで巽頭取は臼井専務とゴルフ（プライベート）。秋津専務は磯田会長にべったりしているが、巽頭取は評価していない。

今や磯田会長は次の頭取を自分で指名するだけの気力がなくなっているかもしれない。疲れ切っている。

朝日新聞がコーリンの件で住銀に公開質問状を出した。①Yがうまいことを言ってカネを出させた地主のリスト、②本件への住銀の役員の関与の度合い、③Yは開き直っているという説がある。

◉同日　行内で情報収集

磯田会長の機嫌はすこぶる悪い。記者に追いまくられて、自宅に帰れず黒川洋氏の家から今朝も出てきた模様。

スケジュールはキャンセルに次ぐキャンセル。ラグビーの日米対抗も杉良太郎のパーティも欠席している。

◉9月26日　総務部の平沢次長と電話

本日の花月会。中野常務が出席することになっているが、まずい。時節柄あまり地検に住友の人間が近づかないほうがよい。

しかし今日の今日になって中野常務に出るなとも言えない。困った。

§

花月会とは、浅草橋の料亭「花月」でやっていた会合だ。東京国税と東京地検の幹部を招いて定期的に住銀が接待をしていた。だが、このころ、東京地検特捜部がコーリンの件で動いているという情報も伝わってきており、いかにも微妙なタイミングだった。

§

◉同日　平沢次長と電話

花月会、心配していた通りになった。中野常務が石川特捜部長と話し込んでいた。その後、平沢のところへ来て「心配ないよ。特捜は最後は何とかすると言っていたぞ」と。なんてこった。

今後、(中野常務は)西副頭取や磯田会長に対し、「コーリンで特捜は住銀に対し変なことはしない。総務部が騒いでいるだけだ」と言いふらすに違いない。また何かあったら、石川部長と親しいとか言って近づくに違いない。

§

だから甘いというのだ。夜の宴席で特捜幹部と話して耳ざわりのいいことを聞いたからといって、それが事実で通用すると思っているのか。それに、宴席で少しくらい話したからといって「親しく」なり、捜査に何か手心でも加えてもらえると思っていたのだろうか。

　事態は停滞していた。

第11章　磯田退任

イトマン調査に進展あり

◉1990年9月26日　昼休み、廊下で保崎秘書と中野常務がすれ違うところにたまたま遭遇
中野常務はしきりと西副頭取と会いたがっていた。案の定。

§

やはり、中野常務は西副頭取に懐柔されていた。

保崎秘書は西副頭取の担当だ。中野常務は私と話すときには、西副頭取がとんがっているから住銀はおかしいなどと言うが、人によって使い分けているわけである。こういうことにだけ気を配る。これこそサラリーマンの出世の秘訣だ。あちこちから情報を集めているからこそわかることだった。

仕事は部下がやってくれるから、皆時間はあるのだ。それをいかに使うか。私は銀行を変えた

いと思って情報を集め、工作をする。少し格好つけて言えば、自分の信念があり、正義を貫こうとしていた。他の人たちは自分の拠って立つもの、一貫した筋がない。変幻自在、いかに出世をするかに腐心をして、人ごとに言うことを変えるようにする。そこに気を配って時間を使う。

私は、自分に絶対の自信があった。自惚《うぬぼ》れかもしれないが、能力があるのだと思っていた。だからそれを貫きたかった。

もちろん、自分がこれだけ陰で動いていることがばれれば、私のサラリーマン生活は終わる。それでも、私はおかしなことをおかしいと言わない連中への憤懣《ふんまん》が強くあった。黙っていられなかったし、じっとしていられなかった。ばれて会社から排除されれば、それもまた一つの生き方である。

だから、誰に命じられるでもなく、誰に言うでもなく、私は一人で動いていた。

住友銀行のため、愛社精神というよりも自負心、プライドの問題だった。

——§——

◉同日　吉田融資三部長と

事態はまずまずといったところか。

調査は終わっていない。昨日、永田調査部長と1時間くらい会った。かなり分厚いレポートができている。それによると、穴は2000億円。資本金差し引きで700億円の穴といったところ。もっと厳しくやれと言っておいた。

永田部長にはすさまじい圧力がかかっている。先日の日経の記事について、伊藤寿永光は永田部長が漏らしたと思い、伊藤寿永光→磯田会長→西副頭取というルートできつい叱りの話があった。[注I] 後で日銀から漏れたということになり、伊藤が「申し訳なかった」と言ってきた。なぜ、伊藤→磯田会長→西副頭取というルートがあるのだろう。

金繰りは本当にきつい。外債270億円もコマーシャルペーパーの返済でパア。

●9月27日　伊東秘書室長
『経済界』の佐藤正忠氏が磯田会長に会いたい、磯田会長も佐藤氏と直接話がしたいと。伊東室長が電話でスケジュールを調整中。

●同日　大塚記者と
調査チームの中間報告ができたらしい。報告内容について、できたら9月30日夕方までにわかるとありがたい。10月1日（月）に大蔵省の土田局長と会う。

『日経ビジネス』にもねじを巻いておいた。近々、公認会計士に会いにいくだろう。

マスコミにも「Letter」を出してほしい。

●同日　秋津専務と
日刊ゲンダイにも住銀とイトマンの不協和音が出ている。まずい。

わからないことだらけで真相がどこにあるのかわからない。

最近よくマスコミが来る。何しに来るかわからないのがある。先日も朝日新聞のデスクが来て、「次の頭取は秋津専務ですね」と帰り際にささやいていった。磯田会長か巽頭取が流したのだと思うが。

§

そわそわ、ざわざわと浮き足立っていた。浮き足立っても何もいいことはないのに。

§

◉9月28日　T弁護士と電話

先般、伊藤寿永光から相談があった。関ゴルフ倶楽部についてイトマンと業務委託契約を結んで、会員権を売却したいのだが、利益相反行為にならないかチェックしてくれと。その売却の際、協和からイトマンに価額の10％の手数料を払う。

伊藤によると、関ゴルフ倶楽部は６００億円以上で売れると。これにより伊藤のイトマンからの借入は返済される。なかなかうまいことを河村は考えたなと思った（会員権は伊藤の部隊が売る）。

§

関ゴルフ倶楽部のオーナーは伊藤氏だった。完全なマネーゲーム。

§

◉同日　調査部の安川と

チームは1ヵ月たって、取りまとめを急いでいる。今日も永田調査部長から玉井副頭取、平尾営業審査部長に説明している（大阪で）。

永田部長も腹をくくって、言うべきことは言おうということになった模様。チームメンバーも当初は伊藤の弁舌に魅せられたこともあったが、やはりおかしいというコンセンサスができた。

9月25～26日の2日間、東京のイトマンを調べた。特に初日は準備していなかったので、いろいろなことがわかった。2日目は急に対応が変わり、隠すようになった。

グループ内で物件を移動させ、その都度手数料を落としていく手口はほぼわかった。たとえば、トータルハウジングの固定化在庫のうち幡ヶ谷70億円を非連結会社に130億円（国土法）で売却。利益を出している期間損益をどう見るか。チーム内で議論している。

資産内容は資本金1500億円のうち、剰余分を超えて資本金に喰い込むほど穴があいていると見ている。

絵については本当に買ったのか、本当に存在するのか疑問視する向きもある（絵は実在しないという説）。伊藤寿永光はチームに、ピサがらみを調べると磯田会長に行くのでやめろと言っている。

§

磯田会長がすっかり気弱になって、辞める気になっているという噂は完全に社内に広まっていた。そうするとみな現金なもので、スタンスも変わる。これまでとは違ってはっきりものを言おう、伊藤寿永光氏にも騙されるものかと懐疑の目を向け続けるようになる。しかしそれは決して信念の発露ではない。
巽頭取の天下になりそうだから、後で、あいつはあのとき弱腰だったと言われないように豹変するのだ。
何も決められないのに、変わり身だけはみな早い。

注
I　第10章参照。9月16日付で日経が「伊藤万グループ　不動産業などへの貸付金　1兆円を超す――住銀、資産内容の調査急ぐ」と報じた。

§

部長たちの建白書

◉9月29日　Yと　日比谷の東宝ツインタワービルにて
Y「相変わらず毎日、地検と総務部に呼ばれている。一時は逮捕されるかと思ったが、ヤマは越したと思う。4kg痩せた。9月28日付で退職した。銀行のあっせんで総合ハウジングの顧問（月50万円）で12月までつながれる。その後は友人の紹介で職を探す。ブローカーの秋山を自分は信じる。今後も付き合うかも」

§

私は、いつまでもYとは友人だと言って励ました。

§

◉10月1日　イトマンのディープスロートと　ニューオータニにて

封筒の持ち出しは8月上旬から厳しくなった。左端にナンバーリングを打って、30枚ごとに人事部からもらうことになった（もう渡せない）。

今日、90年上期の業績が順調なので給料日に1ヵ月分の特別賞与が出ると。ところが職員はいよいよ当社もこれでダメということかという反応。

伊藤寿永光の態度、渋谷部長によるとまるで社長気取り。たとえば、①河村社長も出席している会議の席上で、名古屋支店長に電話。「おお、生きてたのか」といった言い方をする、②アルパイン、コンドミニアムを作るのにハエがうるさい。「隣の牧場ごと買ってしまえ」と。[注Ⅱ]

イトマンの記事が出るたびに、藤垣副社長は河村社長にしかられて、「×」をつけられている。

§

今頃封筒に気をつけても遅い。すでにイトマンの封筒と便箋を使った「Ｌｅｔｔｅｒ」は出した後だ。私が書いた「Ｌｅｔｔｅｒ」は7通に達していた。

§

◉10月2日　阪尾広報部長と

秋津専務はどうして向こう側に行ってしまったのか。8月末に磯田会長が辞任する決意を固めたとき、西副頭取と秋津専務が夜自宅に行って、必死に慰留して止めたらしい。花村専務はこちら側に来たらしい。

◉同日　大塚記者と
　土田局長と会った。大蔵省は本気。事件になることを心配。検察とは連絡をとっていない。
事件にしないことを条件に河村社長と握っても認めない。以下、やり取り。
土田　検査どうしたらよいか。
大塚　続けろ。
土田　そうだな（結論出るまでやるつもり）。
大塚　住銀もMOF検を盾にやるつもりだから、むしろ歓迎するだろう。
　磯田会長とイトマンの関係をしきりと聞いていた。娘婿の黒川氏との関係？

◉10月3日　調査部の安川と
　経営会議の資料概略聴取。含み損2300億円。含み益1600億円。資本金1200億円。正味実力500億円と。こんな形で出したら「たいした問題ではない」ということになってしまうのではないか。
　イトマンが顧客の貸金の担保にとっていた手形の割引を申し入れてきた。二重金融。本当に金繰りが詰まってきた。

――§――

イトマンの正味の実力が500億円もあるなんて、こんなもの真実であるわけがなかった。金繰りが詰まってきたというほうは真実だが。

――§――

◉同日　西川常務と
西川　経営会議をやってもたいした結論にならないだろう。（吐き捨てるように）おかしいよ。
國重　こうなったら、部長クラスで建白書を作って内部の正常化を訴えましょう。文書、段取りは私が考えます。

――§――

◉同日　秋津専務と
秋津　明日、経営会議がある。
國重　どうするつもりですか。イトマンに人を出すんですか。
秋津　そのつもりだ。
國重　伊藤寿永光を外さなければダメです。
秋津　そう思う。
國重　必ず言いますね。
秋津　必ず言う。
國重　秋津専務がイトマンに行ったらどうか。私もついていきます。

――§――

私はイトマンに乗り込みたくてしょうがなかった。そして、内部からドラスチックに直接変えていきたかった。秋津専務は私に本音を話していたとは思えない。日和見して、流れがこうだと思ったら瞬時にそこに乗る。私とは、次元の違うところで生きていた。

注

Ⅱ　第7章7月12日付メモ「行内で情報収集」参照。アルパインはイトマンが開発していたスキー場で、ゴルフ場も併設していた。

——§——

突然の幕切れ

◉10月4日　T弁護士と

9月16日の日経の記事が出た日、伊藤寿永光から電話があり、至急大阪に来てほしいと。イトマンから伊藤への貸金が利益相反行為になっていないかチェックしてほしいと（翌日午前中、稟議書を見た範囲では大丈夫）。

月曜、協和からイトマンに出している担保の内訳を見た。たとえば、「関ゴルフ倶楽部の株券　3億円×180口＝540億円」。その後、関ゴルフ倶楽部の会員権を協和からイトマンに渡したいので契約書を見てくれと。その額は650口で685億円！　スキームは、協和から名古屋イトマンに手数料6850万円（10％）で業務委託し、名古屋イトマンからイトマンに再委託するというものだった。

◉同日　玉井副頭取に電話　前田外科にて　公衆電話から
玉井　秋津専務は磯田会長に頭取のエサをまかれたのかな。
國重　そう思う。

◉同日　佐久間、吉田長幸、中西正夫と　同期会のあと喫茶店で
國重　もうこのままでは大変なことになる。私がアメリカ出張から帰ったら公然行動を起こす。そのときは協力してくれ。
佐久間　焦るな。もう1週間以内に彼らは自滅する（その後、私だけに「明日、爆弾が炸裂する」と）。

◉同日　T弁護士から電話
明日、Yが逮捕される。容疑は背任（?）。小谷に客をつないだ男（秋山?）もつかまる。最高検の決裁も済んだと（吉田部長、西川常務、桑原氏に連絡）。

§

10月5日　18時00分　Y　出資法違反で逮捕

§

◉10月5日　江川専務、古瀬部長、足助部長と　支店長会議の後で、「中国飯店」にて
國重　経営会議メンバーは何をしているんですか。磯田会長の目ばかり気にして住友の存立の

危機に目をつぶっている。江川専務も昔はこんなんじゃなかった。しっかりしてくれ。
江川　君たちも自分たちのしていることを考えてみろ。
國重　私は部付部長。江川専務は代表取締役だ。
古瀬　（握手を求めて）國重もたまには骨のあることを言う。
足助　彼はいつも骨のあることを言いますよ。

——§——

この会話をしているときはまだY逮捕の一報は入っていなかった。宴の途中で、ニュースが入ってきた。私は我慢ならなかった。仲間が逮捕されるという前代未聞の事態にまでなっているのに、あまりに悠長すぎないか。こんなことをしている場合なのだろうか。こんなことを……。

——§——

◉同日　松下常務から電話
松下「今回のY逮捕について、上層部の責任追及も、というトーンにできないか」
◉同日　読売新聞の山口記者に電話
國重からコーリン問題について新しいネタを出す。紙面で「小谷と親しいと言われている副頭取への波及は必至」というトーンで書いてくれないかと依頼。
山口「ＯＫ」

——§——

10月7日（日）11時00分　磯田会長　突然の辞意表明

遅すぎた。しかし、幕切れは突然だった。

日曜日の午前という異例の時間帯。夕刊もなく、記者たちが一番弛緩しているときだ。そのときをねらって……としか思えないタイミング。

私も家でそのことを知った。近い、とは思っていたけれども不意を突かれたという思いだった。磯田会長はもう耐えきれなくなっていたのだろう。しかし、会長という座にまで登り詰め、「住銀の天皇」とまで言われた権力を自ら手放す勇気もなかった。そうしたら、自分がいったいどうなってしまうのか想像もできなかったであろうし、想像すること自体が恐怖であっただろう。

磯田会長は父親を早く亡くし、母親からずっと頼りにされてきたという。幼いころからいつも、何かあるとすぐ母親に「一郎さんはどう思う？」と聞かれたそうだ。

主のいなくなった磯田家には、財産を狙って人が群がってきた。母親はその人たちに対して、「我が家の頭領は一郎です。一郎の意見を聞きたい」と返答。まだ小学生だった磯田氏は、母親が自分に何を言ってもらいたがっているのかを表情から読み取り、そのとおりに答えた。母親が安心する顔を見て安堵したという。

だから自分が一族の頭領で、家族みんなを守るという意識が強かった。それゆえ、娘に対して甘くなって、なかなか決断できなかったのではないか。

早くと願っていたことであり、遅すぎると焦り、地団駄を踏んでいた私だった。そのために、彼を苦しませ、傷つけたであろうことにまで手を染めた。だが、いざそのときが来てみると、なぜだろう、苦かった。

それほどまでに、権力の頂点にあった人物を引き摺りおろすのは重いことだった。

今の住友は十字架を背負っている。その原因となった人物は責任を取るべきなのだ。頭では理解している。だが……。

自ら手を下したことが実現した今、喜びや達成感というよりも、苦さがこみあげ、そして穴がぽっかり空いたような寂莫感はその後もあった。

—— § ——

役員工作

◉同日　松下常務と電話

昨夜から大変だった。磯田会長から巽頭取に退任したいとの申し出。西副頭取と秋津専務にわからないようにするのにずいぶん気を遣った。

今後は一切動くな。

明日からの秋津専務とのアメリカ出張はぜひ行ってくれ。あまり秋津専務が動き回らないようにするためにも海外に出ていたほうがよい。

辞任は深夜、磯田会長から申し出てきた。巽頭取から仕掛けたわけではない。

前日に退任を発表し、記者に囲まれる磯田一郎会長（左）と巽外夫頭取（90年10月８日）

――§――

ちょうどこのとき、私は秋津専務と米国出張に行くことになっていた。

――§――

◉同日　西副頭取担当の保崎秘書と秋津専務が海外出張に出るかどうかで二転三転。結局、秋津専務が巽頭取に相談したところ、「行ってください」ということで決着。

◉10月8～11日　秋津専務と　米ハーバード大学へ出張

土曜～日曜にかけての午前3時頃、磯田会長から電話があった気配あり。秋津専務の話によると、女房が出なかった。痛恨の極み。もし自分が電話に出ていたら、辞任の記者会見など開かせなかったのに……。聞いたのは日曜の午前10時30分頃。
今回、西副頭取は辞表を出していない。恭順の意を表すのとはちょっと違う。生き残りを考えているようだ。西副頭取いわく「私（西）も玉井も一緒に辞めるべきだ」と。
9月16日の日経は玉井副頭取のリークだ。許せない。磯田会長を守ることは住友を守ることだ。結果として磯田会長をめちゃくちゃにしたことは玉井副頭取の責任だ。
いつからか西副頭取は後ろにひっこんで磯田会長が前面に出た。磯田会長のスキャンダル、私は知らなかった。
イトマンへの人材派遣、磯田会長は塚田常務と言っている。巽頭取も臼井専務も塚田常務を考えている節がある（巽頭取は三洋電機のときも塚田常務を出したくて仕方なかった）。
10月4日の経営会議の後、磯田会長から電話あり。1週間以内に伊藤寿永光を退任させ、人を派遣すると言っていた。
國重　4〜8月の空白期間が痛かった。
秋津　その通り。
國重　イトマンの問題を派閥レベルにしたのは西副頭取。
秋津　違う。本当に松下が動いていた。小谷と西副頭取のことを『潮流ジャーナル』にチクったのも松下。
國重　あれは南インターのやったことだ。注Ⅲ
秋津　松下は5月にセコムの飯田、東京製鐵の池谷、佐藤茂氏、桑原氏やヤクザと会っていることも知っている。
國重　そんなことない。松下常務は単純だが悪くない。西副頭取の言うことを信用するな。
秋津　いや、事実だ。
國重　では、いつどこで会ったのか示してくれ。
秋津　……。これまでの磯田会長の作戦は自分がたてていた。西副頭取は2年前から小谷との関係を絶ったと（國重……嘘だ）。磯田会長のスキャンダルは私は知らなかった。あんなことをしていてはダメだ。君の情報源は？
國重　OBと警察庁の友人。
秋津　OBは（住友クレジットサービス社長の）鈴木雍氏につながるのか。
國重　YES。
秋津　あいつはけしからん。情報垂れ流しだ。伊東秘書室長は磯田会長から松下のことを何度も聞かれた。伊東は「松下常務はそんなことをしていない」と答え続けた。磯田会長は伊東を遠ざけた。伊東も、もっと調べて答えるべきだ。
（帰りの成田空港で、事態の収拾がつくまで磯田会長が残留するとの報道を見て）
秋津　やっぱり磯田会長はすごい人だ。まだまだわからんぞ。
國重　西副頭取は悪い人だ。くれぐれも騙されないようにしてください。

――§――

磯田会長は辞任会見をしたものの、辞任の時期については明確に語らず、この期に及んで影響力を保持しようとしていた。そんな磯田会長の姿に喜んでいる秋津専務も呆れたものだった。

――§――

●10月12日　吉田融資三部長と

昨日、磯田会長と玉井副頭取がさんざんやりあったらしいがダメだった。磯田会長は責任逃れに終始。この7年間のことは自分は会長で関係がないと言った。呆れた人だ。西川常務はカンカンに怒っていて、建白書を準備しようとしている。鈴木雍氏が堀田常務に、秋津専務を頭取にすると磯田会長が言っているので、役員工作を手伝ってくれと言ってきたらしい。

――§――

西川常務も開き直っている磯田会長への怒りが爆発寸前だったようで、ここから部長たちを集めて磯田会長を追い詰める建白書作りに動き出そうとしていた。

――§――

●同日　桑原氏と

巽頭取が佐藤茂氏に会って相談したいと。10月15日の夜に会うことになった。

●同日　調査部の安川と

明日、部長たちが集まるらしい。

●同日　吉田融資三部長と電話

國重　明日、部長会をやるのか。
吉田　よく知っているな。絶対内緒だ。
國重　その場合、次の三原則をくれぐれも決めてくれ。①小谷問題の責任追及、②河村社長、伊藤寿永光の退任、③住銀からのイトマンへの役員派遣による住銀主導の再建。
吉田　わかっている。
その後、西川常務にも電話、同様の趣旨伝える。

◉10月13日　読売新聞の山口記者と　大手町の路上、車中にて
國重　とにかく住銀は最低の状況。西副頭取と河村社長を追いつめなければいけない。次のネタを出すから、できるだけ早く書いてくれ。①光進への融資の実態、②立川の株式、③嬉野国際観光[注Ⅳ]、④西副頭取の自宅。
山口　わかった。

◉10月14日（日）深夜　松下常務から吉田融資三部長に電話
巽頭取は腹をくくった。火曜までにけりをつける。

◉10月15日　吉田融資三部長と　銀行会館にて
10月13日に部長会をやった。14時～24時。激しい意見が続出した。10月14日に代表7人（西

川、野一色、古瀬、加藤、白賀、古野、吉田）が大阪に行って、ロイヤルホテルで巽頭取に会った。巽頭取を励ました。

河村社長と伊藤寿永光が開き直っている。これを崩すためには会社更生法をやるしかないかもしれない。そのつもりで準備を始めた。他の金融機関に迷惑が掛からない方法があるか、久保利弁護士に聞いてくれ。[注V]

◉同日　秋津専務と

本日、専務だけの経営会議があった。激論があった。

§

10月16日　磯田会長退任、西副頭取退任の報道

午前中の経営会議で正式に決定。

磯田会長は最後まで抵抗して、巽頭取や玉井副頭取も道連れにして退任する道を探っていたが、最終的には幹部たちが反発したようだった。磯田会長が取締役相談役に降り、西副頭取は退任することで、ついに巽‐玉井体制が主導権を掌握する形となったわけだ。

行内抗争にひとまずけりをつけ、事態はここからイトマンの処理にと、ようやく入っていくことになる。

注

Ⅲ　第8章8月19日付メモ「Yと電話」参照。小谷氏と訴訟になっていた不動産会社・南インターナショナルが情報源という意味。

Ⅳ　嬉野国際観光はゴルフ場運営会社。河村社長は、イトマンの取引先が持つ土地と、自身の持つ土地を「等価交換」する手法で、税金を誤魔化していたとして国税から課税処分を受けることになる。嬉野国際観光はその取引先がもともと作った会社。

Ⅴ　久保利弁護士は、現在、日比谷パーク法律事務所代表を務める久保利英明弁護士のこと。住友銀行が平和相互銀行を合併承認する際の株主総会の総会指導も受け持ってもらっていた。

§

イトマン問題専従チームの辞令

◉10月16日　行内で情報収集

昨日10月15日、磯田会長は秋津専務と11時〜12時、巽頭取と13時半から15時まで話をした。午後、磯田、巽、両副頭取を除いた専務のみの経営会議があった。

今朝、磯田会長は車の迎え時間がなく、伊東秘書室長も経営会議があることを知らされていなかった。堀田名誉会長も怒り狂っていると。

◉10月17日　行内で情報収集

西副頭取は花村専務と臼井専務に対して怒り狂っているらしい。裏切者、絶対に許さないと。

◉10月18日　秋津専務と

ひどいもんだ。経営会議メンバーは皆日和見をして流れが一つの方向に行くとなったら一斉にその方向に傾く。特に花村、森川はひどい。経営会議で一番激しい意見を言ったのはこの二人。

磯田と西に退任を勧めたのは自分だ。磯田は8月23日から辞めたいと言い続けてきた。それを自分は支えてきたが、辞意表明をしたらどうしようもない。

自分の腹は決まっている。辞めろと言われれば辞めるし、もっと働けと言われれば働く。

§

皆、流れを読んで、いま何をするのが得策なのかを嗅ぎ取る。それに乗ることにかけては超一流なのだ。

10月18日　イトマン問題専従チームの辞令拝領

この日、住銀はイトマン問題担当の特別チームを設置することを発表した。私はそのメンバーの一人に選ばれたのだ。

ついに来た。これでやれる、やるしかない。私の血はたぎっていた。当事者として思う存分に動くことができる。自分が主役となってイトマンと住銀を変えるしかない。

——§——

◉10月19日　チームに対する玉井副頭取の挨拶
イトマンは憂慮すべき状態。2～3月以降、しばしば警告。だが暴走。4月以降、貸し増しストップ↓他行から借入。

河村社長はなぜか自信満々。住銀に反抗的なので、ねばり強く説得。だが無制限に融資するわけにいかない。

住銀の支店とイトマンが共同でやったファイナンスは住銀で肩代わり。
イトマントータルハウジングの資産はすべて住銀が引き取る。前倒しで実行できないか。売れば損が出る在庫。800億円のうち300億円、住銀で融資。この緊急融資の枠も来週前半に食いつぶすだろう↓資産売却をしてつなぐのか。
河村社長は、「イトマンファイナンスの手形は5000億円（あるいは3600億）ある。これを地銀に持ち込むと当座貸し越しできる。No Problem」と。河村社長の言うシナリオは百パーセント実現しない。和戦両様、和も戦もいろいろバラエティある。早くやらねばイトマンの資産は著しく散逸。ただし、あまり早すぎると世間の指弾。タイミング難しい。

▽
あらゆる情報を集め、あらゆる検討を加えて対応していく↓専従チームでやる。申請を見たり、イトマンに行ったりはしない。和戦両様に備えての戦略本部。営業審査部はポテンヒット

を出さないよう注意しろ。委員会委員長は西川常務、副委員長は吉田融資三部長、平尾審査部長、チームは委員会の下に所属。

――§――

イトマンから貸金の申請が来たら、それは審査部が見るからチームは申請を見なくていい。つまりは、どういう方針でイトマン問題を解決していくか、その戦略を立てる本部のような役割だった。私はイトマンに正面から乗り込むつもりでいたから、この「イトマンに行かない」という方針には不満だった。

――§――

◉10月23日　大塚記者と電話

『日経ビジネス』の記者が土田局長に会った。明日あたり証券局が公認会計士を呼ぶと言っていた。

――§――

◉10月30日午前　行内打ち合わせ会　巽頭取、玉井副頭取、西川常務、吉田融資三部長以下

和か戦か、議論出るも方向出ず。いずれにしても、伊藤寿永光の退任の道筋を作ることが大切。このためにも大上常務とともに國重が伊藤寿永光と会う。

――§――

チームが発足してからしばらくは、私のこのメモに空白の期間が目立つようになる。東京と大阪を往復し、前にも増して猛烈に忙しい日々が始まったのだ。

◉同日　三和部長と
今日明日の資金繰りは当面突き放す。河村社長にまで話を上げるようにさせることで一致（玉井副頭取も了解）。

―― § ――

◉同日　西川常務と
ピサとイトマン（あるいは許永中）の間で土地取引あり。国土法を逃れるために絵の売買。本件を東京地検が追っているという話あり。

◉同日　大塚記者と電話
住銀のトップは半年間は河村社長にやらせるつもりのようだ。何か新しい手を考えねばダメ。

◉同日　桑原氏と
桑原　今日、イトマン内部が相当がたがたしている。何かあったのか。
國重　資金を出すことを止めた。
桑原　許永中、伊藤寿永光が夜集まっていろいろと相談している。日信販が三田の案件で70億円出しているが、それについてイトマンが20億円保証。日信販は保証債務の履行を求めており、これを明日払わないと日信販は事故扱いとする、と。

イトマンへの資金を止めたのには、住銀に最後、泣きついてこさせようという狙いがあった。そうして泣きついてきたところで、一気に膿を出すための改革を迫ろうとしていたのだ。

私は、イトマンを追い詰めようと必死に動き回っていた。

——§——

電撃的な発表がなされたのはその最中だった。

11月9日午後、伊藤寿永光氏の解任が突如発表されたのだ。唐突に記者クラブに、「退職　常務　企画監理本部長　伊藤寿永光」という紙が投げ込まれたのである。

伊藤寿永光氏が退任にいたるまでの1週間、裏にはすさまじい暗闘があったと言われている。

前日の8日の朝、「①河村は12月中にも社長を辞任する予定である、②伊藤常務は、近々常務を辞任する予定である、③住友銀行に対して経営指導をしていただくことに合意」などと記された紙がイトマン広報部に持ち込まれた。住銀の大上常務が伊藤寿永光氏と相談して書いたものだったという。もちろん河村社長はこのようなメモを知らず、これを見て伊藤氏に退任を命じたのだ。

さらにその前日には磯田会長、河村社長、伊藤氏が大阪のホテルで会合。磯田会長は二人に辞任を迫った。ところが後日、その会話を録音したテープが出回り、週刊誌などに広く報じられることになる。

たとえば、『週刊文春』１９９０年11月22日号は、「奇々怪々伊藤寿永光常務〝解任〟で暗躍し

河村良彦社長（左）と会見に臨む伊藤寿永光常務。この会見の20日後に常務を辞任（90年10月19日）

た磯田一郎前住友銀行会長」というタイトルでこう報じている。

〈さて、今回の騒動劇の最大のヤマ場は十一月七日にやってきた。

この日、大阪市内で重要な会談が二つ行われた。一つは河村‐巽のトップ会談。もう一つは伊藤‐大上（信之・住銀常務）の実務会談。ほぼ同時併行的に行われた二つの会談は、今回の退任騒動劇を解くカギである。

伊藤常務がセットしたとされる河村‐巽トップ会談は、ごく短時間で終わった。席上、巽頭取は河村社長に対し、手書き文書を呈示する。

この〝最後通牒〟ともいうべき文書は三項目からなるといわれる。（中略）

一、河村社長は、世間を騒がせた責任をとり十二月末で辞める。

二、伊藤常務は、不動産部門圧縮計画（注・伊藤萬は来年三月までに三千五百億、九月までに合わせて七千億、と発表している）のメドが立ち次第近々のうちに辞める。

三、以上二点が満たされれば、住友銀行は各行の協力を求め、伊藤萬を救済する。

——意味するところは、これを呑まなければ、会社更生法適用に踏み切るぞ、といったところだろう。そして、十一月八日午後四時からの記者会見まで予定されていた。

当然ながら、河村社長は拒否。一説に、「ドアを開け、巽氏を押し出すように追い返した」。あるいは、後任社長の指名権と引き換えに、「三月末で辞める」との誓約書を書いたとも、伝えられるのだが……。

さて、これからが奇々怪々なのだが、この約二時間後、なんとあの辞任発表以後、「自身が不在の最高経営会議で相談役にタナ上げされ、いまや死に体。四面楚歌」（経済部記者）といわれる磯田一郎・住銀前会長がその場に立ち現れるのである。

この瞬間から、それまで一体と見られていた磯田・河村・伊藤三者の結束が一挙に崩れさった。

「磯田氏は、河村、伊藤の両者に、『二人ともすぐ辞めろ。でないと、会社更生法申請もあり得るぞ』と迫ったそうです。反発する河村氏に対しては、『これでキミと僕の仲も最後だな』とまで言ったと聞いていますよ」（事情通）（中略）

この磯田氏の〝変心〟の理由は何か。

それを解く前に、もう一つ、河村社長を〝激怒〟させる事件が起きた。伊藤常務によるクーデター＝住銀側への寝返りである。

それは「ほんのささいなケアレスミス」から発覚した、といわれている。

ここで、七日に行われた、もう一つの〝実務〟会談を思い出していただきたい。伊藤伊藤萬常務－大上住銀常務の間で一体何が話し合われたものか？

「要するに、伊藤氏は自分の抱える約二千億（正確には千九百五十億）の負債の処理を条件に、住銀側と裏取引きしたということですね。今後、住銀が自分の面倒を見てくれるなら、ということで河村社長と一緒の退陣に同意した。記者発表の素案まで作ったそうですよ」（事情通）

（中略）

これを察知した河村社長は、すぐ東京に飛んだ。そして翌八日、伊藤萬東京本社で河村－伊藤両者の間で〝大ゲンカ〟が昼すぎから夕刻まで展開されるのである。

河村社長の口から「お前、裏切ったな！」「いつから住銀側の人間になったんだ！」等々の激しい言葉が浴びせられた、と伝えられる。それに対し、最後には伊藤常務は口頭での辞意を表明する。

この最終局面で部屋に呼び込まれ、立会人となったのは、藤垣副社長だった。

——以上が、翌九日午後三時半に突如行われた伊藤常務〝退任〟発表の舞台裏である〉

伊藤氏が退任した以上、こちらも一気にケリをつけなければならない。事態は風雲急を告げていた。

——§——

◉11月9日正午　河合弁護士と

今日、地裁に行ってきた。

——§——

地裁に行く前には、巽頭取、河合弁護士らとさんざん議論した。残念ながら手帳にこの時の詳細な記述はない。忙しかったからだと思われるが、おそらく西川常務か吉田融資三部長も一緒だったはずだ。

そこでの結論は、やはり会社更生法を出そうというものだった。

裁判所の反応は、不渡りが出なければ会社更生法の適用は難しい。逆に言えば、不渡りが出れば更生法は行けると。それが今日になるのか、13日になるかは不明のままとしておいた。

書類は裁判所に置いてきた。個室のロッカーに入れてカギをかけて保存。部屋からは持ち出さないことにすると。裁判所は連休中に出てきてやろうとしている。

今後については、①このままGO、②凍結（ただし、再開してからは2～3日かかる）、③いつでもできるよう準備しておく（事実上不可能）。

私はこのとき、イトマンには会社更生法を適用させるしかない、と思っていた。

つまり、倒産させる。つぶす。

もう道はそれしかないと思っていたし、それでようやく巽頭取などにも承諾を得たのだった。だからこそ私は、この三つの選択肢の③「いつでもできるよう準備しておく」という先送り案は、「事実上不可能」だと思っていた。そのくらいの荒療治でなければ、改革などできない。そもそも、闇の勢力がからむイトマン案件は会社更生法という透明性の高い処理をしなければ、絶対にうまくいかないと確信していた。

私が一番いいと思っていたのは、言うまでもなく①だ。9日のうちに更生法を適用させてしまう。そのためには、住銀の経営陣の最終的な合意を取り付けねばならなかった。

だが、私の決意は固かったから、会社更生法を申し立てるための必要書類は河合弁護士に依頼して、もう先に大阪地裁に持っていってもらっていた。こちらがゴーサインを出せば、すぐ手続きに入ってもらえるよう、地裁内のロッカーに保管しておいてもらったわけだ。

そして私はその晩、大阪から飛行機で東京に向かった。経営陣の合意を取りつけるための話し合いに臨むためだった。

場所は、芝公園の東京プリンスホテルのスイートルーム。

スイートルームの長テーブルには、幹部が勢ぞろいしていた。

ここが勝負。私は深呼吸をしてその場に臨んだ。

第12章　追及か救済か

イトマン会社更生法の舞台裏

芝公園の東京プリンスホテル。バブル時代には、赤プリと並んで着飾ったカップルがよく訪れ、華やかで高揚した雰囲気にいつも包まれていた。１階には高級宝飾店「ピサ」の店舗が入り、きらびやかな宝石、ブランド品、絵画などが陳列されていた。

しかし、その一室だけはにぎやかなホテルの中にあって、対極の沈鬱かつぴりぴりした空気が支配していた。１９９０年11月9日夜、私はイトマンへの会社更生法適用の最終承諾を得るために、急いで大阪から東京に飛んできていた。

スイートルームのリビングの長テーブル。巽頭取以下、玉井副頭取、西川常務、ずらりと経営陣が顔をそろえていた。皆一様に難しい表情をしている。

私はその重苦しい沈黙を破った。

「じゃあ、これで、会社更生法でやりますから」

一瞬おいて、はじかれたように巽頭取が言った。

「ちょっと待ってくれ」

私は反射的に答えた。

「なぜですか、頭取」

こめかみのあたりが熱くなるのを感じた。

「頭取、あれほど、もう気は変わらないですねと確認したはずです。念押ししましたよね。日和《ひよ》るんですか」

私の頭の中に、さまざまな思いが去来する。

「いや、そうだけど……待ってくれ」

「なぜですか」

「理由は言えない」

かあっと、いろいろなものが一気にこみあげてきた。しかし、言葉にすることはできなかった。怒り、悔しさ、絶望、あきらめ、悲しさ……。

だからこの組織はダメになってしまったのではないか。こんなふうになってしまったのではないか。それなのに、この期に及んで、なぜ……。こんなことでは永久に変われない。おかしい、許せない、信じられない……。

頭取以下、テーブルを囲んでいる重役たちは誰も何も言わなかった。なぜ、何も言わないのだ。みんな住銀とイトマンを改革すると誓ったはずだろう。

私は立ち上がった。

「僕は……不愉快です」

やっとの思いでそれだけ言うと、踵《きびす》を返してスイートルームを出て、エレベーターホールへと向かった。誰かが追いかけてきた。

「おい、まあお前もそう言うな」

西川常務だった。

「いろいろとあるんだよ」

「僕は帰ります」

私は一人、エレベーターに乗った。

週末の浮かれた高級ホテルのエレベーターで一人、私は孤独で、絶望感に包まれていた。まさに痛恨の極みだった。あまりに悔しすぎて、涙も出なかった。飲みに行く気もおこらず、とぼとぼと帰路についた。


翌日、大阪地裁に「会社更生法の話はなかったことにしてほしい」と連絡をした。

結局、こういうことだった。

会社更生法の適用には、大蔵省が頑強に反対したらしい。イトマンの債務不履行ということで、もし地方銀行などに取り付け騒ぎが起こったらどうするのか。いつ、どう、店舗のシャッターを下ろすのか。預金保険法ではそのときの手順、プロトコルがまったく定まっていないというのだった。右肩上がりの経済で護送船団方式に守られた金融業界は、大蔵省も含めてそういった非常時対応についてまったく頭がまわっていなかったのだ。

もし住銀が、どうしてもイトマンに対して会社更生法を申し立てると言うなら、大蔵省は住銀に対して「停止命令」を出すとまで言ったそうだ。

預金保険法というのは錆びた刀……いや、そもそも抜くことを想定していない刀だったのである。のどかというか、恐ろしいというか。だから、取り付け騒ぎが現実味を帯びて目の前に迫ってきたときに、それを「ありえないこと」としてとにかく回避するしか手立てはなかったのだ。

「もし」という仮定は不毛だが、今でも考えることがある。

あのとき、住友銀行がイトマンの会社更生法を申し立てていたとしたら。その後の日本の金融史は大きく変わり、改革が早まって、「失われた10年」もなかったのではなかろうかと。

日本の悪しき護送船団方式、メーンバンク方式というものが崩れたのではないだろうか。あそこが貸しているから、じゃあ右へ倣《なら》えでうちも貸す、いざとなったら大蔵省が面倒を見てくれる。そんな何の規律も緊張感もないやり方が一気に崩れたのではなかったか。

しかし、それはなされなかった。その後、日本興業銀行をめぐる尾上縫《おのうえぬい》事件などの問題が次々に起こる。[注I] 日本の金融界の改革は北海道拓殖銀行の破綻や山一證券の廃業まで放っておかれることになり、業界は結局のたうちまわる苦しみを味わうのだった。

住銀はその後、イトマンのメーンバンクとして、イトマンに貸していた金融機関を集めて説明会を開いた。そこで玉井副頭取が前に立った。

「住友銀行が責任を持ってちゃんとやりますから、みなさんどうぞ貸出残高を落とさないでください」

大阪銀行の本店営業部副部長という人が立ち上がった。

「それじゃあ玉井さん、そう一筆書いてくれますか」

玉井副頭取がそちらに向き直った。まっすぐ彼のほうを向いて言った。

「何を言っているんですか」

しんとした会議室に彼の声が響き渡った。

「逃げも隠れもしない。天下の住友銀行の副頭取の玉井が、みなさんの前で言っているんです。それにもかかわらず書いたものがいるんですか」

沈黙がその場を支配する。誰も、反論できなかった。

注
I　料亭「恵川」の経営者だった尾上縫氏は、東洋信用金庫の支店長と共謀して預金証書を偽造するなどして、詐欺罪で91年8月に逮捕された。尾上氏は「北浜の女相場師」として知られた人物。事件発覚後、日本興業銀行も尾上氏にピーク時には2400億円もの巨額融資をしていたことが発覚し、大騒動に発展した。

——§——

河村社長、動じず

◉11月12日夜　河村社長からイトマン全役員に電話

—

河村　動揺せず職務に励め。
足立専務　資金繰りはどうなっているのか。海外はもう持たない。
河村　11月13日以降、巽頭取に会い、積極的かつ強気に談判し、何とかする。ところで君は東京で変な動きをしているらしいな。この時期、一枚岩にならなければいけない。きちっとしろ。

河村社長から大塚要氏へ、11月13日より、参与で復帰するよう指示あり。
河村「伊藤寿永光は住銀とグルになり、自分を陥れようとした。伊藤は『自分が持ち込んだプロジェクトはすべてくれ』と言っているようだ」

イトマンの足立文雄専務は当時、国際事業統轄本部を率いていた。大塚要氏は住銀からイトマンに移って取締役などを務めていたが、この年の5月に取締役も退任していた。河村社長もこのとき、さまざまな圧力にさらされて、疑心暗鬼に陥っていたようだ。
11月13日、毎日新聞が大阪朝刊1面で次のようにイトマン人事を報じた。

〈関係筋が十二日明らかにしたところによると、巨額の不動産投融資問題で揺れる中堅商社、伊藤万（本社・大阪市）の河村良彦社長は社長退任の意思を固めた。退任の手順と時期については、メーンバンクの住友銀行が伊藤万再建策の一環として同社に派遣する役員の具体的な受け入れ方法を決めたあとになる見通し。河村社長は繊維不況で経営不振に陥った伊藤万に住銀常務から乗り込み、十五年間、同社社長を務めてきたが、ここ一、二年、不動産関連事業を強気で拡大させたことから、経営不安を招いたとして、住銀からは進退を含めた対応を求められていた。

河村社長は、伊藤万の不動産事業への過大な投融資問題が表面化してから、自身の進退問題について「来年九月末を目標に進めている約七千億円の不動産投融資回収計画の結果を見てから考える」と語ってきた。しかし、一部取引金融機関の融資引き揚げの動きも重なって同社の財務内容に対する不安が加速。関係筋の話では河村社長は先週、住銀の巽外夫頭取や、河村社長と個人的結び付きの強かった同行前会長、磯田一郎取締役相談役らと、進退問題も含めて、今後の伊藤万の経営体制について話し合った。この結果、伊藤万の信用を回復するには、経営トップとしての責任をとり、経営陣を刷新させることが必要との判断に至ったとみられる。

住銀側は河村社長との交渉の中で、伊藤万への派遣役員の同社での地位について「社長含みの副社長」にすることを強く打ち出しているといわれ、河村社長は、後継者を伊藤万プロパーの役員の中から選ぶと主張。派遣役員の〝格と役割〟をめぐる問題が決着した段階で、退任の時期を明確化させるものとみられる〉

§

◉11月13日　イトマン部長朝会

河村社長の発言骨子。

本日の毎日の記事は推測にすぎない。当社の決算は黒字である。また、イトマンの資産は黒含みである。本社ビルもあるし、南青山もまとまりそうだ。株もある。

伊藤寿永光氏の退任は本人の意思によるものである。だいたい、この人は住銀の紹介で当社に来た。要は、元に戻っただけである。本人が持ち込んだものは本人が引き取る。債務圧縮は順調に進んでいる。担保も全部あり、手形も落ちている。

◉同日　芳村副社長と足立専務の会話

「こんな状態が2～3日続いたら、イトマンはダメになる。この際、河村社長に対して『住銀に頭を下げて支援を要請するしかない』と訴えてみよう」

芳村昌一副社長はイトマンプロパー。河村社長のもとで旧杉山商事の買収などを実質的に仕切ってきた右腕的存在だったが、伊藤寿永光氏には懐疑的な意見の持ち主だった。

――§――

◉同日　イトマン社内の動向　安井常務、田原、林、高林ら部長クラスから

イトマン社内は平穏である。それは伊藤寿永光氏が退任して、問題の禍根を断つことができたと考えているからであろう。

河村社長は杉山商事も各種問題貸金も、さらには伊藤氏もすべて住銀の紹介であり、悪いのは住銀だと宣伝しまくっている。その意味では、社内の住銀に対する感情は微妙。

問題なのは、副社長も含め、役職員がイトマンの実態をまったく知らないというところにあ

る。資金繰りが少し忙しいかなという程度の認識であり、こんなに急迫しているとか、資産内容劣悪とはまったく考えていない。

　自分としてもイトマンの現状がいかに深刻かということはよくわかった。今後は社内の良識派を結集させたい。イトマンとその従業員を守ることが重大な使命と考えている。

§

このとき、私はイトマン問題専従チームの一員だったから、イトマン社内のあちこちから公然と自由にヒアリングをすることができた。

§

◉11月14日　巽―河村会談
河村　これからの扱いは十分注意せねばならないが、伊藤寿永光にいてもらったら困る。絵で疑惑を持つに至った。住銀との関係で独断したのを奇貨として首を切った。

　もともと伊藤は、西副頭取が「イトマンを助けてくれ」と言うので入れた。伊藤は何をするかわからないという危惧がある。個人的付き合いは続けるが、目が覚めた。

　自分は昔から、酒も歌も嫌い。六本木や向島の磯田会長、西副頭取の席に呼ばれることは嫌だった。西副頭取は、松下常務を悪者にした。それに巽頭取も玉井副頭取も。

　自分は、なぜ松下常務を、と思っていた。自分は平和相銀合併のときに若干の協力をした程度。なぜ松下常務がイトマンを仇敵扱いするのか不明だった。西副頭取が磯田会長の寵愛を受けるため、松下常務を攻撃したのだろう。

半年間、悩み苦しんだ。秋晴れだ。
巽　人の派遣を申し入れたい。住銀の常務クラスをトップに若干名をイトマンに派遣したい。
河村　常務クラスはちょっとヘビー。住銀が乗り込んでくる感じ。
巽　常務クラスでないとダメ。
河村　考えさせてくれ。
（その後、2時間して電話あり）
河村　とにかく3副社長集めて話をした。3人のOK得た。受け入れる。
巽頭取のコメント「進退問題には触れず。河村社長は辞めろと言ったら絶対に辞めない人。ここまで心を開いた以上、全面サポートしたら一つの切れ目で辞めると思う。これ以外ない」

◉11月15日　河村社長から玉井副頭取に電話
河村　人の策謀に騙されて玉井副頭取を恨んでいた。玉井副頭取は、経営陣の中では心の通う人だと思っていた。なぜ自分を攻撃するのか不思議だった。住銀の高いレベルの人から、玉井副頭取が私を攻撃していると聞いていた。
9月16日に、「松下常務と玉井副頭取がマスコミに記事をでっち上げ」という話が住銀の内部から来た。[注Ⅱ] それに伊藤が飛び乗って、偽計罪と騒ぎ立てた。自分はあほかと思っていた。玉井副頭取がやるはずがないと。自分は腹を据えた。きちっとやる。どうぞ安心してくれ。
玉井　河村社長が腹をくったのはうれしい。住銀から行く人は手伝いではなく、経営補佐、分身として頼りにしてくれ。
河村　まったく、言われるとおりにする。

§

巽頭取の見通しがいかに甘いものだったか、いかにまやかしの和解だったか。ここから河村社長を辞めさせるために、さんざん苦労することになる。
玉井副頭取と河村社長の会話にしても、言うまでもなく、これは心の通った本音の会話ではない。お互いに適当なことを言って相手の心を探り合っているのだ。
もし本音を言い出したら、玉井副頭取は「あなたが全部悪いんです」と言っただろうし、それに対して河村社長も怒り出す。だから、心の底ではお互いにバカにし合いながら表面上は取り繕い、いかにも和解したような話をしているのだ。
そしてこのころから、新たな問題がまた噴出してくるのである。

注
Ⅱ　第10章参照。9月16日、日経新聞にイトマンの窮状を記す記事が掲載されたことを指す。

§

府民信組問題

◉11月16日　河合伸一弁護士と國重、渋谷
國重「11月14日の巽 - 河村会談で、河村社長が住銀からの人員受け入れをOKした。従って、

会社更生法はやらないことになった。ただし今後、経営者申し立てによる更生法はあるかも。さらに、イトマン不動産販売、名古屋イトマンなどで更生法をやる可能性あり。そのときはよろしくお願いします」

§

◉11月29日　朝日新聞朝刊

〈伊藤氏関与、福岡県内のゴルフ場　会員権募集トラブル

福岡県京都郡勝山町の「小倉南カントリークラブ」（高津貢社長）の新規会員権募集が、株主と主張している京都市の事業開発会社「ケー・ビー・エス教育センター」（内田和隆社長）の承諾なしに行われている、として同センターは二十八日までに、ゴルフ場に対して会員権の新規発行と募集の差し止めを求める仮処分を福岡地裁小倉支部に申請した。このゴルフ場は、住友銀行からの巨額融資で問題になった伊藤万の伊藤寿永光・前常務が最近まで代表取締役兼理事長を務めている。

申請書によると、ケー・ビー・エス教育センターは、同ゴルフ場発行の全株式二十四万株を保有していたが、昨年十月、伊藤氏が経営する会社が株を保有する雅叙園観光（本社・東京）に譲渡担保（債務に基づく担保提供）の形で渡し、併せてこの会社の役員をしていた伊藤氏が同ゴルフ場の代表取締役に就任することを認めた。

この際、同ゴルフ場の資産や役員は、株式の寄託者である同センターの承諾なしには変更できない、との覚書が同センターや伊藤氏らの間で交わされた。

ところが、申請者側によると、伊藤氏は資金調達のため、この覚書に違反することを承知で「ホテルクラブハウス新築記念」の名目で「特別記念会員募集」を始めた。東京の不動産会社など四社を販売総代理店として委嘱。今年十月初旬には新聞広告を掲載したり、パンフレットを配布するなどして、株主に無断で会員権募集をしている、としている。

ケー・ビー・エス教育センターは十月五日、募集中止を求める通知書を不動産会社などに送付、いったん募集の新聞広告を出した北九州市八幡東区の代理店が「募集開始は誤りでした」との訂正広告を出す騒ぎになった。

こうした経過について、販売代理店側は「東京の不動産会社から募集するよう指示があり、今月一日から開始の予定だった。しかし先月末ごろ、中止するよう連絡があり、急きょ取りやめた。その後も募集はしていない」と話している。

登記簿によると、騒ぎ直後の十月、伊藤氏は同ゴルフ場の代表取締役を退任している〉

§

◉11月29日　T弁護士と

今日の朝日新聞。自分も9月に稟議書を見た。担保なく伊藤寿永光の個人保証がついているだけ。背任かもしれないと指摘。

§

同じ日の朝日新聞の大阪本社版にはこんな記事も掲載された。

〈伊藤万と住友銀行　金融機関に説明会
不動産投融資圧縮問題を抱える伊藤万と、主取引銀行の住友銀行は二十八日、十二月四日に大阪市で伊藤万と取引のある金融機関の代表者を集め、今後の不動産圧縮計画について説明するとともに、融資の継続など協力を要請することを明らかにした。東京でも六日に説明会を開く。二つの会合には、同社の藤垣頼母、高柿貞武両副社長ら財務、経理担当の幹部や、住友銀行側責任者の玉井英二副頭取らが出席することが決まっている。
今回のように、経営危機に至っていない段階で取引金融機関を集めて説明会を開くことはきわめて異例。しかし、伊藤万と住銀では、「住銀が全面的に支援して、経営の正常化を図る」との姿勢をあらためて明示し、各金融機関の支援体制を固めることに踏み切った〉

先述したとおり、ここで玉井副頭取が大演説をぶったのである。

――§――

◉11月30日　大蔵省の福田中小金融課長と
府民信組の件、今、大蔵省と日銀の最大の関心事。しかし土田銀行局長は我々の話を聞こうとしない（巽頭取も國重たちの話を聞こうとしない）。「府民？　関心ないよ」と。
預金保険の打ち合わせをしようにも上から指示なし。
11月8日がポイント。昼ごろ、日銀の田村営業局長が大蔵省の土田銀行局長を往訪。午後には、巽頭取が土田局長を往訪。この場で府民の話が出た可能性。

なぜ大蔵省は府民をつぶせないのか？　大蔵省自体のスキャンダル？　大阪国税の汚職の話。ノンキャリを50人切り捨ててけりをつけようとしているが、一触即発の状態。近畿財務局も日銀大阪支店も汚染されている可能性。

たとえば大蔵省ＯＢのＭ氏が、住銀リースから府民へ20億円の預金斡旋。

§

新たな問題の一つが、この府民信組案件であった。

舞台は伊藤寿永光氏が実質的に経営権を握っていたあの雅叙園観光。

ここの乱発手形を処理するために、伊藤氏は府民信組理事長の南野洋氏と共謀して、府民信組から伊藤氏側に約２７０億円の融資をさせていたのだ。

南野氏は、もともと雅叙園観光の経営権を握っていたコスモポリタングループの池田保次会長に融資をしていた。雅叙園観光が手形処理に手こずれば、自らの融資が焦げ付く怖れがあった。伊藤寿永光氏も同様に、池田氏への債権者であり、ここに二人は被害者同盟を結ぶ理由ができたわけだ。

しかし、府民信組が伊藤氏へ融資する際には十分な担保を取っていなかったことから、のちにこれが不正融資として問題化していくことになる。

§

◉同日　大蔵省の坂篤郎氏と

府民信組に関する國重の情報連絡。東京地検の意向確認方依頼。

坂氏は、私がＭＯＦ担だったときのカウンターパートの一人だ。彼は東京国税局の査察部長をやったこともあり、検察ともパイプがあった。このときは橋本龍太郎蔵相の秘書官をしていた。その後、日本郵政の副社長、社長を歴任したが、民主党から自民党に政権が移る流れの中で退任を余儀なくされている。

——§——

加藤専務の自殺

12月1日　イトマン　加藤専務が自殺！

追い打ちをかけるように、嫌な問題が発生した。

イトマン名古屋支店長の加藤吉邦専務が、名古屋市の自宅の浴槽に顔をつけて死亡しているのが発見されたのだ。「いろいろ疲れたので死にたい」などと書かれた遺書を残しての自殺だった。加藤専務は住友銀行出身で82年からイトマンに転じ、このころは東海地区の不動産開発を担当していた。加藤専務はイトマンの絵画取引にも関与しているとされていたので、問題はよりやっかいだった。

一つが解決すれば、また新しい膿が次々に吹き出してくる。イトマン問題はぐちゃぐちゃに絡まり合い、ほつれた糸の固まりのようになっていた。それを一つ一つほどき、ほぐして明るみに出し、正常化させなければいけなかった。

私は府民信組問題と、イトマン絵画問題をターゲットに置いて、情報取りに動き出した。

§

◉12月1日　イトマンの高村常務と

加藤専務自殺の原因は府民信組にある。府民から保証書を取り上げたときの経緯を調べてほしい。杉本によると、府民信組の南野理事長との交渉に加藤専務を使わないほうがいいと言っていた。[注Ⅲ] 12月4日の夜、会うときまでに情報収集をしておこう。

◉同日　嶋津と電話

前夜、チーム5人が加藤専務と面談した。平尾部長もかなり厳しく加藤専務を追及した。気にしている。

§

この日、私は企画部時代の一つ後輩で、住銀からイトマンに派遣されていた嶋津に電話をした。嶋津が言うには、自殺の前夜に「チーム5人」が加藤専務と面談したのだという。

先だっての巽－河村対談で住銀からイトマンへ人を送り込む話が出ていたが、チーム5人とはまさにその派遣されていた5人のこと。メンバーは十河安義《そごうやすよし》常務名古屋支店長、平尾智司営業審査部長、嶋津亨《すすむ》国際調査室長、前田孝一融資第三部副部長、植田祐一郎事業調査部部長代理だった。そこで平尾部長もかなり厳しく加藤専務を追及したらしく、気にしているとのことだった。

またその前夜には、伊藤寿永光氏、加藤専務、杉本取締役と会計士の佐伯氏が会っていたようだ。いったい、そこでどんなことがあったのか……。

——§——

◉12月2日　河久保と電話

河久保の人形町支店在任は85年8月〜89年1月。大上信之支店長時代が85年4月〜87年1月。小松健一支店長時代が87年1月〜89年4月。

88年初めごろか？　銀座1丁目の土地を、大和製罐の本社ビルにどうかと大上（当時、名古屋支店長）から言ってきた。大上氏、小松氏、伊藤寿永光氏、山口社長の4人で何回も会合を重ねた。坪当たり1億1000万〜1億2000万円でまとまりかけたが、会社売買の形を取る。ところが、協同組合は残る。税負担を押し付けられる可能性ありで、断念した。

それ以外では、神戸のニューポートホテルのファイナンスを大上氏に頼まれて静信リースから地銀生保住宅ローンにつないだ。ところが、コスモポリタンの名が出たので地生ローン名古屋は返済を迫った。そこで河久保が地生東京支店常務に話をして1ヵ月待ってもらった。これは期限前に返済。これらのファイナンスはすべて大上氏がやった。

もともとの窓口は麹町支店。伊藤寿永光氏は昔、中西一貴氏のポン友。中西氏が日比谷支店長のころ、日比谷とやろうとしたこともあったが、やめた。さらに麹町支店では廣川和男支店長時代は×、野一色支店長時代も×となり、名古屋で大上氏にめぐりあった。

大上氏はあくまで名古屋支店の取引先として甘い汁を吸ったが、イトマンに紹介したということはないのではないか。何回か大上氏とゴルフをしたりしたとき、名古屋支店におけるイトマンとの取引メリットについては話が出たが、伊藤氏については一切言及していない。

——§——

中西氏というのは、住友銀行の取締役だったが、このときはすでに亡くなっていた。伊藤寿永光氏とイトマン、住友銀行のかかわりが語られる際、大上常務の名前がよく取り沙汰されるが、伊藤氏をイトマンに紹介したのは大上常務ではなくて、栄町支店長をしていた大野氏だ。このときはイトマンに出向していた。

河久保は私の麻雀仲間の後輩である。

——§——

◉12月3日　イトマンに派遣されている平尾営業審査部長と

府民との折衝↑杉本

南野「人を一人殺さないとけりがつかないのか」

南野がイトマンの小林、山口に。「415億円の保証を復活させてほしい。あれはイトマンの公認会計士対策に協力したもの。伊藤寿永光からはどでかい担保を取った。イトマンにも少し分けることができるかも。そうすれば、府民と協和の関係も正常化する」

◉同日　吉田融資三部長と

イトマングループの有豊化成が一次不渡りを出した。連中は次々とつぶしていくだろう。[注Ⅳ]

◉同日　イトマンに派遣されている前田と

絵画の内容がわかった。140億円分を除くと、あとは完全なファイナンス。

問題は鑑定書。あんな鑑定をした西武はけしからん。

イトマンの今後について。追いつめるのか、助けるのか、はっきりさせてほしい。

國重「追いつめる。そして河村を辞めさせる。それがイトマンを救う道だ」

名古屋に行って現物（絵）を押さえるよう依頼。

――§――

イトマンをめぐる絵画問題がいよいよ表面化してきていた。

――§――

◉12月4日　東京地検の佐渡氏と

府民信組の貸し出しの実態、絵画事件などについて概略説明。

國重　府民の件は詐欺罪か何かでやれないか。

佐渡　詐欺ではない。だが、背任の後始末ということだろう。事件になる。

國重　絵の現物は押さえるよう指示した。府民側については昨日から検査が入っているらしい。明日、大阪府の森清商工部長に会う。[注Ⅴ]事実関係の確認を頼む。

佐渡　二重発行の話はするな。

國重　わかっている。絵画の件はどう思うか。
佐渡　これは完全なファイナンス。
國重　91年3月末でカネが返済されなければ河村、伊藤両氏を背任でやれるか。
佐渡　というよりこれは、こんな先にファイナンスをつけることが果たして正当な営業と言えるかという点だ。
國重　カネが返るかどうかにかかわらず、ということか。
佐渡　そうだ。

――§――

佐渡賢一氏は大蔵省の坂氏に紹介してもらった。当時東京地検の検事で、のちに証券取引等監視委員会のトップとして「SECの鬼検事」として名を轟かせる。
私はこれ以降、佐渡氏と連携を深めていく。

――§――

◉12月4日　吉田融資三部長と
愛知県警から遺書見せてくれと（河村社長宛てのものもあり）。イトマン側は、（顧問弁護士の）安原に預けてあると回答。
河村社長が十河常務に言ってきたところでは、このままでは何人かけが人が出る。遺書の内容は、①申し訳ない、②住友銀行に紹介されて伊藤寿永光と付き合った。住銀と共同でプロジェクトを推進した、③紹介してくれた住銀の人とは大上、大野。

総務部がなんとか遺書を見せてもらうようにする、と。

●同日　イトマンの松山、山根と國重、渋谷

サンディエゴの宅地造成プロジェクトの説明を聞く。総額５００億円の大プロジェクト、大丈夫か？　ハワイはもう一回り大きい。注VI

伊藤寿永光のジェット機（40億円）の件。リースに出すのか解約するのか、要検討。手形はすでに30億円落ちている！

——§——

伊藤寿永光氏はプライベートジェットを乗り回していた。それでハワイなどにも何度も行っていたようだ。プライベートジェットというのは、バブル紳士の一つの到達点、ステイタスシンボルのようだった。

注

III　イトマンの杉本満取締役は、伊藤寿永光氏が社外からイトマンに引き入れたスタッフの一人。

IV　イトマンから有豊化成にはリゾートマンション開発計画名目で融資が実行されていたが、のちにその資金の一部が伊藤寿永光氏に還流していた疑惑が浮上する。

V　森清圀生氏は通産官僚で、このときは大阪府に出向していた。のちに日銀政策委員などを務める。

VI　第６章７月４日付メモ「大塚記者と電話」参照。「イトマンの海外不動産開発の発表あり。カリフォルニアとハワイ、すでに土地は手当て済み。総必要資産９００億円」とある。

第13章 苛立ち

大阪府民信組とイトマンの関係をめぐる真相究明が続いていた。

§

膿を出せ！

◉1990年12月4日　イトマンの高村、井上と　荒木町の「わかまつ」にて

11月30日、午前から午後にかけて杉本らが南野洋氏と交渉。その内容について夕方、加藤専務と打ち合わせをした際、加藤専務は立ち上がりながら、「えらいこと言うて来たな」と。

高柿副社長、この男は最低。自分で情報を握りこむ。部下に教えないで独占することで地位を作った。さらに河村社長に耳あたりの悪いことは一切言わない。それで河村社長はますますおかしくなった。河村社長と一緒に外さなくてはいけない人物。

宮本会計士、なかなかしたたかな人物。一高→東大。哲学を勉強したあと九州に帰り、家業を手伝っていたが、会計士の試験を受けた。日本レースのときの会計士、なにかと企業側の意

向を生かそうとするタイプ。

(國重……90年3月5日に府民信組に保証書を入れたとき、稟議書にある担保は取ったのか)

↓取っていないと聞いている。保証書の発行控えに高柿の添印あり。415億円も135億円も共に正本2通発行したことになっている！　なんだ！

§

すなわち、保証書を二重に発行している、どちらかが偽造の可能性があるということだ。まったく、信じられないいい加減さ、杜撰さ。あり得ないことなのだが、こんなことがこのころのイトマンではあちらこちらでまかり通っていた。特に府民信組との間では、詐欺まがい、というよりも詐欺そのものが起きていた。

公器としての会社の体をなしていなかった。

§

◉12月5日　大阪府の森清商工部長と

國重から府民の事態を説明。

森清「そんなことになっているとはよく知らなかった。大蔵省の秋山氏より電話があって、『府民は君の考えている以上に悪い』とは聞いていたが……。金融課長は、『許永中は大阪の韓国人に信望がある』などと説明。府の商工部の連中は皆知っているのかも。これは本腰を入れてやらねば。12月3日からヒアリングと称して検査している。また連絡しよう」

§

先述したとおり、森清氏は通産省から大阪府に出向してきていた人物である。
それにしても、イトマンへの会社更生法の適用を見送ってから、事態が前進しなくなっていた。そのうえ、府民信組問題、加藤専務の自殺など、立て続けに新しい問題が湧き上がってきていた。

§

◉同日　佐久間と
89年6月から3年間、通知預金30億円をKBS開発にさせる。

110億円の話をKBS開発に買わせた。ダイエーファイナンスを斡旋し、140億円貸金させた。金利分30億円を3年間通知で留保した。
これらで大上常務は3年間で、「約2億円×3＝6億円」の収益を取ろうとしている。これは一種の不祥事。玉井副頭取が大上常務から話を聞くと言っている。

§

不動産の斡旋と通知預金を使ったこのスキームは、支店長が成績を上げるために一時期流行した。が、このころはすでにやめるように指導が出ていた。KBS開発は伊藤寿永光氏の会社である。イトマン問題は他でも問題山積だというのに、大上常務はいったい何をやっているのかと暗澹たる気持ちになった。
イトマンの決算をめぐっても、いざこざが起きていた。決算でもっともらしい数字を出すのか、あるいは膿をすべて出し切る数字を出すか。住銀、イトマン、会計士らの間でそこをめぐって攻防が起きていた。

◉同日　佐伯会計士と

いま大詰め。12月10日に会計士と社長室で打ち合わせ。12月13日に審査会、12月19日に報告提出。もともと自分たちは先般の決算で赤字にすべきだと言っていた。それを宮本があの線にまとめてしまった。宮本は懐の深い人。来年6月に河村社長引退のシナリオで花道を用意してあげたいと考えている。自分は今回の監査で赤字にすべきと思っている。

――§――

◉12月7日　玉井副頭取、十河常務、平尾審査部長と

イトマンの中間決算、監査報告の件。12月4～6日の金融懇談会で住友銀行の支援を強調した手前、中間期の決算修正は他行に融資返済の口実を与えるだけ。[注I] 何とか銀行の意向としては決算発表の線にまとめてもらうしかない（國重……むくれる）。

――§――

私は膿を出し切らないと改革などできないと一貫して思っていた。その信念を隠すこともなかった。それがこの期に及んでまだ、もっともらしい数字にまとめろとは。ふざけるなという思いだった。実態をつまびらかにした数字を出すことで、他の取引先の銀行が一斉にカネを引き揚げるような事態を怖れていたわけだ。

今だったら監査法人も、数字をそのまま出せと言うだろうが、あのころはまだ「ご相談に乗り

ますよ」というようなところがあった。

この件をめぐっては、私は西川常務とも激しいやり取りをしている。メモにそのやり取りが残されている。

――§――

◉同日　西川常務と

西川　決算修正の件、12月4〜6日の懇談会をやってしまって、修正したら住友銀行は大恥をかくだけ。絶対にダメだ。

國重　河村社長を辞めさせるには一つの方法。

西川　そんなことできるか！　いま河村社長を辞めさせたら誰がイトマンの債権を回収できる！

國重　法律にのっとってやるだけです！

西川　銀行にそんなことができる奴がいるか！

國重　私がやる！

西川　生意気なこと言うな！

國重　とにかく河村社長を辞めさせなければダメですよ。

西川　強硬策を取っていったら、住友銀行はめちゃくちゃになる。住友のスキャンダルは二つのルートがある。一つは大上常務ルート。二つ目は磯田－黒川のルート。絵を使って、許と黒川の関係ができたのは89年8月頃か。この資金は政治に流れている。今年6月、松下常務がアメリカに行く前に竹下亘のあっせんで伊藤寿永光に会った。そのとき、福本氏も同席。[注Ⅱ] 絵の資金は今年2月の総選挙の前に竹下に流れたに違いない。

◉同日　佐伯会計士と

佐伯　宮本がむしろ強硬になった。銀行が決算修正を好まないのであれば、対応は次の3つのうち①しかない。

①イトマン不動産販売の決算書に追加情報として有豊化成を書きこむ。

②イトマン本体で有豊分を2分の1引き受ける。

③イトマン本体で有豊分を100%引き受ける。

12月10日に佐伯、宮本、平尾審査部長、國重で打ち合わせよう。しかしなぜ、銀行のスタンスが180度変わったのか？

國重　どうも高橋会計士と西川常務が電話で話をしたようだ。それで西川常務が変わった。

佐伯　実は前回の決算発表でもそうだった。11月16日期日で予備審査会のようなものがあった。そのとき、ある委員は何回も席を外し、高橋会計士に電話。住銀の意向を聞こうとしていた。

河村社長のイトマンファイナンスの株について。イトマンファイナンスはもともとイトマンが100%出資。88年に二部上場の話あり。河村社長に一部額面で売却。半年後、イトマン増資。金融機関に時価で割当。これを知った宮本会計士が高柿副社長に激怒。慌ててイトマンは

――取締役決議を取った。

有豊化成にはイトマン不動産販売が融資をしていたことは先述したとおり。このときすでに会社更生法の申請手続きを行っていた。その会計上の処理を巡ってまた、いざこざが起きていたわけだ。また、河村社長の新しい疑惑も浮上してきていた。

――§――

注
Ⅰ　第12章参照。住銀はイトマンと取引のある金融機関を集めて、融資協力を要請する説明会を開催していた。
Ⅱ　第3章5月11日付メモ「松下常務と電話」。「昨夜、竹下から福本氏の紹介で、伊藤寿永光と会った」とある。

西武つかしん店の福本

このころ、行内で情報収集をしていると磯田会長の妻、梅子夫人が住銀幹部への不満を漏らしているとの話が入ってきた。

――§――

◉同日　行内で情報収集

磯田会長の妻、梅子夫人が松下常務に対する悪口を言っているようだ。「あの男にめちゃくちゃにされた」「伊部最高顧問も松下常務のことを憎んでいる」と。松下常務が常務になったときには、伊部夫人も梅子さんに、「何であんな男を常務にするのか。取締役にしたときですら、おかしいと思っていたのに常務にするなんて」と言っていた。

巽頭取に対しては、憎んでいるという感じではないが、巽頭取は磯田会長が何を言っても、すぐ玉井副頭取と松下常務にねじをまかれて考えを変える。頼りないという感じ。2〜3の例がある。
①河村－巽会談の後、どうしても磯田会長にも出てくれということなので大阪に行った。ところがあの始末。その後、「ああ、あれはもうよろしいんです」と来た。河村社長を辞めさせなくなったということ。それならばなぜわざわざ主人を登場させたのか。
②その後もあるところ（これだけは言えない）にどうしても話を通してほしいということで、書類を届けた。ところが翌日、その必要がなくなったということで巽頭取自身が書類を取り戻しに行ったらしい。そんなことなら主人に頼まないでほしい。
③磯田会長が辞任した後、玉井副頭取が自宅に来た。自分も辞めるということで辞表を持ってきた。「自分は辞めて和歌山に帰っても、何とかやっていける」とのことだったが、「君が辞めてどうなるものでもない」と押しとどめた。

――§――


磯田夫人から見ると、都合のいいところだけ主人を使って、という思いだったのだろう。

それにしても、玉井副頭取の辞表をめぐるやり取りは、双方ともにいかにも芝居くさい。歌舞伎のようなものだ。組織で生きる男たちには、時にこういうことがある。お互いに芝居だとわかっていても、もっともらしくふりをする。そうせざるをえないし、そうせずにいられない。

男とはつくづく、哀しい生き物だ。

―――§―――

◉同日　佐伯会計士と電話
　河村社長から宮本会計士に、「玉井副頭取の新たな弱みを握った。12月12日の喪が明けたら攻勢に転ずる」と。[注Ⅲ]これは、大上常務、磯田会長のスキャンダルを指している模様。

◉12月12日　巽頭取と河村社長　広尾荘にて
河村「自分は伊藤寿永光に騙されていた。もともと西副頭取から『今後、開発事業をやるなら伊藤寿永光のような男を使え』と言われていた。伊藤寿永光は顧問になってから、たびたび磯田会長に直接電話。どの住友銀行の役員より親しげに話をしている風を見て、すっかり信用した。おかしいなと思ったのは8月ごろから。自分が責任を持って伊藤寿永光をイトマンから外に出す。だから3月で辞めろとか6月で辞めろとか言わないでくれ」

◉同日　桑原氏、吉田融資三部長、渋谷と　ふぐ屋にて
　昨年12月、磯田会長から松下常務に、「竹下から『20億円用意してくれ』と言われた。何とかしてくれ」と依頼あり。松下常務が、「桁が違う」と言って断った経緯あり。この話に、西副頭取、河村社長が飛びついた可能性あり。絵の鑑定。西武のつかしん店の福本がやっていることからも、竹下へのカネの流れを連想させる。この話に巽頭取がびびったのかもしれない。

イトマンファイナンスの株の譲渡についての河村社長のスキャンダル。河村社長追い落としのために使えるかもしれない。うまくデータを集めよう。

——§——

福本玉樹氏は、西武百貨店つかしん店の外商担当の課長を務めていた。イトマンが購入した絵画の鑑定書作成を担当していたのだが、のちにこの鑑定書は許永中氏らと共謀し作成した偽造鑑定書であることが発覚。つまり、イトマンは偽造された高値の鑑定書をもとに絵を摑まされたわけだ。

福本氏はこの後、逮捕を逃れるために7年に及ぶ海外逃亡をする羽目になる。

——§——

◉12月13日　伊東秘書室長と

磯田会長と竹下の関係は、少なくとも秘書には見えない。

磯田会長の意識の中にも、巽頭取がなぜ（イトマンに対して）強硬論から方向転換したのかわからないという感じがあるようだ。

◉同日　花村専務と

花村　イトマンのロスはいくらくらいか？

國重　4000～5000。

花村　処理はいつごろ。

國重　92年3月ごろ。
花村　今、住友銀行は91年度収益ナンバー1を言っている。だがそれではとても無理。どのように旗を振ればよいのか。

――§――

この日、府民信組とイトマン、さらには富士銀行をめぐる記事が日経に掲載された。

〈富士銀　府民信組に協力――伊藤万向けなど　大口融資圧縮で
富士銀行は十二日、大阪府民信用組合への経営協力を強化する方針を明らかにした。同行は府民信組の常務理事に支店長クラスの人材を派遣するなど親密な関係にあるが、最近、中堅商社の伊藤万関連企業向けを含め同信金の特定企業向け融資が急増していることを重視、こうした大口融資圧縮への協力を一段と進めることにした。さらに同信組の業務電算化でも人材を派遣、体質改善を後押しする。
富士銀は今年三月に、当時同行の大阪・阿倍野橋支店長だった網島一郎氏を府民信組の常務理事に送り込むなど関係を緊密にしている。しかしその後の今年四月から同信組の預金・融資残高はともに半年で一千億円以上も増加した。
過大な不動産関連投融資が表面化した伊藤万に対して「関連グループ各社向けを合わせると一時は二百五十億円程度もの融資残高があったようだ」と富士銀も認めている。伊藤万と取引のある都銀に匹敵する規模で、体力で都銀に劣る信組として異例だけに同信組への協力強化に乗り出したと説明している。
具体的には伊藤万を含め特定企業向けの大口融資を圧縮し、それに代わる資金運用先をあっせんするなどした模様。この結果、例えば伊藤万関連企業向けの融資残高は現在「百数十億円まで減少した」と富士銀は推定しており、同行は「経営面で問題になることは考えられない」と強調している〉

―― § ――

◉同日　大蔵省の阿部検査官と
日経の記事、大阪府から、大蔵省がしゃべったのではないかと疑われたが、関係ないと言ってある。
府民信組の件。日経の取材は富士銀行の端田頭取が受けた。頭取はあのくらいは知っている。近藤常務が頭取にレクチャーしたらしい。
國重　（富士銀は）人を送っているのか。
阿部　ＹＥＳ。
國重　何している。
阿部　常務、理事など。
國重　富士銀行がコントロールできるのか。
阿部　無理。経理はノータッチ。富士銀の企画部が経緯を調べてレポートすると。

◉12月14日　東京地検の佐渡検事と　地検にて
國重から河村社長のイトマンファイナンスの株式譲渡問題、アルパインの株式売買問題について説明。
國重　これらのことは材料に使えないか。
佐渡　使えないことはない。しかし、それを単独でやっても仕方ないだろう。大きな背任事件の中で位置づけてやらねばならない。事件になるとしたら、①河村社長の経営がじり貧→②河村社長と伊藤寿永光氏が協定→③伊藤寿永光氏は河村社長に収益を渡す代わりに河村社長からファイナンスを受ける→④結果的に河村社長は大きな背任を犯す、というストーリーの流れの中で、これらの事件は初めて突破口になる。それを固めることが先だ。
國重　わかった。まずそれをやってみよう。ところで、ざっくばらんに言って、東京地検と大阪地検の関係はどうか。大阪の総務が大阪地検に話を持っていこうかと言っている。バッティングすることになるが……。
佐渡　それはそれでよい。気にしないで各々やればよい。

◉12月19日　イトマンの高村常務と　青山にて
通常の商権が急速に離散している。早く対応しないと大変なことになる。今後は二人はオープンに会っていろいろ話をしよう。そういう雰囲気になってきた。
70億円の手形のパクリ。平木、永島が許永中と2回会った。来週早々全額返ってくる。[注IV]

河村社長は個人的に金繰りが苦しいようだ。
◉同日　日銀の溝田課長と　日本橋のすし屋で
今日、府民の件で富士銀行からヒアリングした。トータルの預金のうち、1000億円弱は富士銀の紹介。今、富士銀はその点に関し「大丈夫」と言って回っているが、逆効果。3月末までは富士銀は金繰りを何とかする。
南野洋氏から、「4信組合併に際し、イニシアティブをとりたい。そのために預金協力してくれ」と頼まれたと。が、単にそれだけではないドロドロが裏にありそうだ。
◉12月20日　日銀の田村営業局長と
田村　その後どうか、非公式に会って話を聞きたい。
國重　了解。
田村　年内の夜、二次会ベースで。
◉同日　十河常務、平尾審査部長と　秘書室長室にて
平尾　会計士がイトマンの歌舞伎町の土地について、200億円の融資証明を出さないと意見差し控え、または赤字への決算修正をすると言っている。[注V] 90年中間期を赤字にしないためには、住銀ファイナンスあたりの融資証明を出さざるを得ない。

國重　融資証明なんてとんでもない！
平尾　赤字修正になると、カネ返せの大合唱になる。イトマンをつぶす気か！
國重　そんなことではつぶれない！
平尾　本件は吉田融資三部長も了解している。
國重　確認してみる。

§

平尾部長は私に怒鳴った。ここに出てくる「歌舞伎町の土地」というのは、不動産業者O社が地上げをしていた土地で、イトマンは同社にその資金を融資していた。ところが、資金回収の目処が立たず、このままでは不良債権として処理せざるをえない。そこで、イトマンを守るために住銀が融資証明を出し、O社への融資を不良債権に分類しなくても済むようにしようというのである。

私は、イトマンの膿を出すべきだとずっと言い続けてきたから、断固として融資証明を出すことに反対だった。そんなことをしても、問題の先送りになるだけだ。

この期に及んでもまだ……。

やり切れない思いを抱いて、私は吉田融資三部長に確かめに行った。

注
Ⅲ　自殺したイトマンの加藤専務の社葬が行われたのが12月12日。河村社長が葬儀委員長を務めた。
Ⅳ　イトマンが大阪の不動産業者に振り出した70億円の手形が行方不明になる騒動が勃発していたが、許永中氏がその回収に乗り出し、結局は年末に手形が戻ってくることになる。
V　イトマンは不動産業者O社が歌舞伎町の土地を地上げする資金を融資していたが、これが焦げ付く可能性があった。そのため、決算でこれを計上するか否か、また住銀がきちんとイトマンを支援するかどうかを会計士側から問われていた。

——§——

融資証明

◉同日　吉田融資三部長と
國重　融資証明やむを得ずと言ったのか。
吉田　そんなことは言っていない。［冗談で、イトマンファイナンスにでも出させろと言っただけ。自分が主張したのは、決算と融資証明は何とか切り離して処理すべきだということ。
◉同日　再度、十河常務、平尾審査部長と　玉井副頭取の部屋にて
國重　融資証明の件、吉田部長はOKなどしていないと言っている。とにかくダメだ。
平尾　君はイトマンがつぶれてもいいのか。
國重　融資証明と決算処理を切り離して考えるよう会計士を口説こう。今日の午後、自分は会計士とアポあり。銀行の考えを言う。
平尾　それはもう、十河さん以下さんざんやった。

國重　しかし、銀行の立場からやるのとは違う。
十河　國重は会計士と会う必要はないよ。
國重　しかし、アポがある。
十河　趣味的に会うのは勝手。とにかく本件は吉田部長ともう一度よく相談する。
國重　そうしてください。
（その後の玉井副頭取、十河常務、平尾部長の打ち合わせでは、本件は事務局の結論に任せると）

§

このころ、十河常務と平尾審査部長は「チーム５人」のメンバーとしてイトマンに派遣されていたから、イトマンの利益代弁者になっていた。事務局、というのはイトマンに派遣されているチームの事務局だ。
しかし、私はあきらめていなかった。
巻き返しを図った。

§

◉同日午後　佐伯会計士と
國重　何とか融資証明を出さない方法はないか。監査を乗り切るために、イトマン、O社の処理方針を誤ることはおかしい。
佐伯　それはわかるが、会計士としても現在のままでOKとは言いにくい。

國重　Ｏ社はつぶれても、イトマンには影響させない。
佐伯　それを保証してくれるか。
國重　口頭ベースなら。玉井副頭取が宮本会計士と会って胸をたたいてもよい。
佐伯　その線なら行けるかもしれない。

§

◉12月23日　吉田融資三部長と電話
会計士の件、中尾から平尾に電話あり。Ｏ社方針についてメモを出せ、と。約束が違う。
住銀側が融資証明を出せば、Ｏ社は不良債権に分類されず、すなわちイトマンの首はつながる。確かにそれで監査は乗り切れるだろう。しかし、イトマンは融資証明を盾にして今後も住銀に甘えてくるかもしれない。それでは本末転倒だ。
だから、口頭で責任を持ってやるからということになった。それなのに、メモを出せとは話が違うではないか。私は早速会計士の一人に電話をした。

§

◉同日　高橋会計士に電話
高橋　12月25日13時からの、玉井副頭取と会計士の宮本、戸丸会談は時間が30分しかない。それを有意義に使うため、事前にメモをもらおうとしただけ。
國重　それでは13時以前に宮本、戸丸が吉田部長と会って、じっくり説明するということでよいか。

高橋　それでよい。

12月25日の10時、吉田、平尾と宮本、戸丸で会談を持つことで決着。

§

結局、融資証明は出すことになった。

この高橋という人物は住銀出身、しかも私よりも年次が上で、50歳近くになってから会計士の資格をとって転職した人物だ。最後のころは毎日出社しては会計士の勉強を続けていた。銀行でもそれを黙認していた。銀行の内情に通じ、人柄もよく知っている人物がいつか住銀の監査をしてくれれば都合がいい……そんなふうに思ってみんな黙認していた。まさにそのときが来たというわけだ。

§

◉12月24日　クリスマスイブ　歌舞伎町の物件実査

雰囲気がきわめて悪いところ。借地権買い上げ未済3件、借家人38人ついたままの200億円投入、不可。

§

こんな土地に融資証明を出すなんて、本当に馬鹿げていた。

§

◉12月25日「チーム5人」の前田と　イトマン社長室にて

本日のO社の決済、7億円不足（42億円中35億円は2月末までジャンプ）。ぎりぎりしぼって5億1100万円不足。いろいろ担保をかき集めている。

◉同日　小嶌弁護士、野一色部長、佐久間と

一件一件の材料では弱い。迫力に欠ける。すべてをまとめて地検に出さないと動かない。その際、地検のストーリーが組み立てやすくなっているとベター。その前に巽頭取から河村社長にその材料を示して退陣を迫るようにしよう。「もし辞任しなければ、「司直の手に渡す」」と。12月31日にプロジェクト委員会を開く。その場で河村社長、及びイトマンの大罪を説明し、コンセンサスを得るようにしよう。その際、小嶌先生をアドバイザーに起用する方向で考えよう。[注VII]安定株主50・8％は危うい。要対策。

――§――

私の腹は決まった。目指すは河村社長の退任。

河村社長がイトマンに居座り続ける限り、次に進めない。それから私は、この一点に向けて猛進していくことになる。

注

VII　小嶌信勝弁護士は当時、住友銀行の顧問弁護士を務めていた。ヤメ検で、広島高検検事長などを務めた。

師走の攻防

◉同日　十河常務、前田と

自分の使命はイトマンの再建と河村社長の首を切ること。吉田融資三部長とも電話で話しているが、Xデーを決めたら社内外の力を合わせて一気呵成に河村社長を切らねばならない。一刻の猶予もならない。1月中旬ごろか。

§

これは私の宣戦布告だった。

誰に？　河村社長に？　イトマンに？　住友銀行に？

おそらくいずれでもない。

自分自身への布告だった。自分が納得するまで、120%やり切るための。

そのための宣戦布告だった。

§

◉12月26日「チーム5人」の前田と

O社に5億円を出すこと、やむを得ず。ただし、牧場の株式を担保に取る。O社はこれで当分、セーフ（除く利息支払い）。

◉12月27日　桑原氏と

許永中がイトマンの株、約5000万株買い集めた。金主はアイチ。信用買いの担保は雅叙園、野田産業の株式。雅叙園の株価を下げる方策を考えよう。注Ⅷ

O社に対し、藤島が6000万円の債権あり。これを手形か先日付の小切手で受け取って先々不渡りを出させよう。

――§――

攻防はまだ続いていた。O社をつぶしてイトマンの決算を悪化させ、河村社長の退陣につなげようという派と、いや、そうなると結局かぶるのは住銀だからもうちょっと様子を見ようという派と。

しかし、ずっと様子を見続けてきたからここまでになってしまったのだ。何百回、この問いを繰り返しているというのか。

――§――

◉同日　佐藤茂氏、桑原氏、松下常務、吉田融資三部長と「波むら」にて

國重　巽頭取がもっと毅然としていたら、こうはならなかった。

松下　仕方がない。巽頭取はそういう性格。巽頭取では河村社長の首は切れない。

國重　玉井副頭取はなぜ軟弱なのか。

松下　玉井副頭取は5月の段階で燃焼し尽くしてしまったのではないか。それほど磯田会長に反抗するのは大変なことだった。とにかく、上の決裁を取っていたら何もできない。どんどん

進めることだ。

佐藤　自分はいつでも巽頭取に会って話をする。

一同　もう少し待っていてください。

◉同日　日銀の田村営業局長と　帝国ホテル「ゴールデンライオン」にて

國重から、今春から今日までの経緯を説明。

國重　ところで局長、11月8日のことを伺いたい。[注IX]あの日、巽頭取は土田銀行局長のところへ行ったが、その前に田村局長が土田局長に会っている。話は大阪府民信組のことだったという。イトマンがつぶれると府民もつぶれるということで、土田局長は巽頭取に圧力をかけたのではないか。

田村　あのときの話では、確かに大変だが住銀に何らかの要請をするのはやめようということだったはずだ。

國重　府民は富士銀行が弱みを握られていて、面倒を見ざるを得なくなっているはずだ。

田村　九百数十億円の紹介預金がある。金繰りに追われている。

◉12月28日　読売新聞の山口記者と

立川の件、進める。新しいネタを用意する。

◉同日　大蔵省国際金融局田弘補佐と、國重、下稲葉。

◉同日　大蔵省藤田補佐と。

——§——

私の情報収集はさらに頻度を増していた。

——§——

◉同日　イトマン芳村副社長と吉田融資三部長、國重

芳村　自分は一生懸命社内の役員工作をやっているが、今一つ盛り上がらない。これはイトマンのカルチャーがそうだからか。一般営業では年間40億円くらいの利益を出す力あり。しかし放っておくとどんどん悪くなる。客に聞くと、「あのトップがいる限り、企業イメージが悪すぎる」と言っている。自分も責任を取るが、杉本（残っていると、けじめをつけたことにならない）、高柿も外さないとダメだ。

——§——

伊藤寿永光氏がイトマンに連れてきた杉本満氏は、入社から3ヵ月で取締役になっていた。高柿副社長は河村社長を最後まで支えようとし、イトマン改革に反発していた。

——§——

◉同日　吉田融資三部長と

熊取谷《いすたに》[注X]も許永中とつながっているという噂がある。これも伊藤寿永光がつないだのかもしれ

ない。三菱信託に大蔵省の検査が入って調べたペーパーがある。入手しよう。

◉同日　大蔵省の阿部氏と「まんまる鮨」にて

深みにはまるとはこのことか、と思う。

12月18日現在で富士銀は府民信組に対し、75億円資金供与。うち50億円貸越、25億円預け金。12月18日、追加支援の要請を受け、GOサイン出る。150億円貸出金＋50億円預け金＝200億円。12月26日実行。GOサインに対し、府民側からお願いしますと言わせている。しかし、なぜのめりこんだのか疑問。

担保は南野の自宅などと株式を獲っていると。富士銀行によると、「南野さんは大変な資産家で800億円ある」と。そんなものが無傷であるわけがない。

◉12月29日　吉田融資三部長以下、融資三部メンバー

出勤のうえ、査定の作業。

◉12月30日　Yと会う。

§

メモにはないのだが、確か神楽坂のカラオケボックスに行ったはずだ。Yは谷村新司の『陽はまた昇る』を泣きながら歌った。私もそれを聴いているうちに、涙が止まらなくなった。

◉12月31日　プロジェクト委員会　西川常務、吉田融資三部長、野一色部長、國重、永田部長、秘書室メンバー

河村退陣が急務との認識で一致。府民に対する富士銀の深入りについて、西川常務が「どうも端田頭取の個人的な問題がからんでいるようだ」と。

——§——

◉同日　吉田融資三部長と

12月28日、巽頭取が河村社長と会った。個人的な背任云々とまでは言わなかったが、かなり強く責任を追及したらしい。河村社長は厳しい表情でビルを出て行った。

——§——

注

Ⅷ　このころ、許永中氏の関連会社がイトマン株を大量取得していたことが発覚。野田産業もまた、許永中氏が株を買い占めていた先の企業の一つだった。

Ⅸ　第11章参照。イトマンへ会社更生法を仕掛けるか否かを分ける最終局面の前夜が11月8日にあたる。

Ⅹ　熊取谷稔氏は、ゴルフ場、パチンコ機器製造などを営む傍ら、政財界のフィクサーとしても知られていた。

第14章　Zデー

三越方式

1991年の年が明けた。このときの私の照準はただ一点。河村社長をいかに、できるだけ早く辞めさせるか。ここに、イトマンそして住友銀行の浮沈がかかっていると考えていた。

§

◉1991年1月4日　巽頭取－十河常務

巽「1月に河村社長に言おう。早ければ来週後半か再来週。シナリオと言い方を考えてくれ。個人的背任については、事実をさらに詰めてくれ」

◉同日　OBの佐合氏と

なぜ河村を辞めさせないのか。地検の連中は皆、「きっと裏で何かやばいことがあるに違いない」と思っている。本当に何もないなら逆効果だ。
12月20日ごろ、巽頭取が住友不動産の安藤太郎さんを訪ねてきた。磯田、西、伊部のことをぼろくそに言っていた。逆に松下のことをほめちぎって帰った。安藤太郎さんは部下に、「今後は松下をよくマークしておけ」と言ったらしい。

◉同日　桑原氏、吉田融資三部長と
とにかく、河村社長を辞めさせることが先決。すべてはそれから。諸悪の根源は河村社長。河村社長は許永中に株を集めさせておいて、「これだけの株主が自分を支持している」と言って開き直るであろう[注I]。
銀座1丁目の土地も気をつけろ。商業協同組合は定款で、重要な物件の売買は総会決議事項となっているものが多い（組合員215口のうち、いまだ買収できていないものは10口以上あり）。

◉同日　読売新聞の山口記者と
絵画に関するデータ開陳。
1月16日前後に出せるようにやってみよう。これならいける、と。立川の株式を第2弾にする（念書が入手できそう）。第3弾～第5弾は國重が用意する。

◉同日　吉田融資三部長、渋谷と
　河村打倒のシナリオについて検討。1月25日を「Ｚデー」にする。その直前に、巽頭取から河村社長に退陣勧告を行う（三越方式）。その前に社長室から河村社長へ調査報告をする。そのために、1月7日〜15、16日にかけてイトマンの各役員に根回しをする（藤垣、芳村、大段、足立ら）。内容は資産内容、損益、営業の実態を中心にする。

§

　1月25日に、イトマンの取締役会が予定されていた。そこで取締役たちに緊急動議を出してもらい、河村社長を解任するシナリオだ。そのためには残された約20日間で、一人でも多くのイトマン役員を切り崩さなければならない。イトマン役員たちも、ここで判断を誤れば先がなくなる。河村社長についていくべきか、それとも社長解任に賛成すべきか――。過半数を押さえられれば、こちらの勝ちだ。

　私は、異様にテンションが上がる一方で、いや、しかし、今こそ冷静にならなければいけない、舞い上がってはいけない、とも感じていた。ここで決着をつけなければならないのだ。これ以上引き延ばせない。だからこそ、私は気を引き締めた。

　1月25日を「Ｘデー」ではなくて「Ｚデー」と呼ぶ理由も、もう絶対にこの日が最後、この日で何としても辞めさせるという思いの表れだ。

　老舗百貨店の三越で起きた社長解任のやり方を参考にして「三越方式」という案が浮上した。三越ではワンマン社長として知られた岡田茂社長を解任させるため、役員が秘密裏に多数派工作を行い、取締役会では反対者ゼロで電撃解任を実現させていた。岡田社長が、「なぜだ」と絶句したその一言は当時流行語にもなった。

§

◉1月7日　吉田融資三部長と

今日、巽頭取と会った。頭取の腹は完全に固まっている。何とか河村退陣を実現させようということだ。11月中旬に巽頭取が豹変した理由もわかった。巽頭取は、「大上常務にだまされた」と言っていた。

§

伊藤寿永光氏との関係が深かった大上常務から、「彼は悪い人間ではない」とでも吹き込まれていたのだろう。

§

◉同日　佐藤茂氏、桑原氏、吉田融資三部長と

佐藤　河村社長は本当に悪い奴。あんな悪い奴は見たことがない。彼がすべての元凶。車戸の友人に庭師がいて、河村夫人にかわいがられた。株の情報かなんかもらって、儲けた礼にと5000万円キャッシュを持っていったら、すっと受け取ったと。いつでも証人になると。伊藤寿永光の後ろの魑魅魍魎が動き出したら自分がきちっとけりをつけてあげるから、心配せずがんばれ。

§

車戸というのはイトマンの出入りの業者だ。

―――§―――

◉同日　吉田融資三部長と
今日、巽頭取が佐藤茂氏のところへ挨拶に行った。

◉同日　イトマンに派遣されていた前田、植田と
絵をめぐるマネーフローについて打ち合わせ。だいたいわかってきた。富士銀行がかなり深みにはまっている。対河村説明用資料について打ち合わせ。

◉同日　イトマンに派遣されていた嶋津と
三越方式の段取りについて打ち合わせ。

◉1月8日　佐久間と
絵のマネーフロー、河村社長の5億円の借金について打ち合わせ。国税と大阪地検に持ち込むと。アーネスト、東海、内外商事の株式投資について、法律で縛れるか小嶌弁護士に聞く。[注II]
イエスなら地検、ノーならマスコミに持ち込もう。

◉同日　大蔵省の阿部氏と電話

府民信組の件、年末はイトマンから100億円を超す返済があり一息ついた。

●同日　平尾審査部長と

許永中氏の会社、関西コミュニティが12月19日付で「大阪雅叙園観光」と社名変更した。意図は何だろう。[注Ⅲ]

平尾　1月25日前に血判状を集めようか。

國重　事前に漏れるリスク大。やめたほうがよい。それよりも当日、部長会有志で集まって環境作りをしよう。それに、組合委員長の印を取ろう。

●1月9日　河合伸一弁護士と

國重よりイトマンの現状について説明。

河合「トップを入れ替えるしかない。それも『三越』しかないかもしれない。そのときは相談に乗ろう」

三越事件の本『解任』を拝借。

●同日　日銀大阪支店の大芝氏、八木氏に新年の挨拶。

●同日　イトマンに派遣されていた嶋津と

昨年1年間で5億円、竹下に出ている。イトマン本体ではなく、関係会社経由か。これが明るみに出たら、住友銀行は困るのではないか。河村社長が辞めない理由は、政治の後ろ盾があるからではないか。

◉1月10日　大蔵省の検査官・比護氏、宮山氏と伊藤、O社、絵、熊取谷について説明。

◉同日　十河常務、吉田融資三部長と

1月25日がターゲット。状況は厳しいかもしれない。時間がない。芳村副社長も、関西電力のケースを調べたらしいが、準備に6週間かけている。

焦って失敗したらどうにもならない。中心人物は芳村副社長以外にない。従って、次の社長は暫定的に芳村副社長。1月18日に十河他チームから、河村社長に状況説明。経営刷新を訴える。1月21日に巽頭取と河村社長が会い、退陣を求める。当面、これに全力を尽くそう。

――§――

関西電力のケースとは、1987年に関西電力で最高実力者と言われていた芦原義重代表取締役名誉会長が解任された一件のことだ。芦原氏が会社を私物化していると危惧した当時の小林庄一郎会長らがクーデターを画策し、役員らを説得したうえで、取締役会で芦原氏の取締役解任を決議させた。この取締役会が2月26日だったため、「関電の2・26事件」として語り継がれていた。

注

Ⅰ　第13章12月27日付メモ「桑原氏と」参照。このころ、許永中氏の関連会社がイトマン株を大量取得していたことが発覚していた。

Ⅱ　アーネスト、東海（振興信用）、内外商事などはいずれも河村社長関連の会社。河村社長はイトマンファイナンスからこれらの会社に融資を実行し、イトマン株を取得させていた。自らの地位保全のために、イトマンの株価を高値で維持しようと考えていたものとされている。

Ⅲ　関西コミュニティはイトマンとの絵画取引を取り扱った許永中氏の関連会社だった。

——§——

敵か？　味方か？

◉同日　平尾審査部長と

高村について、芳村は大丈夫だと言っているが、安井はちょっと首をかしげている。十分注意して対応せよ。

◉同日　イトマンの高村常務と　融資三部にて

高村　いろいろなメンバーにあたっている。過半数はいっていると思うが、リーダーになる人がいない。

國重　芳村は？

高村　平尾の話では、芳村は先頭に立ってやる自信がないと。
國重　とにかく机上の空論ではなくて各個撃破をしていこう。
高村　自分は茨木、岡本をやってみる。
國重　自分は十河常務をやってみよう。

§

茨木氏、岡本氏もイトマンの役員だった人物だ。

十河常務はイトマンプロジェクト「チーム5人」のリーダーだったし、これまで何度も打ち合わせを重ねてきているから、本来だったら信頼できる一番手になっているはずだったのだが、私にしてみれば必ずしもそうではなかった。すぐ空気を、そして上司の意向を読もうとする典型的な銀行マンだったので、今一つ煮え切らなかった。21日に巽頭取と河村社長が会うから、その結果を見て次の手を考えればいいのではないか、といった調子だった。

そんなことでいいわけがない。

その時点で残されたのは4日。わずか4日で準備などできるはずがない。そもそも巽‐河村会談で何かが決まる、というのではない。それは河村社長退任に向けての一里塚に過ぎず、25日の取締役会でかたをつける、そこで終わりにするということを目指してすべてが動いているのだ。

1日遅れたら、1ヵ月遅れたら、それだけどんどん損失が増えていく。とにかく、あと2週間でけりをつけるしかない。私は、東京プリンスホテルでの苦い経験を思い出していた。あそこで日和ったから、今ここまで損失がふくらんでいるのではないか。

あの繰り返しだけは避けねばならない。

◉1月14日　読売新聞夕刊1面

〈イトマンの元常務宅など捜索　千葉の分譲地転売の利益脱税容疑／東京国税局

千葉県企業庁が分譲した埋め立て地の偽装転売疑惑で、中堅商社「イトマン」の伊藤寿永光・元常務（46）と東京都内の不動産会社の二者が、転売で得た約三十億円の利益を、第三者に身代わり申告させたうえ、この二者で折半していた疑いが強まり、東京国税局査察部は、まず不動産会社の法人税法違反（脱税）容疑について査察（強制調査）に着手、十四日午前、関連する伊藤元常務の自宅など数か所を家宅捜索した。国税局は、偽装転売から身代わり申告に至る一連の工作は、伊藤元常務が仕掛けたとの見方を強めており、全容解明を急ぐ。

査察の直接の対象となったのは、東京都葛飾区金町三の四九、不動産会社「道芳」＝池田正勝会長（76）＝。捜索個所は、名古屋市天白区の伊藤元常務の自宅のほか、元常務が経営する東京・八重洲の不動産会社「協和綜合開発研究所」など。

所得隠しの発端は、協和綜合開発研究所の子会社で冠婚葬祭用具リース業「平安閣」（本社・名古屋市中区）が、昭和六十一年五月、千葉県企業庁から分譲された同県習志野市芝園の埋め立て地（七千八百七十平方メートル）の転売。

この土地は、「日本コンベンションセンター」（通称・幕張メッセ）などが立ち並ぶ幕張新都心に隣接し、分譲当時から値上がりが確実視されていたが、公有水面埋立法などで十年間の転売やリースが禁止されていた。ところが、関係者によると、伊藤元常務は六十三年四月、休眠状態の平安閣の全株七万株を、道芳の池田会長の仲介で、江東区辰巳の中堅運送業者「越智運送店」（越智久夫社長）に、四十億円近い価格で売却した。

偽装売買によって、伊藤元常務と道芳は、土地分譲費用六億九千二百万円などを除く、約三十億円の利益を得、これを二者で折半していたという。

一方、身代わり申告は、伊藤元常務と道芳がこれらの利益を隠すため都内のブローカー藤井秀男氏（76）を株売却前日に平安閣社長に据え、藤井氏が平安閣の全株を売却して、約三十億円の利益は藤井氏が得たかのように偽装したもの。この結果、当時、無職だった藤井氏は、六十三年分の所得税として十七億六千百十一万円を申告。同年分の高額納税者番付で全国六位に登場していた。

転売された平安閣は、休眠状態で、全国冠婚葬祭互助会連盟に加入している「平安閣」とは別会社〉

§

◉1月17日夜　玉井－芳村会談

玉井副頭取のコメント「芳村は飾り気のない人。品性が良い。営業一筋でなかなか気骨があるが、パワーという点では今一つ」

立ち上がるという話は出なかった模様。

§

この日は、1月25日の具体的な話は出なかったようだ。

—— § ——

◉同日　佐藤茂氏、桑原氏、吉田融資三部長と　ホテルオークラにて

桑原　こういうものは時間をかけたらダメ。一気呵成にやらねばならない。

國重　わかっている。1月25日に必ずやる。その方向でがんばっている。

佐藤　許永中－伊藤寿永光ラインから何かあれば、自分が相手をする。

吉田　佐藤さんからイトマンの藤垣副社長を口説いてくれませんか。

佐藤　わかった。藤垣と連絡をして、佐藤が極秘裏に会いたがっていると伝えてくれ。自分から話をしてみよう。

—— § ——

◉同日　イトマンの高村常務と電話

茨木にあたってみた。ナマズみたいな奴。わからない。△。岡本は思ったより○に近い。ただし時期は1月ではなくて3月という感じ。平木とも話をした。弁護士については誰でも同じだ。時期は1月は早すぎると。

上から下に共通して言えることは、①骨抜きになっている、②問題の中身があいまい、③その後の人事を考えると動けない、④コアがいない、ということだ。しかし、流れは動いている。3月頃を目指すのがベストではないか。

—— § ——

この時点で、私が河村社長退陣のリミットと考えていた1月25日の取締役会まで、残り１週間。しかし、まだまだ機が熟している、準備が進んでいるとは言えなかった。だが、私はあきらめていなかった。

決起文

◉同日　イトマンに派遣されている前田と

佐藤茂氏と藤垣副社長会談セッティングの件。前田が藤垣に「佐藤茂が会いたい」と伝えたところ、藤垣から前田に「実は私も会いたいと思っていました」と。脈があるかもしれない。

§

◉1月18日　大蔵省の藤田氏と

証券局の村木室長と話をしたところ、イトマンの株を扱っている証券会社には、いろいろな銀行からカネが振り込まれているが、その中には三和銀行の梅田新道支店も含まれていると。絵のカネがイトマン株にまわっていることは間違いない。

§

つまり、許永中氏がイトマンに絵を売り、そこで得たカネでイトマン株を買い占めているというのだ。イトマンは自分のカネで乗っ取られているようなもので、まぬけというかばかばかしいといおうか。

◉同日　読売新聞の山口記者と

湾岸戦争で紙面がとりにくくなった。1月21日（月）の朝刊に載せるようにするが、責任を持てない。絵について、許永中には会えなかったが、関係者に会った。いわく、89年秋頃、伊藤寿永光、河村社長、磯田会長と会って絵のことは決めた。あれは売買ではなく絵を担保にしたファイナンス。絵の値打ちは十分にあると。

§

◉同日　嶋津と電話

河村社長にイトマンの現況を説明した（by「チーム5人」、十河、平尾、嶋津、前田、植田）。14時から16時半。

資料に沿って説明の後、①銀行に支援を頼まざるを得ない、②そのためには納得性が必要、③安宅産業、大昭和、マツダのケースでは大義名分があったがイトマンにはない。

これに対して河村社長から反論らしきものはなかったが、「伊藤寿永光とO社が問題。これを俺の力で何とかしないといけない。伊藤寿永光は悪い奴だ。自分にも言いたいことはいろいろある。丸正、立川、安宅産業等々、銀行のためにいろいろとやってきた。杉山の入社も無理を承知で受けた。伊藤寿永光とO社の4000億円の肩代わりを見つけてくれ。伊藤寿永光を入れたことは自分の責任。だから、自分がやる」。

この後、十河常務と二人で話し合い。

十河　河村社長に正確な情報が入っていない。東洋紡、帝人、日清紡等の大企業、河村社長が辞めないと取引できないとの声大。イメージが悪すぎる。
河村　イメージは自分の責任。だから自分でやるしかない。自分が一社一社誤解を解かねばならない。自分は退くときは退く。その時期は自分で決める。介添人はいらない。

◉同日　佐久間と電話
読売（大阪）の記者が許と会った。元気だった。今、伊藤寿永光と喧嘩しているらしい。絵は400と。500までやるつもりだった。（許永中氏が）最近、河村社長と会った。元気だった。株は河村社長をバックアップするために買ったもの、と。

◉1月20日「チーム5人」と　大阪住友会館にて
國重から、資料に基づいて河村ドラマについて説明。
十河　準備不足だ。とても間に合わない。
國重　最終判断は1月23日にすればよい。それまで準備を進めよう。
十河　芳村、安井の意見を聞いてみよう。

§

河村ドラマ、とは私が書いた取締役会当日のシナリオだった。決行日の5日前、日曜の夜になってもまだゴーサインが出ていなかった。その夜、十河常務が帰った後に私は若手と引き続き飲んだ。

◉同日　嶋津、前田、植田と　独身寮にて
國重　とにかくできるだけ早く河村社長の首をとらねばならない。そのためには動くことだ。動かないで議論ばかりしていてもダメ。やらない理由は100ほどある。
嶋津・前田　わかった。動いてみる。

──§──

◉1月21日　嶋津と
嶋津「昨夜、十河常務が芳村と電話で1時間半、やった。芳村は相変わらず煮え切らないようだ。1月25日はとても無理と。平尾部長は安井常務と電話でやった。シナリオで芳村をフォローするのは、安井よりも足立がベターと。安井常務も『やれと言われればやるが、未だ機は熟していないのではないか』というニュアンス」
國重より、嶋津に趣意書5通手交。東京で使ってくれ、と。

──§──

趣意書というのは、いわば決起文のようなもので、もちろん私が作成した。
河村社長の解任に向け、住銀とイトマン両社の幹部たちから、この趣意書に同意のサインをもらうのだ。だが、この期に及んでもまだ腹が決まっていない人々ばかりだった。なぜなのか。
私はもう、怒りと焦《じ》れ、呆れを通り越して悲しかった。

この日、私は激しく動き回る。自ら情報も取りまくった。使えるのは残り3日。その3日の間に、何としても、何としても、かたをつけなければ。

――§――

「介添人はいらない。私は男だ」

◉同日　木下久男氏と

投書の主は木下と疑われてずいぶん苦労した。このままではいけない。

――§――

木下久男氏とは、住銀からイトマンの専務に入っていた人物だ。イトマンに移ってからはやや冷遇されていたこともあり、その不満から一連の「Ｌｅｔｔｅｒ」を作った人物だと疑われたようだ。木下氏には申し訳ないことをした。

――§――

◉同日　玉井副頭取と

國重「チーム5人」と融資三部でニュアンスが違っている。「チーム5人」は間に合わない。融資三部は、準備を進めるべきだと。

玉井　1月はダメだ。準備することもやめてくれ。今や1月も2月も3月も同じ。準備不足で突入することは不可。

國重　それは6対4という認識の上での話か。

玉井　6対4が7対3でも8対2でも同じ。失敗のリスクを取るわけにはいかない。自分の頭の中には1月25日はまったくない。2月については白紙だ。
國重　しかし、時間が経てば経つほど、営業は壊れ、住友の評価も下落する。とにかく準備だけでも進めて、1月23日ごろ、ボタンを押すかどうか決断すればよい。このままでは分離もできない。
玉井　準備をすることもやめてくれ。分離にしても株の動きを見極めなければできるわけがない。

——§——

私は、成功するのが6割とふんでいた。しかし、玉井副頭取はたとえ8割でも、ダメだという。
分離というのは、イトマンの不良債権をすべて表に出して切り離すという案だった。しかし、そうすると他の金融機関がカネを返せという大合唱となり大変なことになるだろう。
玉井副頭取はそれも恐れているのだった。

——§——

◉同日　桑原氏と
今日13時から、佐藤茂氏がイトマンの藤垣副社長と会った。藤垣の河村社長に対する信頼がない。このままではいけない、という感じ。佐藤氏から「玉井副頭取が会いたいと言っている。頼みたいこともあるし、後の面倒も見ると言っている」と話したら、藤垣は「いつでも会う」と。今夜、佐藤氏から連絡することになった。イトマン内部には内緒にしておけと言った。

◉同日　十河常務・平尾部長と玉井副頭取。後から巽頭取も

今日16時から、巽・玉井－河村会談、しかし辞めないだろう。

玉井　クーデターのような形でやることは避けたい。何とか内部の盛り上がりで河村社長を辞めさせたい。

平尾　それは難しいでしょう。

玉井　それなら仕方ないが、1月25日は完全に無理。

平尾　これにより、「チーム５人」のメンバーの動き方が変わってくる。1月25日にやるなら、今日からハンコをとって回らねばならない。

玉井　それはダメだ。

――§――

ハンコ、というのは先の趣意書に「河村解任」の同意をもらうことだ。

――§――

◉同日　巽頭取・玉井副頭取－河村社長　大阪本店にて

基本的にはケンカ別れ。河村社長は、銀行の力を借りなくてもやっていけると。

巽　責任をもってできなければ辞めてくれ。

河村　介添人はいらない。私は男だ（納得せず）。
　河村社長が改めて計画を持ってくる。2月末までに実効が上がらなければさらに責任を問う（合意はしていない）。

――§――


つまり、決裂だ。

巽頭取は辞任を迫ったが、河村社長は首をタテに振らなかった。

しかも、再建計画が1ヵ月以内に効果を出さなくても、辞めることには納得していない。

ずっと居座るつもりなのだ。

1月にできないことが、2月に、3月にできるわけがない。

そんなものは単なる問題の先送りで、何の解決にもならない。これまでだって、ずっと、ずっとその繰り返しだったのだから。

私は自分に言い聞かせた。

あと3日、まだ3日ある。


――§――

◉同日　十河常務、前田と
イトマンの現況、住銀の考え方などを説明。
十河常務納得、自分も腹をくくってやると。趣意書にサイン。
彼の知っている範囲では、茨木、高村はOKだろうと（茨木は前田が工作予定）。

ようやく、イトマンプロジェクト「チーム5人」のトップだった十河常務が納得した。
少しずつ、少しずつ回転し始めた。

——§——

◉同日　嶋津と電話
大段、大西のサインを取った。
傍士は注意してやろう（かつてキューバのリスケで穴をあけたのに、河村社長に取締役にしてもらった恩がある）。

——§——

一人ずつ、イトマンの取締役会メンバーをつぶしていった。
時間との戦いだ。

——§——

◉1月22日　読売新聞朝刊社会面
〈イトマンと関係2社の絵画購入　実は678億円　シャガールなど7千点余
◆相場の倍を越す取引も
過大な不動産投融資問題に揺れる中堅商社「イトマン」（本社・大阪市、河村良彦社長）と営業実体のない関係二社が、昨年春から九月にかけ、総額六百七十八億円、七千三百点余の絵画類を集中購入していた事実が、二十一日明らかになった。同社はこれまで「絵画取引は二百五十億円」と発表していたが、それをはるかに上回り、この時期のイトマンの新規借入金の三分の一近くに上る。大半の絵画は相場より高値だったとされ、同社が現在進めている経営立て直しのための投融資圧縮計画にとっても大きなネックとなりそう。支援に乗り出したメーンバンクの住友銀行や大蔵省など関係機関も重大な関心を寄せている。

◆昨年春から9月　大蔵省も重大関心

関係者によると、絵画の購入額はイトマン本体が最多で四百九十四億円、関係会社の「エムアイギャラリー」が六十三億円、同「画廊イトマン」が百二十一億円。

このうちイトマンとエムアイギャラリーが購入したのは、シャガール、モジリアニ、佐伯祐三、藤田嗣治画伯ら内外の著名画家の絵画計二百一点。また、画廊イトマンは、「ロートレックコレクション」「ワイエスコレクション」などと銘打たれた同一画家の作品群をまとめ買いし、画家愛蔵の小物類も合わせると、購入作品は七千百点余りにのぼった。

イトマンが購入した絵画の〝市場評価額〟は明らかになっていないが、これら絵画の一部のリストとして出回った、昨年八月三十一日付のイトマンあて「請求書」には、平山郁夫氏の「法隆寺の月夜」（四号）三億円、加山又造氏の「春月」（十二号）三億円、同「猫」（二十号）五億円……などと列記されている。このリストについて、絵画の価値評価で定評のある画商や、日本の現代画家の「一号当たり評価額」をまとめている美術専門の出版社などは、「通常の相場の倍以上で、この値では買い手がつかないのでは」と、高値購入を疑問視している。

イトマンの長短期合わせた借入金は、昨年三月末から九月末に二千二百五十二億円増えており、関係二社も含めた絵画取引はこれら新規借り入れの約三割に当たる。決済は、イトマン扱いのうちの百四十億円分が約束手形で支払われただけで、他はすべて現金だったとされ、取引金融機関から事業資金として借り入れた金を振り向けた可能性が高い。

関係二社のうち、エムアイギャラリーは昨年六月二十九日、画廊イトマンは同八月八日に、それぞれ設立登記された。両社ともイトマン名古屋支店と同じ番地が登記上の本店で、独立した企業としての活動は事実上ないという。

両社の代表取締役は、昨年十二月一日に自殺した加藤吉邦専務（当時六十一歳）だったが、昨年二月に入社し、不動産部門を統括する企画監理本部長となった伊藤寿永光元常務（46）も両社の取締役となり（エムアイギャラリーでは加藤氏と並ぶ代表取締役）、伊藤氏の親族も名を連ねていた。

イトマンは不動産事業への急傾斜がたたり、グループ全体の借入金が約一兆二千億円に膨らんだため、住友銀行が昨年十一月、常務ら五人を派遣。今年三月末までに、このうち約三千五百億円の債務を圧縮する計画を打ち出していた。絵画取引もその全部が圧縮対象に組み入れられ、計画の成否を握るカギの一つになっていた。

絵画取引について、河村社長は、昨年十一月十六日の会見で「絵画ビジネスを持ち込んだのは伊藤氏。すべて引き取ってもらう」と語っていた〉

読売は、１日遅れて掲載したのだ。[注Ⅳ]

ここに来てようやく、風が我がほうに吹き始めた。

注

Ⅳ　1月18日付メモ「読売新聞の山口記者と」参照。「1月21日（月）の朝刊に載せるようにする」とある。

第15章 解任！

§

前線本部

◉1991年1月22日　「Zデー」まであと3日　高村、平木と國重、嶋津

　國重、嶋津よりイトマンの現状を説明。

國重・嶋津　このままでは大変なことになる。一気呵成に走ろう。すでに4～5人の連判状は取った。皆、やろうと言っている。

高村　わかった。そうとなれば1月25日にやろう。

平木　1月25日でなければダメだ。

高村　その場合のポイントは芳村だ。芳村は、今日明日東京だ。

國重　明日、芳村に会おう。それと法律的な詰めをやっておく必要がある。

平木　明日10時半に井上弁護士とアポを取ろう。

歯車が着実に回転し始めた。

——§——

◉同日　大蔵省国際金融局の筑紫課長、菅野補佐、田弘補佐と

イトマンの大連プロジェクトについて。注I 要はダーティーイメージが問題。何かきっかけがあればよいが。

——§——

河村社長が辞任すれば、まさにその「きっかけ」となる。

——§——

◉同日　佐藤茂氏、桑原氏、松下常務、吉田融資三部長と「波むら」にて

松下　このまま進んでいってもダメだ。玉井副頭取、十河常務が乗っかれるような形にしろ。そのためには、内部の盛り上がりで動かざるを得なくなったという形に持っていけ。それがシナリオだ。

國重　できる限りのことをやってみる。

——§——

◉**1月23日　読売新聞朝刊　社会面**

〈イトマン購入の絵画疑惑　557億円融資の担保？　3社相手に変則処理

中堅商社「イトマン」（本社・大阪市）と関係二社は、総額六百七十八億円もの絵画類を、近

畿地区の夕刊紙「関西新聞社」を中心としたグループから五百五十七億円分、セゾングループの美術宝飾品会社「ピサ」から百二十一億円分購入していたことが、二十二日、判明した。同新聞の社長らは一時、イトマンの幹部社員となっていたが、このルートの絵画の中には相場より高値だったものも多かったとされる。しかも、同ルートの売買はその後一斉に解約され、同額の融資に切り替わるという変則的な処理も行われており、この債権回収が今後の焦点になる。

関係者の証言を総合すると、取引の内訳は、〈1〉関西新聞社からイトマンへ二百九十五億円〈2〉同新聞社から、イトマン関係会社「エムアイギャラリー」へ六十三億円〈3〉同新聞社の関係会社「関西コミュニティ」からイトマンへ百八十八億円〈4〉経営コンサルタント会社「富国産業」からイトマンへ十一億円〈5〉ピサから、イトマン関係会社「画廊イトマン」へ百二十一億円――となっている。

新たに判明した売り手側の四社のうち、関西新聞社（大阪市、池尻一寛代表取締役）と、関西コミュニティ（同、佐藤雅光代表取締役）の両社は、取締役の一部が同じ顔ぶれ。富国産業（東京都、田中東治代表取締役）は、この二社と共通する役員はいないが、昨年五月、東京都港区赤坂に設立登記された企業管理会社の取締役として、関西新聞社の池尻氏と富国産業の田中氏が名を並べており、ピサを除いた三社は相互に関係があるとみられる。

また、池尻氏は昨年六月イトマンに入社し、企画業務本部副本部長に、佐藤氏は同本部主任部員になっていた。いずれも、絵画取引を指揮したとされる伊藤寿永光元常務の紹介で入社したが、伊藤氏が退社して間もなく昨年十一月二十日付で退社した。このため、池尻氏と佐藤氏は、昨年春から九月にかけ行われた絵画取引の売り買い双方の会社にかかわっていたことになる。

関係者によると、「関西新聞」ルートでは、同新聞社などが大手百貨店などから仕入れた二百一点の絵画について、いったんイトマン側との間に売買が成立したが、イトマン側は昨年十月十二日付で、関西新聞社など三社との間に「合意解約書」を結んだ。

その内容は、両者が合意のうえ売買を解約し、関西新聞社側は、手にした絵画代金に倉庫保管料、保険料、利息を加えた額を平成三年三月末にイトマン側へ支払う——というもの。融資契約とは異なるものの、実質的には、イトマン側が関西新聞社側に総額五百五十七億円を融資し、その担保に絵画を預かった形となった。

変則的な経過をたどったことについて、イトマンでは「絵画取引が社の体質になじまなかったため、事業そのものを見直そうということで売買を解約した。資金は今年三月までに回収できる確認を相手側から取っている」（広報室）と説明する。

これに対し、関西新聞社は「絵画取引はファイナンス（融資）だったと聞いている」（総務課）と話している。

一連の取引の対象となった七千三百点余の絵画類のうち、「ピサルート」の作品はイトマン側の「在庫」となっているのに対し、「関西新聞ルート」の絵画は「担保物件」で、どちらも大阪市内の倉庫に保管されている。経理上は、「関西新聞ルート」の五百五十七億円は「貸付

金」として計上されており、イトマン側は回収に力を注ぐことになる〉

◉同　経済面

〈金融機関からの融資1兆4000億余に　借入金総額が増大／イトマングループ

主要金融機関の昨年十二月末現在のイトマングループ三社（イトマン、イトマンファイナンス、伊藤万不動産販売）向け融資残高が二十二日明らかになった。借入金総額はイトマン本体から他の二社への融資分も含め約一兆四千二百二十億円と、十一月末に比べ約千百三十三億円膨らんでいる〉

新聞も我がほうに追いついてきた。機はまさに熟しているのだ。

◉同日　朝日新聞大阪夕刊　社会面

〈イトマン　絵画購入額は678億円　会社側説明の2倍以上

中堅商社イトマン（河村良彦社長）は二十三日、同社と子会社三社が昨年中に購入した絵画の総額が、従来説明していた約二百五十億円の三倍近くの六百七十八億円になっていたことを明らかにした。これまでの説明がデタラメであったわけで、二百五十億円と話してきた河村社長らの責任追及の声が社内外から出るのは必至だ。

絵画は、大阪の夕刊紙「関西新聞社」（池尻一寛社長）を経由してイトマンへ二百九十五億円、同新聞社からイトマンの関係会社「エムアイギャラリー」へ六十三億円、同新聞社の関係会社の「関西コミュニティ」を経由してイトマンへ百八十八億円、日本レースの筆頭株主で鋼材販売会社の「富国産業」経由でイトマンへ十一億円、さらにセゾングループの宝飾品会社「ピサ」から「画廊イトマン」へ百二十一億円分それぞれ売り渡されていた。

ピサ以外の三社は、大阪の実業家、許永中氏が事実上のオーナーといわれている。三社から仕入れた二百一点の絵画については、イトマンが昨年十月十二日付で「合意解約書」を結んだ。このため、現在では絵画を担保にした短期貸付金になっている。三社分五百五十七億円については年度内に返済してもらう、としているほか、ピサの分も年度中に転売するなどして、絵画の在庫はすべて処分することにしている〉

——§——

◉1月23日　あと2日。井上弁護士と平木、高村、國重

法的な問題点整理。最後は断固たる決意がポイント。議事録……井上、社債関係……國重、シナリオ……高村、平木が用意する。ホテルの部屋確保。司法書士も井上が用意する。

——§——

大阪全日空ホテル・シェラトンを前線本部とした。さあ、いよいよ具体的になってきた。もう後戻りはしない。私の断固たる決意は揺らがなかった。

注

I　イトマンは中国・大連にメンズスーツの縫製工場を建設するプロジェクトを計画していた。これはまとも

な投資案件だったが、このときは住銀からイトマンへの融資はより厳格化しており、融資をしてよいのかどうかについて大蔵省にも相談していた。

——§——

決戦前夜

◉同日　芳村、高村、嶋津、國重　イトマン青山本社にて
國重　趣意書も集まりつつある。イトマンの現況に鑑み、急がねばならない。
芳村　まず断っておくが、自分も辞任する。それでなければ藤垣を引きずり込めない。けじめをつけたい。昨夜、23時ごろまで十河常務と電話で話をした。十河常務は1月25日は無理という感じだった。だが、わかった。これから伊藤直三会長と会う。[注Ⅱ] 明日は藤垣と会う。そこで各々話をしてみよう。
國重　ホテルの部屋も取ってある。手分けして声をかけよう。
高村　1月25日にやるしかない。
芳村　わかった。

◉同日　吉田融資三部長と
　十河常務と玉井副頭取と電話。
十河　ここ2～3日、イトマン社内が盛り上がっている。部長会トップヒアリングにおける木

村課長発言。藤垣が芳村に会った。「このままではダメだ。代表取締役をまとめよう。大阪は藤垣、東京は芳村がまとめる」と言っていた。巽・玉井－河村会談の後、河村社長は熊取谷に泣き付いた。[注Ⅲ]「河村も狂っている」と熊取谷ですら言っている。金丸信にカネが行っている。
河村「会長を空けるから、大蔵省のOBを」、金丸「それはダメ」と。
玉井　何とかしたいと思ったが、もうダメだ。ここまで盛り上がったのならやろう。明晩、藤垣に会ったら詰める。「先々は面倒を見る」と自分が言う。
吉田　河村社長がしきりと巽頭取に会いたがっている。察知したか？　結局、1月30日に会うことになる。

§

イトマン社内でもついに声が上がり始めた。部長会で、プロパーの課長が「うちはおかしい」と発言したというのだ。
そして玉井副頭取もついに決心した。理は我がほうにあり。

§

◉1月24日　あと1日。というよりも、実行の前日。大塚記者と　湯島「ギャラン」にて
大塚　河村社長のスキャンダル、株式投資問題。資料を一式よこしてくれ。いつでも記事にできるようにしておこう。
國重　タイミングを見させてくれ。

§

久々の大塚記者との会合だったが、私は心ここにあらずだった。マスコミを利用すべきときはすでに過ぎている。もはや明日なのだ。まずは辞めさせてから。そこからまたすべての局面が変わってくる。

――§――

◉同日　吉田融資三部長と
吉田　十河常務もやる気になってきた。電話がかかってきて、銀行側の受け皿として國重にも大阪に来ておいてほしいと。

◉同日　NHK早坂、冷水記者と桑原氏、國重　築地にて
絵画問題について説明。河村社長がアウトになったら放映してもよいと。

◉同日　井上弁護士と
社債に関する担保権設定で詰め。

◉同日「チーム5人」のメンバーと　大阪全日空ホテル・シェラトン　10××、10××号室にて
十河　気運は盛り上がっている。今まで玉井副頭取と芳村、藤垣の4人で話をした。二人が「どうしても辞める」と言うのを、「もっと大乗的立場から考えろ」と口説いて、最終的に納得

してもらった。（次の社長は）二人の副社長どちらでもよいということにしたが、まあ、芳村ということになった。
嶋津　今夜は19人に声をかけて、18人集まっている（21××号室）。
十河　今頃、芳村が所信表明をしているはずだ。
（嶋津が安井に電話をしたところ、高村常務が出て、これから二人の副社長がそちらに行く、と）

§

まさに決戦前夜だった。私はこの日、東京で用を済ませてから慌ただしく大阪に向かい、前線本部となっているホテルに詰めた。
取締役会に出るのは36人。うち、海外出張などで欠席する者もいるから、最低でも今日集まっている18人が賛成すれば過半数に達するはずだった。
いよいよだ。いよいよ、ここまで来た。

§

◉1月25日　11時30分　取締役会開催
冒頭で解任決議成立！
高柿、蟹江が起立しなかったが、その後、議事録に署名する際は全員一致で決議したことにしてくれ、と。
取締役会の前、11時〜11時15分、３人の副社長が河村社長に呼ばれた。芳村、藤垣はばれたかと思い、ぎくりとしたが、河村社長からは、「がんばれ」との発破がかかっただけだった。

河村社長はその後、自室にこもり、亀井静香に電話。亀井筋からマスコミに漏れる。「辞任」と。

14時ごろ、河村帰宅。16時ごろ、杉本が往訪したところ、「まあ、こういうもんですな」とのことだった。

午後からはマスコミへの対応策に従事。記者会見用メッセージ。住銀のコメントなどの了解とり（玉井副頭取、十河常務）。

玉井　新年に京都でおみくじをひいた。凶だった。おかげで気分が高揚しないで処理ができた。自分は責任を取らない。取るのは、巽頭取と部長たち。部長たちが働きやすくするのが自分の仕事。そういう気持ちでいる、と。

§

この日、イトマン取締役会は午前11時半からだった。

新聞各社は亀井筋から情報を摑み、夕刊の最終版にぎりぎりでニュースをつっこんだ。各社1面頭に「河村解任」の文字が躍った。

取締役会の様子はどうだったのだろうか。朝日新聞大阪社会部著の『イトマン事件の深層』（朝日新聞社）に詳しいので引用しよう。

〈イトマン本社十三階の役員会議室。その中央に大きな楕円形のテーブルがある。河村はいつものようにそのテーブルの中央に座った。いつもは姿を見せない海外駐在の取締役が着席しているのに気付いた。伊藤と折り合いが悪かったため、去年「飛ばされた」役員である。帰国の報告はなく、変だなと思ったものの、河村はそれ以上の注意を払うこともなく議事を開始した。その時だった。左手に座っていた副社長の芳村昌一がやおら立ち上がり、「河村良彦氏の代表取締役並びに社長の退任について緊急動議を提案します」と切り出した。河村は低い声で「議事にないから無効だ」と短く言い放ったが、右横に座る副社長の藤垣頼母が河村を遮るように「社長は利害関係ですから、わたしが採決をとります」と臨時議長を宣言、賛成者に起立を促した。

全三六人の取締役のうち、出席は河村を含めて二九人。もうひとりの副社長高柿ら三人を除く二五人が立ち上がった。河村は沈黙のまま、その突然の解任劇の中に身を置いた。一月二十五日午前十一時三十二分。開会から約二分間の出来事だった。

予定されていた九つの議案は簡単に片付き、最後に藤垣が芳村の新社長就任を提案。これには河村を除く全員が立ち上がり、定例取締役会は終わった。時計はちょうど正午を指していた。足かけ十六年にわたった超ワンマン体制の最後だった。

席を立つ河村に藤垣は「残念ながら、このような仕儀となりました」と声を掛けた。腹心であったナンバー2の言葉に河村は表情を変えず、無言のまま社長室に引きあげた。解任の決に起立しなかった三人の役員も議事録に承認のサインをした。河村は社長室から代議士の亀井静香ら何人かの知り合いに電話をかけ、解任されたことを告げた。

老舗百貨店三越で「古代ペルシア秘宝展」のニセ物事件の責任をめぐり、八二年九月に起きた社長岡田茂の解任劇では、最後の議案だった「その他」のところで、発言を指名された専務が突然、解任を提案し、電撃クーデターが成功した。イトマンの取締役会の議案書からはそれ以来、「その他」の項が削られていた。河村の指示だったという。

午後四時から、同じ役員会議室で記者会見が開かれた。河村に代わって細身の芳村が円卓の中央に座った。これまでの会見では河村の横に座ってもほとんど話さず、堅い表情を崩さなかった藤垣の口もいつになく滑らかだった。「解任動議を出したのはだれか」という質問に、答えを渋っていた芳村へ「いいじゃあないですか、芳村さんです」と助け舟を出しもした。河村から常日頃、「つぎは君だ」とささやかれ続けた藤垣のこの日の表情にはふっきれた何かがあった〉

そこには、1月21日の巽・玉井－河村会談の様子も描かれている。

〈河村解任劇の伏線は四日前にあった。一月二十一日、大阪の住銀本店で、頭取の巽と副頭取の玉井英二は河村を呼び、新年に入って初めて会談。席上、巽と玉井は河村に強く辞任を迫った。

巽「債務圧縮計画は出来るはずがない。あなたが退任する以外にない」

河村「自信はある。計画は持ってくる」

玉井「計画ではだめだ。信用出来ない。今のイトマンは住銀の信用だけで持っている。今日の事態は住銀と共同でやったこととか、住銀の出身者がやったとかあなたは言っているが、すべてあなたの股肱の臣だ。住銀のOBがやったというのは詭弁だ。あなたのように会社を傾けた人が社長をやっている会社に金は貸せない」
河村「もう結構」
巽「これから一銭も要らないという計画があるならもってこい」
河村「介添人はいらない。私は男だ。けっして銀行に迷惑はかけない」
巽「責任をとって退任すれば、子会社の顧問か何かで身を立てられるよう考える」
河村「心配無用だ。家をたたき売れば、なんとかなる。断っておくがわたしは汚い金は作っていない」〉

注
Ⅱ　伊藤直三氏はイトマン創業者の孫。90年6月からイトマン会長に就いていた。
Ⅲ　第14章1月21日付メモ「十河常務・平尾部長と玉井副頭取。後から巽頭取も」参照。「今日16時から、巽・玉井－河村会談」とある。

——§——

宴の後

◉同日　関西相互銀行　鈴木常務と

本当によかった。これまで、何人かの住友のＯＢに会っているが、皆「住友はもはや、心のふるさとではなくなった」と言っている。早く、イトマン問題にけりをつけてほしい。がんばってくれ。

――§――

鈴木常務は住銀のＯＢ。関西相銀と住銀の合併話――結局頓挫したのだが――の中心人物だった。

――§――

◉同日夜「チーム５人」メンバーらと「大喜」にて

皆、意気あがらず。十河常務、風邪気味とて早々と帰宅。平尾部長、疲れ切った感じ。國重、嶋津、前田、秋本で二次会。やはり、ＯＢである河村社長を力ずくで解任した後の虚しさを一様に味わったということか。

――§――

終わった。目的は達成した。

だが、そこに高揚感はまったくなかった。

前日にはあった。いよいよ明日だ、行くのだ、成功させるのだ、絶対、と意気があがり、緊張感があり、力がみなぎっていた。

しかし、いざ目的を達成したときに、そこにはやり遂げたという充実感はなぜかなかった。

いや、達成したとは思っているのだが、後味が悪かったのだ。

一度は一緒に働き、同じ目的に向かった人の首を無理やりに切った。

確かに、それを目指していたのだが……。

私たちは皆、疲れ切っていた。

あまりに多くのことを、ぎゅっと短期間に成し遂げただけに、くたびれてしまったのだ。

しかも、これを目指して突き進んでは来たが、これは決して終着駅ではない。

というよりも、まだゴールすらも見えていない。単なる一里塚なのだ。今まではとにかく河村社長を辞めさせることだけを考えて、ただ突き進んできたが、いざその目的が達成されてみると、まだこれから先に途方もなく長い道が続いている。それに否応なく向き合うことになり、何とも言えない脱力感に襲われたのだった。

私は寂寞としていた。虚しい、というのとも違う。ずっと目指していたことを成し遂げたのだから。

しかし、何だろう、この心の寒さは。

帰路、私の足取りは重かった。前に一歩踏み出さなければならない、進まなければならない。

だが、その一歩が途方もなく重く、そして辛かった。

そのままばたりと倒れそうになるのを、私は必死でただ足を前に出し、もがくようにして宿泊先のホテルまでたどりついた。そして着替える余裕もなくベッドに倒れこんだ。

ただ、疲れていた。

もしかしたら、この日が私の住友人生のなかで一番辛かった日かもしれない。

第16章 虚脱

罪と罰

◉1991年1月26日（土）

銀行出社。

今後の整理案につき検討。受け皿会社を三つつくる（イトマン不動産販売、名古屋イトマン、イトマンクレジット）。

吉田融資三部長に対して、名古屋イトマンに行かせてくれと頼む。許永中をつかまえるまでは、絶対にこの仕事から手をひかないと。

——§——

住銀が毅然とした姿勢で臨むことが、いろいろな意味で住銀を救うことになる。

——§——

私は抜け殻のようになっていた。一つのことをなし終えて、しかしそれは達成感というよりも脱力感というほうが近かった。

しばらく何もしたくない。

それが偽らざる心境だった。

私は河村社長を辞めさせることを望み、それが住友銀行のためであると考え、そしてそれを実行した。

が、それがなされたときのこの心持ち、この心境はいったい何だろうか。

虚しさ、苦さ、重さ。

人の首を切る、一人の人生を変えるというのは、やはり相当のことなのだ。

私はわかったつもりでいた。

わかったつもりでいたのだが、しかし……。

だが、前に進まなければいけない。次の一歩を踏み出さねばならなかった。

問題はまだ何も解決していない。

河村退任はイトマン再建の前提であり、終着駅ではない。

名古屋イトマンに出向させてほしい、というのは自分のそういう虚脱感を、いわば自分で振り払おうとしてのことだった。とにかく何かをしなければならない。


—— § ——

◉1月28日　吉田融資三部長と
松下、塚田両常務の専務昇格は塚田常務のアサヒビール転出含み（2月1日付）。

イトマントータルハウジングの社長、大段氏をイトマンに戻すとしたら誰にするか。玉井副頭取は大上常務でどうかと言っているが、おかしい。

――§――

大上常務は1月21日付で住銀常務を退任し、東京総合信用の顧問に転じていた。大上常務は、そもそも住銀と伊藤寿永光氏の窓口役と見られていた人物。それをイトマンに送り込むなんて、ありえなかった。この期に及んでまだそんなことを言う。しかも、玉井副頭取が。

――§――

◉1月29日　巽頭取と

巽　今回の君の奔走には感謝する。今後も、その馬力（頭脳）でがんばってくれ。

國重　自分の強みは官庁と闇の勢力の情報。受け皿会社に行って、敵と対決したい。

巽　融資三部はプロの集団だが、君は融資三部にいないタイプ。受け皿会社は清算会社ではないという考えの上でやってくれ。

――§――

私は本当に名古屋に行きたかった。最初は自分に活をいれるためでもあったが、そこでの仕事にやりがいを感じるのは確実だった。もちろん、人事的に出向、しかも名古屋のイトマン、というのはいわゆる栄転ではまったくない。

しかし、私にとって大事なことは偉くなるかならないかということではなく、何をしたか、どういう人生を送ったか、なのだ。これは格好つけているわけでもなければ、きれいごとを言っているわけでもない。
そうでなければ、イトマンの処理でもここまではやらない。
しかも、自分に自信もあった。たとえ名古屋に行ったとしても、それで流されたきり、一生離れ小島にはならないという確信があった。必ずや中央に戻ってこられると思っていた。

§

◉同日　イトマンのディープスロートと
河村社長はいつも、海外に行くときはプライベートジェットを使っていた。スチュワーデス代わりに女性秘書を同伴。

◉2月8日　平尾審査部長、吉田融資三部長、渋谷、前田と打ち合わせ
今後の体制について。早急に分離を進める。そのために、イトマン内に前向き部隊と融資三部的セクションを置く。残るのは、十河常務、平尾部長、嶋津でいいのではないか。その点を吉田融資三部長から巽頭取に話をしてもらおう。

◉2月9日　吉田融資三部長と
巽頭取から電話があった。今後の体制について打ち合わせ。十河常務には少なくともあと1年くらいはやってもらわないと。嶋津には残ってもらって、前向きな対策をやらせる。平尾をどうするかだが、せっかく張り切ってやってくれているのに戻すのは可哀想だろう。残っても

らって、イトマン内部の融三を仕切ってもらうということでやろう。
玉井副頭取が軽すぎて真剣さが足りないので困る。巽頭取もそれは感じているようだ。神戸大を重用しすぎるということで気にしているようだ。

◉2月13日　三和部長と
ＫＢＳ開発問題で打ち合わせ。[注I]
三和「玉井副頭取は素晴らしい人。次の頭取は玉井副頭取だ。情に篤い。交渉力抜群」（國重は適当に相槌を打つ）

――§――

三和氏は神戸大学卒。先日専務に昇進した塚田氏も、十河氏も神戸大卒だ。せっかく改革をやろうと意気込んでいるのに、行内には相変わらず人事ばかりを気にする空気が蔓延していた。

◉2月13日　読売新聞夕刊

〈大阪地検が「イトマン」で関係者聴取　疑惑解明へ新局面
六百七十八億円もの絵画取引や過大な不動産投融資など、経営危機に陥った中堅商社「イトマン」（大阪市）の一連の疑惑について、大阪地検の藤原彰特捜部長は十三日の記者会見で「この問題について関係人の事情聴取も含め、資料の収集を行っている」と述べ、疑惑解明に乗り出したことを公式に明らかにした。当面、「関西新聞」（大阪市）グループとの巨額の絵画取引の経過、背景などについて解明を進めるとみられる。

藤原部長は「疑惑の内容や（事情聴取した）関係人がだれであるかは申し上げられない」と、捜査の具体的内容への言及は避け、「これは捜査開始宣言といったものではない」とも述べたが、「これまでの資料収集だけでなく、関係者から話を聞く段階に入った」と、新たな局面に入ったことを認めている。

イトマンをめぐる疑惑の中で、現在、焦点として浮かび上がっている絵画取引問題は、イトマン側が昨年初めから同九月にかけ、関西新聞グループやセゾングループの「ピサ」の計四社から七千三百点余の絵画を計六百七十八億円で購入したというもの。

特に関西新聞グループから購入した計二百十七点、五百五十七億円は、同新聞社の実質的なオーナー、許永中氏（43）が中心となったと見られるが、大部分の買い値が相場の二—三倍の高値だったとされ、西武百貨店つかしん店（兵庫県尼崎市）外商部の美術品担当課長（43）が作った「鑑定評価書」が添付されていた〉

イトマンの巨額の絵画取引。伊藤寿永光氏や許永中氏はこの絵画取引を利用して、イトマンを喰い物にしたのだった。これがどういう手法で行われ、総額いくらにのぼり、どのようにカネがまわって、最終的にどこに流れ込んだかの解明については、司直の手を待たねばならなかった。

そのルートは非常に複雑で、手が込んでいた。それこそが、彼らのやり方だった。結局最後まで、全容を解明するには至らなかったのだが……。

イトマン巨額絵画取引で使われた絵画鑑定書。「西武百貨店塚新店」の名が入っている

◉同日　ピサの岩田社長と

西武の福本は、少なくとも2～3点は評価書を出しただろう。あと、コピーをもとに偽造をすることは簡単だ。（西武百貨店取締役の）安森も、業績を焦るあまり、深入りしたのではないか。

ピサ分については、黒川洋氏から「伊藤寿永光の話」として持ち込まれた。事務連絡はイトマンの秘書室とやった。黒川洋氏と伊藤寿永光がなぜ、どこで親しくなったかは知らない。何回か、私も「伊藤寿永光を紹介しますよ」と言われたが、会わなかった。

――§――

◉2月14日　西武百貨店取締役の安森氏と電話

安森「今日会う約束を反故にして申しわけない。弁護士と対応策を検討していて、席が外せない。西武から許に売った絵のリストをファクスする。この25点の絵の総額は××億円。一点一点の価格は守秘義務。勘弁してほしい。これ以上に絵は許に売っていない。福本とは連絡が取れない。とは言っても、NHKのインタビューに答えているが……」

↓別途、吉田融資三部長が佐藤茂氏に頼んだ絵の評価。上記25点分を合計すると7億3000万円にしかならない。安森の言葉には嘘がある。

――§――

この日、私は安森氏に会い、絵の倉庫に行って現物を見せてもらって説明してもらう手筈になっていた。

私の手許に残る手帳のメモでも、絵画の総額は、空欄になったままだ。だが、7億3000万円とひと桁は違っただろう。

許氏を通じてイトマンに高値摑みをさせていたのはわかっていたろう。だが、福本氏にすべておっかぶせていたのだ。これは彼が、というよりも、会社全体が。

福本氏は許氏に指示されて高飛びしたわけだが、これは会社にとっても都合がよかったに違いない。いない者にはすべてを押し付けられるからだ。抗弁しようがない。

戻ってきたころには、世間は忘れている。もちろん、本人は「罪」をつぐなわなければならないのだが、それですべてチャラ。

実際、そうなった。

注
Ⅰ　第13章12月5日付メモ「佐久間と」参照。

§

ババ抜き

◉2月15日　佐久間と
佐久間　気を付けろ。許永中に情報が筒抜けだ。許は大阪地検の事情聴取でイトマン名古屋の小西がしゃべったことを全部知っている。さらに、安森がお前に会うことになっていたこと

―も。小西も安森も、許が必死でコントロールしようとしている。

小西氏はイトマンで絵の担当をしていた。

―― § ――

―― § ――

◉同日　吉田融資三部長と

巽頭取に「許に情報が漏れている」と話した。巽頭取は、國重にくれぐれも身辺を注意するようにと。

◉同日　読売新聞の山口記者と電話

読売の東京本社に差出人不明でフロッピーディスクが送られてきた。中身は、以下。

絵の金利計算書、有豊の仮差し押え申し立て、イトマンの木下専務の尾行調査書（依頼人松本久二弁護士）、慶屋仮差し押え申し立て供述書、マスコミ各社宛て内容証明の抗議文、請求書。

誰がやったのか目的は何か、不明。許氏の攪乱《かくらん》戦術か。

◉2月17日　読売新聞の山口記者と電話

先日の怪文書に出てきた松本弁護士と会った。もともと松本氏がイトマンと縁ができたのは90年9月以降。伊藤寿永光氏に関するマスコミ対策でいろいろと内容証明郵便を送ったりしているうちに、伊藤寿永光氏と近づきになった。『週刊新潮』が絵の問題を書いた後、伊藤寿永光氏からあれは解約することになったということで担当した。伊藤寿永光氏から、今年3月末までに返すとして、金利、保管料などの計算をした。これに基づいて、解約通知書、返品依頼書（許側からのもの）ともに松本弁護士が作った。今回のフロッピーディスクにはこれらの書類がすべて入っている。松本事務所から出ている可能性大。警察には被害届を出す予定であると。

◉2月18日　吉田融資三部長と
吉田　河村がけがをしたらしい。河村から藤垣に電話があり、「山登りをしていて、頭をけがした。一部陥没している」とのことで入院していると。今頃、山登りをするはずがない。許にやられたか。

——§——

2月中旬である。
しかも河村氏が登山が趣味だったなんて、聞いたこともない。
不穏な動きがあちこちで起きていた。
最後のあがき、なすりつけあい、ババ抜き——。

許永中の実像

◉同日　佐久間と
KBSが建設を予定している宇治市の東城ゴルフ場。読売新聞が宇治市長に会ったところ、「今までのところ、申請が出たことは一回もない。これは政治生命に懸けて誓う」と。まったくのつくり話であることが確認された。

——§——

先述したとおり、KBS開発は伊藤寿永光氏の会社で、住銀はこの会社にダイエーファイナンスを斡旋して貸金をさせていた。

——§——

◉同日　秋津専務と
先日、伊部最高顧問と丹下健三氏のところへ行った。以下その話。
丹下氏が持っているパリの土地を三越が買いたいと。値段も折り合って、手付ももらった段階で、間に許永中氏を入れたいと。素性を調べたらとんでもない奴。あわてて、倍返しして断ったと。寒気を感じた。
昨年夏ごろ、伊藤寿永光が単身訪ねてきて、南青山のビルの設計を依頼。これも評判を聞いて、直ちに断った。

喰い物にされようとしているのは、イトマン、住銀や富士銀行などだけではなかった。しかし、ある意味で伊藤寿永光氏や許永中氏の幅の広さ、あれもこれも、という貪欲さに感動すら覚えそうになるときがある。飽くなき欲望の追求。カネのためならば何でもする。

§

§

◉2月20日　吉田融資三部長と

巽頭取は次の体制を考えている。玉井副頭取で本当にいいのかどうか、神戸大閤ができる恐れあり。ミニ磯田に。中野常務はかわいそう。せめて専務にしてから出せばいいのに。[注Ⅱ]このままでは恨みを残してしまう。うちは皆そう。

河村氏が入院したとの噂、おかしい。桑原氏が調べている。河村氏と西副頭取は今年の正月も川奈に行ったらしい。

花村専務は6月にはバイバイか。巽頭取はそう言っている。先日も、彼をイトマンの社長にどうかと聞いてきた。秋津専務は本当にばかだ。じっとしていれば次の頭取になれたのに。次は玉井副頭取と臼井専務のどちらかになるだろう。

§

どちらか？　どちらでもない。巽氏の次の頭取になったのは、森川敏雄副頭取だった。国際畑が長い、地味で真面目な実務家だ。

結局、一連の騒動に関係がなく、頭取レースの下馬評にまったく挙がっていなかった人物が選ばれたのだった。
人事の見立てほど虚しいものはない。

――§――

◉2月21日　T弁護士と
2月14日、許氏が来た。絵については上申書を作っており、すでにできている。伊藤寿永光、福本両氏の分と合わせて吉永弁護士経由で大阪地検に提出する予定と。来週原案を持ってくるので見てほしいと頼まれた。
絵は一昨年、伊藤寿永光がイトマンに入る前から河村氏と許氏の間で500億円程度のビジネスとしてやろうという話になっていた。その際の覚書と稟議書のコピーがある。芳村新社長も印を捺している。
許「河村のいないイトマンは興味ない。株は困っている。自分を攻めているのは佐藤茂だということはわかっているが、しっぽが摑めない。明日にも佐藤茂とパイプを持つ人と会う予定。株は誰か引き取ってくれないか。3月が過ぎれば上がるだろう。原価を確保できれば場でも売っていく」

◉2月26日夜　中野常務と　送別会
今回の住銀ファイナンスへの転出には言いたいことがいろいろあるが、こらえている。大上常務から電話があり、「自分と同じ日付の退任では申し訳ない」と。峯岡副頭取も「配慮が足りず申し訳ない」と。ＯＢの中には、「このまま黙っているのか」と言う人もいるが、自分は自重している。

◉２月28日　巽頭取と

読売の谷記者が、伊藤寿永光氏と許永中氏をインタビューしたテープがある。これを読売の富岡から預かった。聞いてみてくれ。

◉３月３日　読売のテープときほぐし

伊藤　本件は松下がニューヨーク行きを命じられたときから始まった。

許　それは言うな。言ったら死人が出る。言うときが来たら、俺も腹をくくる。

――§――

二人のやり取りの真意については想像するしかないが、イトマン改革派の一人だった松下常務は、磯田会長からニューヨーク行きを命じられた。その怒りから一連の騒動の仕掛け人になったと考えていたのだろう。

――§――

◉３月11日　佐久間と

伊藤寿永光氏と磯田会長が会った回数、日時、場所（読売・谷から？）。

５月22日　帝国ホテル

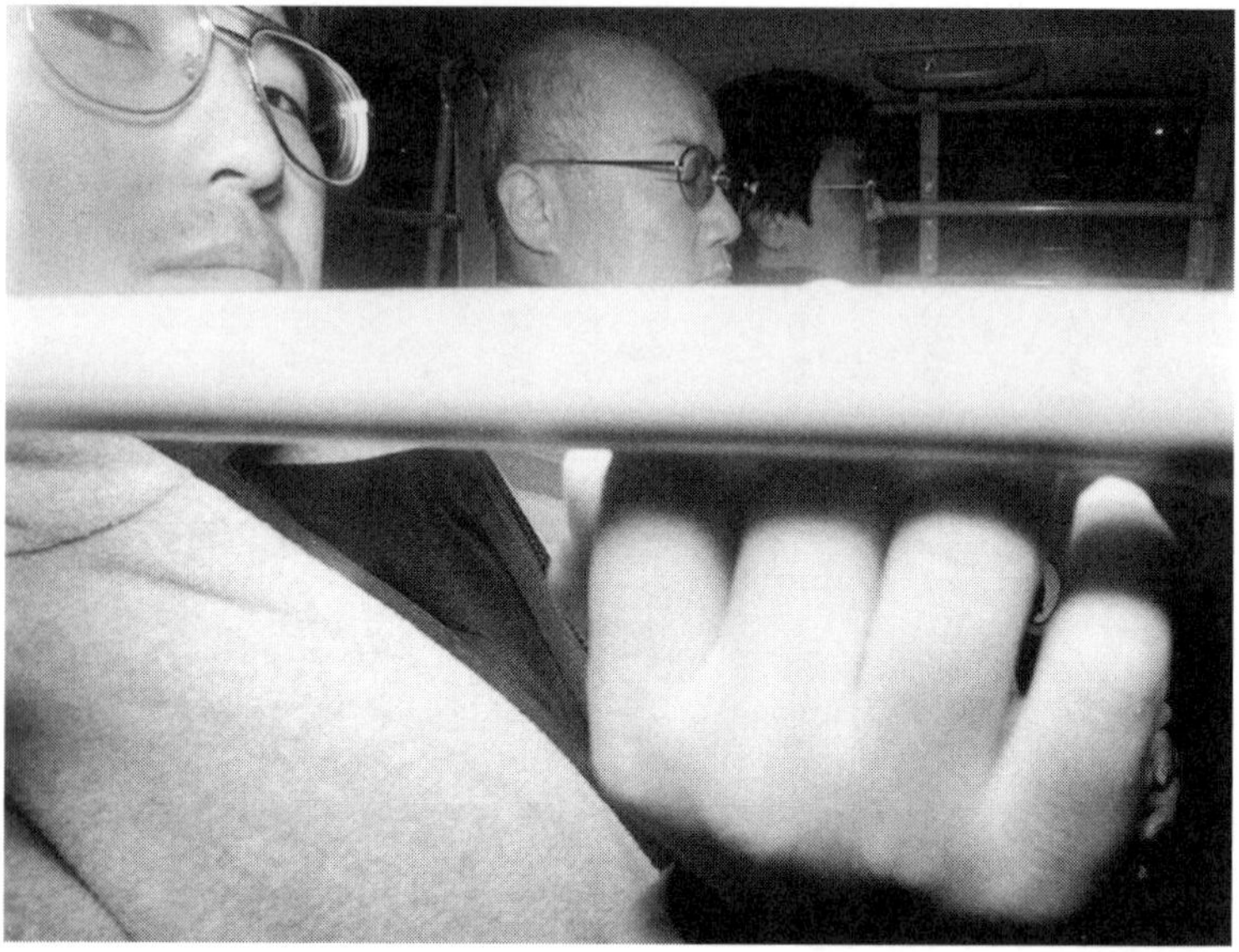

さまざまなスキームを駆使して、イトマンからカネを引き出した許永中氏（写真中央）

5月23日　同
6月12日　同
6月14日　磯田邸
6月15日　同
6月18日　同
6月19日　同
6月20日　同　with河村
7月6日　天政（神田）with河村、黒川
7月10日　帝国ホテル
7月12日　同
7月13日　除く磯田　with園子氏
7月14日　芝ゴルフ場　with梅子夫人
7月26日　帝国ホテル
8月6日　豊中
9月12日　帝国ホテル

◉3月30日　松下専務と電話

松下　いろいろ、これまでのことを考えている。巽頭取とも話をした。昨年の10月7日ごろは大変だったと。磯田会長は巽頭取に退任を迫ったらしい。自分は名誉会長になって、傀儡《かいらい》を巽頭取の代わりに据えて、イトマン対策をやるつもりだったのだろうが、巽頭取はがんばった。

◉4月2日　佐藤茂氏、桑原氏、松下専務、吉田融資三部長と「波むら」にて

今日、河村社長が府警に呼ばれて1時間ほど事情聴取。

松下　驚天動地の話。今日、たった今、巽頭取から明光証券の社長になってくれと言われた。自分は、嫌だと言った。時期が悪すぎる。1年後だったら、自分も受けただろう。今辞めたら、やはり（仕掛け人は松下だという）噂は本物と認めることになりかねないと。監査役にしてくれといった。

（これに対して佐藤氏はキッとなる。怒ったふう）

吉田　巽頭取の話は最終的なものではないはず。きっと変わる。

松下　そうとも思えない。

——§——

松下氏はこの年2月に常務から専務に昇進していたが、関連会社に行けというのである。このときの佐藤氏の表情は、今でも覚えている。彼の義俠心が刺激されたのだろう。目が一瞬にして

鋭くなり、光った。

磯田会長に反旗を翻してがんばったのに、一人だけ出て行けとは、巽さんよ、ひどいではないか。そう思ったのであろう。

§

◉4月5日　吉田融資三部長と

吉田「自分もどうせあと1年くらい。だが、なんとなくこの銀行が嫌になってきている」

◉4月8日　イトマンの鈴木常務と電話

國重　雅叙園の穴の件、河村社長は知っていたか否か？

鈴木　去年の1月24日、ホテルニューオータニでの「つぼ八」の社長交代パーティの席上、伊藤寿永光氏が雅叙園にふれて「土地の含みだけで1500億円ある」と言った。自分は河村社長の前で「それは違う」と食って掛かった。自分は元目黒支店の取引先課長、あの界隈ではあの土地は細川一族のものと皆知っている。その後、河村社長にその話は何回もしたが、河村社長は聞かないふりをした。

§

つまり、河村社長は最初から雅叙園の土地など取得できない、購入できないとわかった上で伊藤寿永光氏らの話に乗ったというのだ。

しかし、これも確認するすべはない。真相は河村社長だけが知っていることなのだ。

そして、河村社長がこの世にいない今、誰もそれを証明することはできない。

注

II　中野正健常務は1月21日付で住銀常務を退任し、住銀ファイナンスに転じていた。

同じことの繰り返し

このころになると、捜査も進み、私のメモにもさまざまな融資の記録のメモなどが増えるようになる。いずれ、伊藤寿永光氏や許永中氏は何かでパクられるであろうという流れになってきた。

そうすると、自分はずいぶん前からわかっていた、だからこう言ったのにあの人は動かなかった、だの、自分は何も知らされていなかった、だの、言い訳めいたことを言う人たちが目立つようになってきた。

皆、自分のことしか考えていない。いかに自分が安全地帯に逃れるか。そのぶん人を蹴落としてでも、自分だけが逃げおおせるか。それに血道をあげはじめる。

私は相変わらず、日々動き回っていった。どうしてこのような事件が起きてしまったのか、何が真相だったのかを突き止めたかった。しかし一方で、胸に穴が空いたような思いはどうしようもなかった。

――§――

◉5月17日　大嶋本店営業副本部長　イトマン担当

もともと、伊藤寿永光氏のドリーム開発の株式購入資金を住友が出した。営業審査部指示により、担保は不動産とドリーム株式。なぜかドリームの株式は名義変更しなかった。
ドリーム観光は業務転換を図りたかった。そこで、ゴルフ場と。
大上常務は「イトマンと伊藤寿永光氏を結び付けたらいかん。伊藤寿永光氏に河村社長がやられてしまう。それにイトマン＝住友。伊藤氏を住友の信用で抱えることはダメ。しっかりとタコの糸を持っていないと」。
もともと、8月に大嶋次長から高柿副社長に、「伊藤氏について情報交換しよう」と申し入れたところ、高柿副社長から河村社長に話が行き、河村社長から伊藤氏に話が行った。数日後、伊藤氏から大嶋に電話があり、「住友の人間が最近、誰かイトマンに来たの？」という牽制球があった。

――§――

自分はあのころから伊藤氏がおかしいと思っていた。
俺も、自分も、私も。みんな、みんな、みんな。
ならば、なぜあんなことが起きたのか。
みんなおかしいと思っていたのなら、ここまで喰い物にされなかったであろう。河村社
辞めさせるのだって、こんなに時間はかからなかったであろう。

――§――

◉5月23日　松下専務と

國重　玉井副頭取によると、昨年4月26日に磯田会長に辞任を申し出て以来、約1ヵ月、「辞める」「辞めない」で揉めたということだが、本当か？
松下　そんなことはない。やったのは、一回こっきり。それも、二人して「絶対に辞めない」というもの。一昨日、セゾングループの堤清二氏、昨日、NHK会長の島桂次氏に会った。ともに、「いずれすぐ松下を必要とする局面になる」と。
國重　相武カントリー倶楽部の件について、何かしたことがあるか。[注Ⅲ]
松下　そう言えば、日鐵商事が聞いてきた。そんなこと、住友はコミットできないと答えた。伊藤寿永光氏の名前は出ていなかった。伊藤氏の名前も出ていれば、自分はもっと動いた。野一色に聞けばわかるが、彼が麹町支店長のとき、自分が大反対して伊藤寿永光氏の貸金を返却させた（200億円？）。

§

確かにそうなのであろう。だが、松下氏は天気が晴れたときに、「自分が晴れさせました」と言うタイプの人間でもあった。

§

◉5月24日　小嶌弁護士と佐久間、國重
大阪地検、時間かかりそう。早くて6月かも。単に絵とかKBSとか、個別をやるのではなく雅叙園という本質に迫るとなると、大変な努力がいる。
許氏も伊藤氏も、責任をコスモポリタンの池田氏になすりつけようとしている。

「自分たちは、上場企業を救おうとしてこのようなことをした」という形で逃れようとしている。それを、どう崩すかだ。

§

イトマンが過剰な不動産融資に突っ込んでいった最初の契機は、雅叙園問題にさかのぼる。河村社長は本当に雅叙園の土地が手に入ると思って、伊藤寿永光氏にだまされたのか。それとも最初から取得不可能と知りながら、伊藤氏と手を組んだのか。これが明らかになれば、誰がイトマンを喰い物にしたのか、本当の戦犯がわかる。

§

私は一連の雅叙園問題の流れを整理し、東京地検にもそれをペーパーにして提出していた。

◉5月28日　古野審査部長と

稟議の案件のうち、重要なものは西副頭取の印をとっている。ゴム印の大きいのは事前説明、小さいのは事後報告である。伊藤宛ての貸金は極力抑えたつもり。

花村専務が89年秋、伊藤氏とゴルフをして、「あいつは大丈夫。さわやかな男だ」と言っていた。

雅叙園の払い下げについては、花村専務が審査担当として目黒支店で貸金を実行した。細川一族に表敬に行ったとき、「借地権は細川のものであり、雅叙園には何の権利もない」と聞かされ、それを河村社長に話した。河村社長はいやーな顔をして聞いていた、と。しばらくして、また会ったとき、河村社長は花村専務に対して「あー、あれは調べたけど大丈夫だった」

と答えたと。
名古屋の植村支店長から89年8月ごろまでは伊藤氏の資産はすべて処分して身軽にする方針であると聞いていたが、89年12月24日に売却したときは「イトマン＝本店営業部がプロジェクトの面倒を見る。もう名古屋ではどうしようもなくなった」とのコメントをしていた。89年8月～同年12月にかけて、住友銀行の伊藤寿永光氏に対する方向性が変わったと見るべきだろう（これは結局、名古屋→本店営業部に移る過程でもあった）。

◉5月29日　玉井副頭取と
（イトマンと伊藤氏を結びつけたとされる元住友銀行栄町支店長の）大野氏について玉井副頭取から質問あり。大野→沖野専務に「伊藤を河村に紹介したのは自分ではない。89年8月に河村、伊藤、加藤と会ったときには、すでに河村と伊藤は親しそうだった」と言っているが、との問いに対し、國重から事態説明。日鐵商事の件も説明。
玉井　自分が磯田会長にびしっと言ったのは4月25日だった。
國重　イトマンと伊藤寿永光のことを言ったのか。
玉井　伊藤寿永光のことは言わなかったが、磯田会長に辞めろと迫った。「磯田さん、あなたは今、前門の小谷、後門のイトマンで絶体絶命のピンチだ。今すぐ辞めなさい。いや、今すぐでもあるいは遅すぎるかもしれない」と言った。
國重　河村社長と西副頭取の自己保身により、イトマン危機説が反磯田派の陰謀というふうに

――すり替わっていった。

その後、玉井副頭取より、各種ブラックの記事を見せられた。中に、「玉井の野望」なる記事があり、巽頭取と玉井副頭取の責任追及が書いてあった。副頭取になった峯岡氏に対して、辛辣なコメントもあった。

――§――

そうなのだ。何が問題なのか。何を解決しなければならないのか。何が本質なのか、を考えて行動している人たちは本当に少なかった。

自分の身を守るためにその場しのぎのことをする。それで何が真実、事実なのかが見えなくなり問題がどんどん大きくなる。

それは、ようやく事態が正常化に向けて動き出している今ですらそうだった。

自分はそうはなりたくないと思っていた。だから、私は半ばむきになって真実を追求してやる、事実を摑んでやる、と動き回っていた。誰があのときこう言ったから、こう行動したから、この意思決定となった。その証言を集め、裏を取ろうとした。

注

Ⅲ　伊藤寿永光氏がイトマンに接近するきっかけの一つが相武カントリー倶楽部の案件。伊藤氏は東京・八王子の名門ゴルフ場である相武カントリーの買収計画を提示し、これをもとにイトマンから１００億円以上の融資を引き出した。

第17章　幕切れ

§

たった一つの真実

◉1991年5月29日　吉田融資三部長と

河村、伊藤両氏のスケジュール表により、これまでの事態を再確認。

昨年の8月27日に桑原氏と伊藤寿永光氏が会ったが、これは前の週の火曜（21日）に磯田会長から伊藤氏に「辞任しろ」と言ったはずなので、一度会ってみてくれとの巽頭取の話によるものだった[注I]。

昨年6月14日に巽頭取が帝国ホテルで河村、伊藤両氏と会っているのは知らなかった。マスコミ対策だろう。

6月10日ごろから、『週刊現代』に磯田会長の女のことが載るということで大騒ぎになり、6月20日ごろ収まっている[注II]（これは、伊藤寿永光氏と西副頭取のマッチポンプだったが）。

◉5月30日　河村社長秘書だった小野氏と
河村社長のスケジュールについて聴取。ポイントは以下。
①伊藤寿永光氏と園子氏は89年11月20日、小野の紹介で対面。
②伊藤寿永光氏と磯田会長はいつ初対面か不明。
③伊藤寿永光氏と黒川洋氏もいつ初対面か不明（あるいはずっと前かも）。
④89年9月28日、大野氏、河村社長、伊藤氏、加藤専務で打ち合わせ会あり。そこで大野氏が司会し、伊藤氏がプロジェクトの説明をずっと行った。河村社長は「君は社会にとって本当に良いことをした。今後、イトマンとして力になることがあるか」と発言。
⑤しかし、河村社長はその後も伊藤寿永光氏のことをいろいろと調べた。
⑥年が明けたころから、大阪の料亭「たに川」で西副頭取と伊藤寿永光氏を入れた麻雀の回数が多くなった（「たに川」に電動麻雀卓を寄贈）。
⑦4月12日に西副頭取が河村社長を訪問している（大阪）。この直前に磯田会長から西副頭取にイトマン行きの話が出たのではないか。[注III]

◉同日　岡部氏と
西副頭取と河村社長、磯田会長との接点。
3月22日　西→河村　夕方

た。

3月27日　西→磯田宅　深夜
4月12日　西→河村　大阪イトマン
運転日誌で見る限り、西副頭取はひんぱんに河村社長と「たに川」で会っている。5月末〜6月頃になって、西副頭取は岡部氏に、「実は、イトマンに行けと言われてなあ」と話していた。

——§——

岡部氏というのは、住銀の役員秘書だった人物だ。とにかく私は当たれるだけ片っ端から当たり、事実を突き止めようとしていた。ただ一つの事実を。

——§——

◉5月31日　イトマンの小林財経本部長と企画料、手数料についてヒアリング。注Ⅳ
河村社長のピークは83年5月のイトマン100周年記念パーティ（ロイヤルホテル）。それまでは極めて順調だった。ところが、その直後に京都マックに60億円の引っ掛かりを作る。これを処理するために利益操作を始めた。就任直後から、増収増益の経営方針を出して、それに縛られていた。83年5月までは各種講演や経営相談部創設など得意の絶頂期。
その後、イトマンファイナンス設立で金融分野に進出し、さらに株価操作でファイナンスを実行した。その間、大日本コンピュータシステム、コスモス、慶屋、さらに杉山商事も加わって、河村自身が行き詰まった感を持っていた。

京都マックとはアパレルの会社のことだ。

——§——

◉同日　朝日の柴田記者と

柴田「ペアルネッサンス高輪×××号が、伊藤寿永光の部屋（興信所の調査書による）。ところが、謄本をあげてみると、所有者は西武ピサの岩田社長の名義になっている」

——§——

岩田社長は私に会ったとき、「伊藤寿永光とは会ったことがない」と言っていた。[注V]

そんなことがあるはずがない。自分の名義の部屋に住んでいて、自分の店の超お得意と会ったことがないわけがない。

——§——

◉同日　イトマンの藤垣副社長と

イトマンの株主総会をめぐるやりとりについて。

従来の総会は、佐藤茂氏→I氏→N氏のラインで仕切ってきた。

90年の2～3月ごろ、伊藤寿永光から藤垣に、「今年の総会は私にやらせてくれ」との申し出あり。

同年4月5日、N氏→藤垣に「先日、I氏が伊藤寿永光にメンツをつぶされた。これはどういうことだ。伊藤とはいったい何者だ」とのクレーム。

同年5月15日、N氏→藤垣に電話「自分も東京案件で忙しい。今年は面倒見られない」。その後、伊藤→藤垣に「関東には手を引かせた」と。総会の4～5日前に伊藤寿永光が一人の男を連れてきて「こいつが今回の総会を仕切る」と。

§

当時は、総会と言えばヤクザが仕切るのが当たり前のことになっていた。イトマンの総会は、佐藤茂氏などの関東系の人々が扱っていたという。それが、伊藤寿永光氏が介入してきたことで東京から別の総会屋にうつった。それで、I氏がメンツをつぶされたと怒ったらしい。しかし、伊藤氏の裏にもヤクザがおり、面倒になるのは避けたいということで、N氏は手を引いたというのだ。

§

◉6月3日　読売新聞の谷記者と電話

検事正からは絵の件で許永中と伊藤寿永光をやる、しかしそれ以外は河村社長も含め、おとがめなしで着地という指示あり。地検の検事はやけ酒を飲んでいる。いわく、「この時期、大阪地検にいたことは履歴書から外してもらおう。恥ずかしくてならない」などと言っている模様。

§

さすがに、この最悪の事態は避けられた。だが、本丸までは切り込めなかったのだ。

私は、事実、真実という本丸に乗り込もうと考えていた。

注

Ⅰ　第9章8月27日付メモ「桑原氏と電話」参照。「今日、伊藤寿永光と二人きりで会った」とある。また、8月28日付メモ「吉田融資三部長と電話」には、「磯田会長が伊藤寿永光に『辞めろ』と言った」とある。

Ⅱ　第6章6月22日付メモ「Yと　パレスホテルにて」参照。「一昨日、西副頭取が大塚支店に来た（中略）磯田会長の女の問題をもみ消すため」とある。

Ⅲ　磯田会長は、イトマンに長く君臨する河村社長の首をすげかえて、西副頭取をイトマン社長に送り込む人事案を構想していた。それを察知した河村社長は自らの社長の地位を維持しようと執着するようになり、それがイトマン事件のひとつの発火点になったとされている。

Ⅳ　企画料、手数料については第10章注Ⅴ参照。

Ⅴ　第16章2月13日付メモ「ピサの岩田社長と」参照。「私も『伊藤寿永光を紹介しますよ』と言われたが、会わなかった」とある。

嘘から生まれてきた男

すでに「イトマン問題」は「イトマン事件」として、司直の手に委ねられていた。それでも私は情報収集を続けた。

なぜ、住銀やイトマンは伊藤寿永光氏らにいいようにやられてしまったのか。誰が何をして、何をしなかったのか。住銀をこんな状態にしてしまったのは誰なのか。私はそれを知りたかった。

§

◉6月4日　大野氏と

89年9月に名古屋で四者会談があったことなどまったく記憶にない。[注Ⅵ] それ以前に河村社長は、伊藤寿永光氏からいろいろと話を折に触れ聞いていたのではないか。8月3日に河村社長、伊藤寿永光氏、加藤専務、大野が会ったのが公式には1回目だが、それまでに伊藤氏は河村社長に2回会ったと言っていた。

90年1月24日の「たに川」は、河村社長、伊藤寿永光氏、西副頭取、大野の4人で麻雀だった。冒頭、西副頭取が「いつも通りな」と言ったら、伊藤氏が「はい」と言って、指を五本出した。たぶん握りのことだろう。半チャンが終わって、大野は自分がトップだと思っていたら、西副頭取が勝手に書き込んで、「はい、自分がトップ」とやったので啞然とした。後で伊藤氏が「あれおかしいよね。私にもそんなことがあったよ」と言っていた。前にも西副頭取と麻雀を何回かした感じだった。

伊藤氏がよく住友銀行の人事の話をしていた。磯田会長は西副頭取に一昨年と昨年の2回、イトマン行きを話したとのことだった。7月ごろ、伊藤氏から聞いた話では西副頭取は住友不動産、次の頭取は峯岡副頭取とのことだった。

自分が89年12月に西副頭取と会ったとき、西副頭取は「伊藤寿永光とはどんな奴だ。山口組と親しいということらしいが……」と聞かれたので、「少なくとも自分は山口組のことは知らない」と答えた。

伊藤氏はよく「昨夜も磯田会長の自宅に行っていた」と吹聴していた。そのなかで「あるとき磯田会長の家にいたら、玉井副頭取が来た。自分は別の部屋で待機していた。玉井副頭取は辞表を持ってきた。磯田会長は後になって『あのとき受け取っておけばよかった』などと言っていた」との話をしていた。

――§――

大野氏はこのときは退任していたが、この年3月まではイトマンの企画監理本部副本部長を務めていた。そもそも89年に栄町支店長だったときに、河村社長に伊藤寿永光氏を紹介したのがこの大野氏だと言われていた。

だが、その疑惑を必死で否定しているのだった。

伊藤寿永光氏が言っていた、ということだって本当かどうかわからない。いや、大野氏は言われたとおりのことを話しているのかもしれない。

が、伊藤寿永光氏は嘘から生まれてきたような男だ。

どれが本当なのか、そもそも本当のことがあるのかどうかわからない。

要するに、この事件はなぜ起きたのか。

西副頭取が頭取になりたいためにいろいろとやったのか。

それとも、河村社長が自己保身のためにやったのか。

あるいは、磯田会長が娘かわいさのために情に流されてやったのか。

――§――

◉6月5日　佐久間と電話

今日、巽頭取にスケジュール表を見せた。90年6月14日に、頭取は絶対に伊藤寿永光氏とは会っていないと。[注Ⅶ] 磯田会長から言われて、マスコミ（講談社）対策をやるために河村社長と会っただけ。

90年8月26日（日）夜、磯田会長から巽頭取に電話があった。半ば泣きながら、「自分は辞める。ただし、玉井副頭取も辞めさせろ。住友銀行の内部のことを外に出そうとするなんてとんでもない。外部に恥をさらすだけだ」とのことだった（たぶんこう言って、巽頭取が「私が辞めます」と言うのを待っていたのではないか）。

翌日、緊急経営会議を開いて「黒川についての手紙が来た。自分は辞める」と発言して退席した。[注Ⅷ] 巽頭取も退席した後に西副頭取が、「今、磯田会長に辞めてもらうわけにいかんだろう」と演説をぶった。その後、磯田会長から巽頭取に、「自分を3人の役員が慰留してくれている」との話があった（巽頭取は固有名詞を知っている）。

◉同日　佐久間と再度電話

昨日今日と小嶌弁護士が精力的に地検回りをして、読売・谷情報の真偽を確認したところ「絶対にそんなことはない」と。[注Ⅸ] 当面ばたばたせず、様子を見ていればいいのではないか。

◉同日　広報部長の阪尾氏と

佐高信氏の「安藤太郎と磯田」の記事が出て、秘書室長の伊東と自分がこっぴどく磯田会長から叱られたのが89年11～12月ごろ。[注X] ちょうど黒川夫人（磯田会長の娘）が伊藤寿永光と会い出したころ。それが原因か（國重……むしろ経堂のマンションの件のほうではないか）。

昨年、磯田会長が（昭和）41年組（伊東秘書室長）を取締役にしようとして、マスコミにしゃべったことがある。もうボケてきていた。

昨秋、黒川夫人が『FOCUS』に出そうになった。磯田会長は深夜に2時間も新潮で粘って抑えたらしい。

心配なのはジャパンスコープに対する人形町支店の貸金。自分が小松常務に言ったら、「1年抑えたが、抑えきれなかった」と。あれこそ背任ではないか。外に出ないといいが。

---

§

ジャパンスコープというのは、先述したとおり、磯田会長の娘婿である黒川氏の会社だ。本当は住友銀行がカネを貸すようなところではなかったが、そういう関係があったので、当時は人形町支店長だった小松常務が貸したのではないかというのだ。

§

◉6月7日　公認会計士の佐伯氏と

手数料、企画料についてヒアリング。

---

§

とにかく、伊藤寿永光氏は企画料、手数料の名目であらゆる案件についてイトマンからカネをむしりとっていた。すべてを明らかにするのは無理でも、少しでも実像に近づかなければ。私は、巨大な山に一人で爪をたてている気分だった。逆風に吹かれ、血を流しながら。

注

Ⅵ　5月30日付メモ「河村社長秘書だった小野氏と」参照。「89年9月28日、大野氏、河村社長、伊藤氏、加藤専務で打ち合わせ会あり」とある。

Ⅶ　5月29日付メモ「吉田融資三部長と」参照。「昨年6月14日に巽頭取が帝国ホテルで河村、伊藤両氏と会っている」とある。

Ⅷ　第9章8月27日付メモ「行内で情報収集」参照。「今日の緊急マル秘経営会議、磯田会長は辞めると言った」とある。

Ⅸ　6月3日付メモ「読売新聞の谷記者と電話」参照。「検事正からは絵の件で許永中と伊藤寿永光をやる、しかしそれ以外は河村社長も含め、おとがめなしで着地」とある。

Ⅹ　『プレジデント』89年12月号が評論家の佐高信氏による、「磯田一郎と安藤太郎」と題した原稿を掲載。佐高氏は、「磯田にしても、安藤にしても、その悲劇、あるいは喜劇は自分が天皇になっていることを自覚していないことである」と両氏を痛烈に批判した。

§

「磯田さんもボケたな」

◉6月10日　イトマンの平木、高島と手数料、企画料の中身について聴取。

◉6月10〜11日　河村社長の粉飾決算についてペーパーまとめ。

◉6月12日　小嶌弁護士、佐久間と
河村社長の粉飾決算分析手交。
小嶌「地検は大丈夫。やる。ただ、新たにガサ入れもやっており、その分析にも時間がかかる。7月下旬近くになるのではないか」

◉同日　弁護士打ち合わせ（河合、川井、小嶌、川村、吉田融資三部長、國重、前田ほか）
伊藤寿永光氏と交渉するかどうかについて。
國重　大阪府民との競合問題があり、もらうべき判はもらおう。
吉田　今、それをやることが本当によいのか。
↓①　地検に良否を確認する（小嶌から）。
②　そのための要求項目をリストアップする。
③　方針は7月4日に打ち合わせる。

◉同日　保崎秘書と
西副頭取は去年の3月下旬に、イトマンに行けと言われたのではないか。自分の知っている限り、西副頭取と伊藤寿永光氏は会っていない。4月以降、西副頭取と河村社長は遠くなったと思う。

◉同日　行内で情報収集

今日、西副頭取と永戸氏と会ったという人物による話。西副頭取によると、「90年3月28日、『梅川』で河村社長と会って、23時半まで河村社長に伊藤寿永光を入れるのをやめろと説得したが、ダメだった」。永戸氏は「支店長が、河村→永戸→西と続いた。支店で西との引き継ぎの際、やり方があまりにひどいので、河村とは付き合うなと言っただろ」と西副頭取に言っていた。永戸氏が西副頭取に「河村社長はどうしているのか」と聞いたら「全然知らん」と。ただ、（河村社長は）鏑射寺の中村住職から、「伊藤寿永光はやめろ」と言われたのに、言うことを聞かず、こうなったこともあり、ますます傾斜しているらしい。

大畑氏情報によると、磯田会長は麻布の社宅を出て、豊中の自宅に移ったらしい（東京はホテル）。

永戸氏はＯＢの一人。大畑氏とは、磯田会長の秘書だった。

§

◉6月14日　朝日の柴田記者と

過去の経緯について説明。今後、政治家をやると。絵画の告訴状を持っていた。

◉同日　Yと

興銀の役員が銀座の女に手を出して、手切れ金として1000万円とマンションを一つ取られたらしい。奥さんが、興信所を使って調べたら、同時に4人の女と関係があったらしい。ゴルフの帰り道に顔を出したり、バッグにパンティが入っていたり、大騒ぎだったらしい。

――§――

同期で青葉台支店長だったYは、出資法違反で逮捕された後、保釈されて出てきていた。

――§――

◉6月15日　佐合氏、佐久間、松本、國重　奥志摩にて

佐久間　住銀の現状ひどい。2000億円の為替損どうするのか。小野寺、下村、富高、樋口、植村あたりの責任だ。西副頭取と白賀取締役のワンマンぶりが目立ちだした。同じことの二の舞が起きるかもしれない。

佐合　小松康副会長（元頭取）が喉の手術をしたらしい。再発？　花岡によると「磯田さんもボケたな」と。「塚田常務は、当初ニッカに行けと言われて断って、鳥居薬品に行ったらしい。ニッカは大変だということらしい。

――§――

ＯＢの佐合氏はこのとき三重銀行の頭取をしていたので、奥志摩カントリークラブにみんなで泊りがけでゴルフをしに行き、そこで情報交換をしたのだった。

◉6月18日　運転手の野口さんと

黒川洋氏は悪い奴だ。

西副頭取は絵画にはタッチしていなかった。磯田会長はかなり早く、絵画のことを知っていたようだ。

西副頭取はよく、黒川氏を送っていった（最初、黒川氏が先に車から降りた。西副頭取は、「図々しい奴だ」ということになり、それ以後、西副頭取が先に降りるようになった）。

西副頭取と河村社長は4月以降、あまり会っていないと思う。おかしくなっていた。

自分の知る限り、西副頭取と伊藤寿永光氏は会ったことがない。

§

§

電撃逮捕

§

◉6月19日　佐久間と電話

小嶌弁護士情報。

地検は一生懸命やっている。河村社長を捕まえることを最重点にしている。

最初は河村社長まで手を付けないつもりだったが、上（検事正）から、「それではサマにならない」と言われて、動き出した。

――國重の上申書、地検は非常に喜んでいる。

――§――

先に述べたように、私は雅叙園問題の流れなどを整理した状況解説書を東京地検に提出していた。ここで言う「上申書」とは、そのペーパーのことだ。

――§――

◉同日　野村證券の中野専務と
子供を入れたくない企業ワースト10を知っているか。
1、イトマン　2、秀和　3、住銀　4、野村證券　5、大昭和製紙
野村が住銀より下なのでホッとしたよ。

◉6月28日　佐藤茂氏、桑原氏、松下専務、吉田融資三部長と
松下「岩間（カントリークラブ）の件はどんどんややこしくなっている。[注XI]佐藤氏、桑原氏のところへもガサが入るかもしれないので気を付けろ。この原因の一つは、磯田会長、河村社長のことを考えて動いていたが、法務省の刑事部長を外してしまった。安原弁護士。この男、エキセントリック。それならガンガンやれ、ということになったようだ」

――§――

安原美穂弁護士は検事総長を務めたこともある超大物で、このときは退官して弁護士になっていた。住銀は、安原弁護士を通じて検察に、事件を大事にしないように頼んでいたようだが、安

原弁護士が刑事部長にきちんと話をしなかったため、刑事部長はメンツをつぶされたと感じて怒ってしまったということだったらしい。

§

◉7月9日　T弁護士と
岩間の件説明。東京地検の情報入手依頼。
大阪地検、腐っている。田中森一は「五えんや」でしょっちゅう、検事たちを飲ませている。

§

田中森一氏は東京地検特捜部のエースとして活躍した後、退官して弁護士に転じ、「闇社会の守護神」と呼ばれていたヤメ検弁護士だった。「五えんや」は大阪の焼き鳥チェーンで、創業者の中岡信栄氏は「大阪のタニマチ」と言われ、のちに北海道拓殖銀行破綻の「源流」を作ったと話題にのぼることになる人物である。田中氏と中岡氏は親交があったため、「五えんや」を使って接待していたのだろう。

§

◉同日　巽頭取、吉田融資三部長と「藍亭」にて
住銀、イトマンとのかかわりあい、住銀内部の事情について情報交換。
90年5〜10月にかけては、伊藤寿永光氏の策謀で、何とか巽頭取を辞めさせようとしていた。そうすれば、住銀は許永中、伊藤寿永光両氏の言いなりになる。佐藤茂氏の言う通りだっ

た。

各役員についてのコメント。

玉井副頭取……遊び好き。閥を作る。

峯岡副頭取……逃げたがる。

秋津専務……抽象論多い。

臼井専務……論外。

（昭和）36年組の専務昇格……10月ｏｒ1月ごろを考えている。あまり早いと松下（35年組）がかわいそう。５人の中でも西川、小松だけというわけにいくかどうか。

●7月10日　桑原氏から電話

昨夜から大変だった。佐藤茂氏の自宅と会社の住宅信販の両方にガサが入るという噂。信販の周りはマスコミが張り付いている。

●同日　朝日新聞の山田記者と

山田「渋谷東口に稲川会系の口座があるという話がある。國重の名前も銀行間で出てきているよ。ある銀行員は『自分は國重の学生時代からの友人だが、彼も大変だろう。家に帰ってないらしい』と言われている」

§

家に帰っていないのは、仕事が忙しいせいでもあるが、それだけでもない。まあ、その話はまたいつの日か。

――§――

◉同日　桑原氏と電話
午後、佐藤茂氏の自宅にガサが入った。形だけ。押収物はなかった。
佐藤氏が説明したら、警視庁は「佐藤が関与していないとよくわかった。佐藤も警察のトップばかりと付き合わないで、我々とも付き合ってくださいよ」と言ってヨーカンを食べて帰った。これで終わりと思うが、何かあったら事情を聞くかもというので、佐藤氏は「何でも協力します」と回答。

――§――

◉7月11日　小嶌弁護士、佐久間と
大阪地検、相当緊迫している。来週中にはやるのではないか。絵と株で入る。府警は完全に地検の指揮下に入った。

◉**7月23日　毎日新聞夕刊1面**
〈大阪地検特捜部は二十三日、中堅商社「イトマン」（大阪市）の絵画類取引に絡む商法違反（特別背任）容疑事件と、同社旧役員による自社株の買い占めを巡る同法違反（会社の財産を危うくする罪）容疑事件で、河村良彦・前イトマン社長（66）＝兵庫県西宮市＝と許永中・会社

役員（44）、伊藤寿永光・元イトマン常務（46）＝名古屋市＝ら両事件の関係者計六人を同法違反容疑で逮捕した。価格が急騰した土地・株・絵画に絡み、グループ企業から約四千億円が引き出されたまま大半が未回収となり、バブル経済崩壊の象徴とされるイトマン事件の捜査は全国一斉捜索から約三カ月で、核心に入った。今後、メーンバンク・住友銀行上層部や政治家の関与についても解明が行われるとみられる。

他の逮捕者は高柿貞武・イトマン元副社長（59）▽佐藤雅光・関西コミュニティ社長（59）▽高山和彦・許容疑者秘書（31）の三人。

特捜部の調べなどによると、河村容疑者、高柿貞武容疑者（59）＝兵庫県尼崎市＝らは共謀、業績不振などによる役員としての責任追及をかわし、自分たちの地位を守るため、イトマン株の大量取得を計画。昨春から年末にかけて、高柿容疑者が社長を兼務しているイトマン子会社「ミック」（大阪市）や「イトマンファイナンス」（同）からの融資という形で、イトマンの資金を自分たちが設立したペーパーカンパニーなど四社に導入。発行済みイトマン株の七・三％に当たる約千五百三十万株を不正に買い占めた疑い。

また、許容疑者と伊藤容疑者らは共謀、許容疑者系企業間で転売するなどして評価額を不当につり上げた絵画類二百十九点をイトマンに担保として差し入れ、昨年二月から九月に返済する意思や能力がないのに、絵画の担保価値の十倍近い総額五百五十七億円の融資をイトマンから受けて返済せず、同額の損害を同社に与えた疑い。

また、福本玉樹・元西武百貨店つかしん店家庭外商三課長（43）ら二人には絵画融資の際

91年7月23日、大阪地検特捜部に逮捕された河村良彦イトマン前社長（写真中央）

に、相場の三―四倍もの評価額を記入した西武百貨店名義の鑑定評価書百四十五通を偽造、イトマンに提出した疑いが持たれている。

許容疑者側はこうして得た資金を絵画代金の支払い（約百五十二億円）やノンバンクなどへの借金返済（約三十二億円）などに支出。許容疑者側はこのほか、約百七十億円は伊藤容疑者が経営する協和綜合開発研究所（東京）に送金したり、約八十二億円は絵画融資の窓口になった関西新聞社、富国産業などの許容疑者系企業に経費などとして送っており、特捜部はこうした金が背任行為で得た不当な利益の「分け前」に当たるとみて、許容疑者と伊藤容疑者らの共謀関係の立証に自信を深めている。

ゴルフ場開発など総額二千億円にのぼる「伊藤プロジェクト」を捜査している大阪府警も地検の捜査が終了次第、鹿児島と岐阜のゴルフ場をめぐるイトマンからの融資金流用疑惑で伊藤容疑者らを再逮捕、特別背任容疑で立件する方針〉

河村良彦、許永中、伊藤寿永光逮捕――。

この日、大阪地検特捜部が河村前社長、伊藤寿永光氏、許永中氏らを商法の特別背任罪などで逮捕した。

結局、「雅叙園という本質」には迫らずに、事件は終わった形だ。

どんどん捕まえればいいのに、と私は思っていた。

しかし、やっぱり自信がないということだったのだろう。相手側――許氏や伊藤氏側――の弁護士も、おそらく元検事総長などの相当の大物が出てくるはずだ。

彼らは、検察がどういうロジックで攻めてくるかがわかるから、相当慎重にならざるを得ないということなのだろう。

しかし……。

私は湧き上がってくる無力感を抑えようもなかった。

注
XI　ゴルフ場運営の岩間開発は稲川会の石井進会長の関連会社とされていた。当時、この岩間が運営するゴルフ場が「会員資格保証金預かり証」を発行して、野村證券、日興証券の系列会社など民間大手企業から資金を集めていたことが発覚し、問題化していた。

エピローグ　あれから四半世紀が過ぎて

私の、イトマンをめぐる闘いの話はこれで終わりである。メモはもう少しだけ続いている。しかし、やはりクライマックスは何と言っても、河村社長辞任、そして逮捕までである。

事件は結局、雅叙園の問題まで行くことはなかった。河村良彦、伊藤寿永光、許永中3氏の判決が確定したのが２００５年。逮捕から14年という長い歳月を要して、それぞれ懲役7年、懲役10年、懲役7年6ヵ月という形で終結した。「戦後最大の経済事件」と言われた事件の主人公だけあって、河村氏は公判中に大阪府知事選に立候補し、許永中氏は公判中に入院先から失踪するなど、その後も世間を騒がせ続けた。

またイトマン事件とは別に、伊藤寿永光氏は格闘技イベントの興行会社「Ｋ－１」の脱税事件にからむ証拠隠滅罪で、許永中氏は石橋産業から手形をだまし取ったとされる詐欺罪で、ともに有罪判決を受けている。

この本に出てくる他の人物たちもその後、紆余曲折をたどった。磯田会長は会長辞任後3年ほどで、93年に亡くなった。

西川常務は97年に頭取に登り詰め、「ラスト・バンカー」と呼ばれるほどの活躍を見せたが、いまは闘病中だ。

松下専務は92年に住友銀行を離れて東京総合信用の社長に転じた後、01年からは徳間書店に移った。

玉井副頭取は92年に住友クレジットサービスの社長に転じ、阪神電気鉄道取締役を務めた際には、あの「村上ファンド」騒動の渦中に身を置き、阪神阪急統合劇の中心人物として暗闘していた。最近では、お家騒動のあった赤福の取締役も務めた。何かと騒動に巻き込まれながら現役を続けている。

巽頭取は頭取後も会長、相談役などとして住友銀行に残った。

西副頭取は２０１２年に、佐藤茂氏は１９９４年に亡くなった。

住友銀行は、金融再編を経て２００１年に三井住友銀行となった。西川頭取時代のことだ。

私はどうなったか。

私は、事件の後始末をしたいからイトマンに出向させてくれと希望したがかなわず、河村社長らの逮捕から４ヵ月後の11月、本店営業第一部長に異動になった。本店、というのは大阪勤務だ。

私の辞令が出たとき、融資第三部長だった吉田氏が「そうか」と言って、絶句した後でこう言った。

「頭職だけどなあ。やっぱりお前は危険な人物だというふうに思われているんだよ」

だから、東京から離すことにされたというのだ。

こいつは、仕事は多少できるかもしれないが、どこかでとんでもないことをしでかすかもしれない。

私は本店営業第一部長として、93年、担当先であった住金物産とイトマンを合併させた。１１０年続いた中堅商社、イトマンはこうして消え去ったのである。

そして私は、吉田部長の言葉を裏付けるように、その後、東京本社に戻ることはなかった。93年に丸の内支店長、94年に取締役になり、取締役になったのは同期で一番早い3人の一人だったが、私はいち早く住銀から去った。97年に住銀が出資している住友キャピタル証券の副社長となったのだ。体よく出されたということだ。格好をつけるわけではないが、半ば自分で住銀から出ることを選んだ面も大きかった。

さらに99年、ネット証券の社長となった。

そのネット証券会社が楽天グループの企業となり、私は楽天の副社長、副会長を経て、２０１4年に辞職した。今は70歳だが、新たな事業を始めたばかりだ。

私の同期では、国際畑が長く、私がバブルのまっただなかで苦闘していたときも海外に出ていた、奥正之君が頭取となった。彼も一緒に取締役になった3人のうちの一人だった。その後任が、この本にも出てくるニクべえこと、國部毅君だ。

私は、銀行員としてはかなり自由にやらせてもらったと思っている。

銀行員とはどんな生き物か。

たとえば、こんなことがあった。

磯田会長が全盛期のときのこと。会長室に呼ばれ、ノックをして「どうぞ」と言われても入らない。外でごほごほ咳をして、「いや、会長に風邪がうつるといけませんので」。

磯田会長が三社祭に行くとなれば、出張中でもはせ参じる。すべてをキャンセルして。

巽頭取と飯を食ったときのことだ。

「僕はヤクザ情報とかに強いんですよね」

そう言うと、こう返された。

「そんなのに強い人なんて、頭取になる必要ないんだよ」

そのとおりだ。

もし、銀行で頭取になりたいのならどうすればよかったのか。

それは何もしないことだ。減点主義の組織なのだから。

私はそんな振る舞いはしたくなかったし、できなかった。日々楽しく過ごしたかった。それだけだった。

今思えば、あのころの自分が一番理想に燃えていた。純粋で、まっすぐで、ひたむきだった。その後、いろいろな仕事をしたが、イトマン問題に真っ向から取り組んでいたときのような興奮は、残念ながら感じられなかった。私は、よく言えば、「大人」になってしまった。

私の銀行員人生とは、たとえてみると、塀の上を歩いているようなものだったと思う。銀行員とはこういうものだという一つの規範があって、そのぎりぎり境界線にいる。あえてその道を行く。

そうなったのは、平和相銀の合併に関わったことが大きかった。平和相銀の株を3分の1握ったフィクサー、佐藤茂氏と知り合った。銀行員が知っている整然とした世の中と、実際の世の中とは全然違う。そう思った。

そして、イトマンのあの混乱、阿鼻叫喚へと突っ込んでいく。私は、自分が関わらなければ、住銀はもっともっとイトマンに貸し込み、損失が増えていたと思っている。私が関わったから、５０００億円程度で済んだのだと。

そんな人間だったから、銀行を遅かれ早かれ出る運命だったのだと思う。そのことで住友銀行を恨む気持ちはまったくないし、私を育ててくれた銀行には今も感謝している。

乱世の英雄という言葉がある。

乱世のときには生き生きと仕事をする、しかし、平和な世の中ではその存在を必要とされない。

私もこれに似ていたかもしれない。

私の、とても好きな短編小説に太宰治の『お伽草紙』がある。その中のカチカチ山は、タヌキがウサギに泥舟で沈められてしまう話だが、ここでのタヌキは37歳の男で、ウサギは16歳の女だ。そして、タヌキはウサギに惚れている。

タヌキは最後、沈んでいくときに「惚れたが、悪いか」と言い残す。それに対してウサギは、

「おお、ひどい汗」

と言うのだ。

たとえ最後は自滅するとわかっていても、自分の思いは曲げられないし、後悔もしない。

そんなタヌキの生き方に惹かれ、自分もそういう生き方をしてきたように思う。やはり、銀行員的な生き方と違うのかもしれない。

でも、それでいいと思って生きてきた。

そしてこれからも、そうやって生きていくのだと思っている。

最後に、なぜ本書をこのタイミングで世に出すことにしたのかについて語っておきたい。

イトマン事件当時に綴っていた手帳のメモは、あくまで自分の備忘録としてつけていたもので、公開する予定はなく、墓場まで持っていくつもりだった。

だが、あるとき、知り合いの講談社の編集者と話していてイトマン事件の話題になり、私が何気なく手帳の存在を口にしたことがあった。今から20年近くも前のことだ。

その編集者はずっとそれを覚えていて、折に触れ、「手帳を公開する気になったらいつでも言ってください」と声を掛け続けてくれた。そのたびに私は「迷惑が掛かる人がいるかもしれないから」と口を濁してきたのだが、彼の「イトマン事件の記録はあなただけのものではなく、日本

の経済史の一場面として、絶対に残しておくべきです」という言葉は私の中に残り続けた。

イトマン事件から、はや四半世紀が過ぎた。本書の登場人物の中にもお亡くなりになった方が少なくないし、住友銀行も三井住友銀行として生まれ変わった。今なら、さほど迷惑を掛けることもないだろう。幸い私はまだビジネスの現場で生きているが、70歳になったのを機に、あの事件を語れる人間の一人として記録を残しておくのも、自分に与えられた役割の一つではないかと考えるようになった。

同時に本書には、私が見聞した住友銀行内部の人事にまつわる話も随所に登場する。「すまじきものは宮仕えかな」という言葉があるが、人事を巡る権謀術数は住友銀行に限らず、日本のすべての大企業に共通するテーマだろう。その意味では本書は『日本大企業秘史』とも言える。私の体験が組織で生きている読者の皆さんに、多少なりとも役立てば望外の喜びだ。

あるいは当事者の中には、快く思わない方がおられるかもしれないが、ご寛恕を願う次第である。

二〇一六年九月

國重惇史

【イトマン事件関連年表】

1990年

1月	イトマンが雅叙園観光に資本参加。伊藤寿永光氏の協和綜合開発研究所と提携
2月	伊藤寿永光氏がイトマン入社
3月20日	著者が「イトマン事件」について、詳細な記録を付け始める
5月14日	著者が「Letter」と呼ぶ、内部告発文書の第一弾を大蔵省に宛てて投函
5月24日	日経新聞が朝刊に「イトマン事件」の第一報を掲載。多額の不動産投資が明るみに出る
6月28日	伊藤寿永光氏がイトマン常務に就任
7月11日	著者が「Letter」をマスコミに発送
7月19日	「コーリン産業」の小谷光浩氏が株価操縦で東京地検特捜部に逮捕される
8月20日	著者が「Letter」を住銀会長の磯田一郎氏に発送。磯田氏による住銀の私物化を指摘
10月7日	住銀会長の磯田一郎氏が辞意表明
10月18日	住銀内にイトマン問題専従チームが発足。著者もメンバーに
11月8日	イトマン常務の伊藤寿永光氏が辞任
11月9日	イトマンへの会社更生法適用を巡り、住銀幹部が会議。適用を見送る

【世の中の動き】

1月24日	海部俊樹首相が衆院解散
2月18日	第39回衆議院議員総選挙。自民党が安定多数。オウム真理教の麻原彰晃教祖らも出馬し、落選
3月15日	ゴルバチョフ氏がソ連初代大統領に
3月27日	大蔵省が土地バブル沈静化のため、金融機関に「不動産融資総量規制」を通達。バブル崩壊の引き金に
4月1日	大阪で「国際花と緑の博覧会（通称・花博）」開催
5月15日	ゴッホの絵画を大昭和製紙の齊藤了英名誉会長が約124億円で落札
6月29日	礼宮文仁親王と川嶋紀子さん、結婚の儀。「秋篠宮」の号が贈られる
7月1日	東西ドイツが経済統合
8月2日	イラクがクウェート侵攻
11月12日	天皇即位の礼
11月22日	イギリスのサッチャー首相が辞任

11月14日 住銀常務の十河安義氏ら「チーム5人」を、イトマンに派遣することを決定
12月1日 許永中氏らとの絵画取引を担当していたイトマン専務・加藤吉邦氏が自殺

12月2日 日本人初の宇宙飛行士・秋山豊寛氏がソユーズに乗り、宇宙へ出発

1991年

1月1日 伊藤萬が「イトマン」に社名変更
1月14日 東京国税局が、前イトマン常務・伊藤寿永光氏の協和綜合開発研究所などを脱税で査察
1月21日 住銀頭取の巽外夫氏とイトマン社長の河村良彦氏が直接会談。巽氏が河村氏に退任を迫るも決裂
1月22日 読売新聞が朝刊で、イトマンの絵画取引が約680億円にのぼると指摘
1月25日 イトマン取締役会で、河村良彦社長を電撃解任
2月 大阪地検特捜部がイトマン関係者から事情聴取を開始
2月5日 許永中氏が12億円の申告漏れを指摘され、修正申告
2月19日 許永中氏らとイトマンの絵画取引に関連し、偽の絵画鑑定書を作成していた西武百貨店つかしん店の福本玉樹氏が懲戒解雇に
2月20日 警視庁が絵画問題でイトマン東京本社に立ち入り調査
2月26日 イトマンが新再建計画を発表。不良資産5000億円を分離処理
4月24日 大阪地検、大阪府警がイトマンを強制捜査

1月17日 多国籍軍がイラク空爆。湾岸戦争勃発
2月23日 浩宮徳仁親王が立太子の礼で、正式に皇太子に
4月1日 東京都庁が新宿の新庁舎に移転
5月14日 大相撲の千代の富士が引退
6月3日 雲仙普賢岳で大規模な火砕流が発生
6月 4大証券の損失補塡問題が発覚

【著者略歴】
國重惇史（くにしげ・あつし）
1945年、山口県生まれ。68年、東京大学経済学部を卒業。同年、住友銀行（現三井住友銀行）に入行。渋谷東口支店長、業務渉外部部付部長、本店営業第一部長、丸の内支店長を歴任。94年に同期トップで取締役就任。日本橋支店長、本店支配人東京駐在を経て、97年、住友キャピタル証券副社長。銀行員時代はMOF担を10年務めた。その後、99年にDLJディレクトSFG証券社長になり、同社を楽天が買収したことから、2005年に楽天副社長に。楽天証券会長、イーバンク銀行（現楽天銀行）社長、同行会長を経て、14年に楽天副会長就任。同年、辞任。現在はリミックスポイント会長兼社長。

住友銀行秘史《すみともぎんこうひし》

2016年10月 5 日　第1刷発行
2016年10月24日　第3刷発行

著　者…………………國重惇史《くにしげあつし》

発行者…………………鈴木 哲
発行所…………………株式会社講談社
東京都文京区音羽2丁目12－21［郵便番号］112－8001
電話［編集］03－5395－3522
［販売］03－5395－4415
［業務］03－5395－3615

印刷所…………………慶昌堂印刷株式会社
製本所…………………黒柳製本株式会社
図版作製………………朝日メディアインターナショナル株式会社

ISBN978-4-06-220130-8
